思想 REFLEXION 6

鄉土、本土、在地

編輯委員會

總編輯：錢永祥

編輯委員：江宜樺、沈松僑、汪宏倫
　　　　　林載爵、陳宜中、單德興

聯絡信箱：reflexion.linking@gmail.com

網址：www.linkingbooks.com.tw/reflexion/

目 次

思想狀況

思想鉤沉

新書序跋

思想采風

另一種轉型正義：

樂生療養院保存運動[1]

邱毓斌

> 「我做的事情，是要讓世人了解，痲瘋病人的生活不
> 是睡覺，醒來，吃飯，偷懶；痲瘋病人活著，他們有他
> 們的人生，有他們的故事。」
>
> （樂生院民金伯伯訪談，引自陳歆怡，2006：95）

一、前言

2007年的春天，在兩黨熱鬧烘烘舉辦總統候選人黨內初選的
同時，樂生療養院保存運動意外地引起了眾人注視。它不僅成為
民進黨內初選辯論焦點之一，也出現了地方政府向老弱院民抗議
的荒謬劇。4月15日「樂生大遊行」約5000人的規模，是近年來
政治性活動之外所罕見，而參與廣度更是近年來社會運動僅見。
這個運動最後逼使行政院出面協調，暫緩了北縣的拆除行動。這
場核心僅是幾十位風燭殘年的院民與十幾位學生的運動，何以能

1　作者要感謝台權會前秘書長吳佳臻提供樂生運動2005年以前的資
　　訊，同時感謝部落客豬小草與作者的討論，特別是在網路動員的部
　　分。邱花妹對初稿文字提供了修正意見，一併致謝。

展現如此巨大的動能？本文擬就兩個方面來討論：第一，樂生療養院本身的多重意義，提供了原本許多不同軌道上的社群彼此聚合、以及集體參與的可能；第二，樂生院保存運動的特殊組織型態，讓各種不同的社群可以發展出各自的運動節奏與旋律，豐富了樂生院保存運動的面貌，而這個發展正是台灣這幾年社會運動環境的一種反映。

二、保存樂生療養院的多層次意義

　　位於新莊迴龍的樂生療養院設立於1930年，一度收容院民數高達1118名（1965年），到了1990年代中期仍有400多名。新莊捷運線在1993年，就將捷運機廠的位址由輔大後方的溫仔圳改到樂生療養院，而省衛生處也搭配規劃了樂生迴龍新院區，並且規劃院民由舊院區移往新建大樓。捷運機廠於2002年開始動工，到了2006年原有院舍面積總計拆除已達70%，共有約兩百位院民接受「長官」的指示遷往新建大樓。對於樂生院民來說，反對迫遷的「權利」與反抗迫遷的「權力」，一直要到外在團體的介入之後，才進一步茁壯並且跨越出院區大門，進而成為一場精彩的社會運動[2]。

　　樂生療養院保存運動表面上是「舊建築vs新發展」的對抗形

2　樂生院過去並不乏社會服務團體以及學者的造訪，但是一直要到2003年新莊文史工作會、北投生態文史工作室、以及時任臺科大的學者范燕秋開始呼籲樂生院的古蹟指定，才讓樂生院的存廢逐漸以一種社會運動的形式浮現。隨後於2004年成立的青年樂生聯盟更成為往後幾年樂生院保存運動的主力，而拒絕搬遷的院民們一直到2005年才成立自救會。

寬闊的空間、流通的空氣與平坦的居住環境是照護
院民最基本的條件。

樂生院一角。

式，但是其中包含了多層次的意涵。本文認爲，是這些豐富的社會意涵，讓樂生保存運動有條件從這幾十名院民的身上擴展到一個引起多方關注的社會運動。

從古蹟保存到人權運動

　　到過樂生院的人應該都不難理解，爲何樂生運動最早會以古蹟保存的角度出現。作爲台北市的衛星地帶，新莊這個高人口密度並且缺乏公共空間的城鎮，邊緣存在著這麼一大片靜謐而且綠意盎然的空間，的確是令人印象深刻的。而樂生院建築的歷史性與多樣性，也吸引了文史工作者的目光。即便是連官僚系統內部，也曾出現過要求將樂生院指定爲古蹟的呼聲[3]。不過，隨著公衛學者、學生以及人權團體的介入，使得樂生院的人權運動面向逐漸浮現。國家以制度／暴力的形式，將痲瘋病患強制集中隔離[4]，這其中對於人權的侵犯，從院民口中流傳的話語：「**犯人關久也會放，不像苔疕一世人**」[5]中可見一般。更重要的是，在人類對於癩病的認識與醫治技術逐漸增長後，國家如何照護這群遭到長期強制隔離的病患，更具有高度的人權意涵。即便多數病患已經治癒，但是他／她們已經高度倚賴照護機構，在社會對癩病仍高度污名化的情況下，國際標準多半是採取原地照護與制度照護的原則，來讓這些病患安養天年，而與此同時，政府也要爲

3　2001年樂生院院方曾經兩度行文給台北縣政府，要求文化局派員至樂生療養院進行古蹟檢定，均遭台北縣政府拒絕。

4　在二次戰後，台灣政府仍持續日本殖民政府的強制隔離政策，一直到1962年才廢除。

5　過去台語稱痲瘋病爲苔疕病（骯髒病之意），樂生院民呂德昌訪談，引自紀錄片《遺忘的國度》。

對院民來說，樂生院已經不是醫療機構，而是他們的家。

樂生院最重要歷史建築——王字型大樓中隔離有
菌區與無菌區的長廊。

過去錯誤的政策負起賠償的責任。例如日本政府在國賠官司敗訴後，已經在2005年對樂生院27位日治時期入院居民完成補償。

樂生院民因爲隔離制度而成爲極度弱勢的社群，而地方與中央政府高舉興建捷運與地方發展的大旗，聯手要院民搬進新院區——現代化的高樓大廈，聲稱這樣是讓院民得到更好的照顧。對於這些被迫「以院爲家」的院民來說，搬遷進去現代化的醫學大樓不啻是另一次的隔離——被迫離開他們已經熟悉的家園，被逼離開寬闊的空間、花草蟲鳴、清靜空氣以及犧牲幾十年的自由所織起的社區生活。如果說人類醫學知識的進展與反省，讓痲瘋病院逐漸由「從隔離機構到庇護家園」（陳歆怡，1996：72），那麼再次的逼迫搬遷，顯然是走上回頭路。我們可以說，樂生療養院的保留運動開始獲得社會力的支持，跟這樣的人權落差有極大關係。

公共衛生與歷史文化資產的保存

跟人權角度並進的，是來自公共衛生與醫療史學者的保存呼聲。樂生院的歷史發展，可以說銘刻了台灣社會對於疾病的偏見、醫療技術的進展與局限、以及國家對於傳染疾病控制技術與觀念的演變。例如樂生院建築群中有菌區與無菌區的規劃，就反映了早期對於癩病的控制概念。而樂生院曾經是台灣醫界對於癩病的研究重鎮，院中仍可見早期供作癩病研究的建築物，這些都是台灣醫學史的重要資產。樂生院也反映了台灣現代史的轉折，從台灣人權促進會2005年對院民所做的口述史中，我們可以看到院區中榮民與本省社群的區隔，也可以看到原住民與離島住民被安置進樂生院的特殊性。畢竟，七十餘載的樂生院歲月，經歷了日本殖民政府、國民黨政權乃至政治轉型到民進黨執政，院中都

可以看到這些歷史轉折所留下的刻痕。

因此，從歷史文化資產的角度出發，樂生療養院「**作為台灣公衛百年的縮影，是現存『唯一』能見證台灣近代防疫史的史蹟，也是反省疾病人權的最佳空間。**」（范燕秋：2004）。所以在樂生保存運動中，一個不斷被提起的概念，就是希望將院區逐漸建構為類似公共衛生博物園區或者醫療森林園區。更重要的是，樂生療養院是一個進行式，一個活的歷史資產，如果能跟院民照護作適度的配合，將是一個活化保存歷史資產的極佳典範。同時，這樣的園區設立，對於新莊地區來說，也將是一個獨一無二的資產。

從地方到中央的政經利益

1993年最初捷運機廠的選址是在輔大後方溫仔圳農業區，但是由於當時縣長尤清表示欲將此地變更為住商混合區因而反對，隔年交通部就主導將機廠預定地改為樂生療養院。選址的變更，無異宣告了樂生院面對的是區域開發與背後錯綜複雜的地方政治勢力。捷運沿線的房地產預期漲幅、剷平樂生院後所開挖的砂石、乃至於新莊副都心的開發計畫，無不讓新莊地區政治人物對於捷運通車日期的延遲，有著極為敏感的反應。正是因為如此，我們看到不分黨派的民意代表舉著「要捷運，求生存」的標語到中央陳情，更在3月31日聯合台北縣長周錫瑋一起動員了一場「政府向樂生院民抗議」的遊行，直接把樂生院的保存跟新莊居民利益對立起來。這背後的政經網絡並不止於地方，而是一路向上延伸到中央部會與立法院。新莊捷運與樂生院的糾葛歷史，剛好歷經台北縣市政府與中央政府的政黨輪替，這讓樂生保存運動不分黨派地一路從地方挑戰到中央的藍綠陣營政治人物。

415樂生大遊行中綠黨與環保團體的隊伍。

中南部的社運團體之間的對話與合作相當頻繁。
（415樂生大遊行中的「樂生公車」隊伍）

於是，當有人質疑自救會與青年樂生聯盟爲何一直找民進黨籍的行政院長麻煩的時候，支持保留樂生院的人就會提醒一個事實：樂生運動找過國民黨更多的麻煩。自救會與學生更曾於2006年7月在國民黨中央黨部前持續靜坐4天3夜，這是近年來社運團體僅見的行動。換言之，樂生運動所挑戰的開發主義與政經利益，是跨越政黨的；無論藍綠所主政的地方或者中央政府，同樣都視樂生療養院爲發展的阻礙——即便領導人物的口中時常掛著「尊重人權」的喃喃自語。如果說1963年蔣宋美齡的「蒞院慰勞院民」是象徵著國家強制隔離痲瘋病患政策的結束，那麼事隔41年之後，陳水扁在2004年的「向院民致敬」、「爲過去錯誤向院民道歉」，卻以將院民重新收容進醫療大樓作爲結局，這樣的歷史對照不啻是對台灣民主化進程的一個極大諷刺。

在這個歷史諷刺下所隱含的多層次意義，諸如古蹟保存／捍衛人權／公衛歷史／文化資產／反抗地方政經網絡／挑戰國家開發主義等角度，提供了讓樂生運動得到更廣泛的關注、共鳴、甚至是行動支持的可能性。然而，這樣的可能性並不是運動向外擴展甚至成功的保證。本文認爲，樂生保存運動所激起的廣大行動支持，跟1990年代中期以來的新一波的社會運動有一定的關係，這是下一節中所要討論的。

三、樂生運動的開展

樂生保存運動的核心是樂生自救會與青年樂生聯盟。前者是樂生療養院幾十位拒絕搬遷的阿公阿嬤，後者是二、三十位長期進駐在樂生院的青年與學生，過去3年裡整個運動的節奏，主要是由他們來主導。特別是青年樂生聯盟，雖然成員或有更迭，但

人權團體很早就介入協助樂生院保存運動。

由幾位學術工作者所發起的「樂生講堂」。

是沒有他／她們的長期蹲點，樂生保存運動不太可能有後來的發展。這個運動核心，在不同時期得到了許多社群的行動支持，以筆者手邊的資料來舉例，這些群體包括了：人權運動（台灣人權促進會）、都市改革運動（OURS）、司法實務界（法扶基金會與台北律師公會）、勞工運動（以NGO為主，如黑手那卡西與苦勞網）、法學界、公衛學界、環保運動、社區大學、媒體改革運動、學生運動、紀錄片工作者、文化工作者、音樂工作者與部落客（bloggers）等等。

在今年3月台北縣政府至樂生院張貼拆遷公告的前後，樂生運動的廣度更迅速地打開：樂生高中生聯盟、樂生基督徒聯盟、樂生動物部落、樂生傳播青年聯盟紛紛成立；由幾位醫學院學生發起的醫界連署，獲得了兩千多位學生、老師與醫療工作者支持；不同的文化表演團體，從3月份開始的週末，在樂生院展開了兩梯次的文化節；3月初幾位部落客在網上發起了「一人百元買下保留樂生的小小夢想」行動，24小時內就獲得幾百位網友支持，成功募得20萬元刊登廣告；由不同的社團或者個人自3月份起在全國各地舉辦「看見‧樂生‧出走」影展，放映3位紀錄片導演的作品；4月初，台灣人權促進會連同其他71個社運團體聯名刊登了聲援樂生運動的廣告；4月10日，186位學術工作者也集資共購報紙廣告，要求暫緩拆遷樂生院；這一波波的行動，在4月15日「樂生大遊行」達到高峰，中南部社運團體發起了「樂生公車」行動北上聲援，超過100個團體共約5000人參加了這場遊行。雖然人數不若過去幾年一些單一社運團體的動員數字，但是就社運聯合行動來說，這是自1997年5月「總統認錯，撤換內閣」

三波大遊行之後[6]，規模最大的一次。而以學生參與來說，則是1990-1991年的三月學運、反對軍人干政與根除白色恐怖大遊行之後，學生人數最多的一次集體行動。

這些參與並不是依著傳統模式而動員出來的，比如說，並不存在一個過去常見的議題性的擴大結盟組織（如「XX行動聯盟」）來共同設計與動員，同時樂生自救會與青年樂生聯盟，也沒有那麼大的能量到社運團體挨家挨戶地遊說動員，而青年樂生聯盟的行動策略，也帶著幾分隨興的性質。其實多數的參與者都是依循各社群（或社團）的邏輯，自發性地找到切入的觀點以及設計參與的形式。當然，這些運動參與都不是憑空浮現的。除了上一節提到的樂生運動本身的多層次意義提供了多元的切入角度之外，以下試圖從兩個發展軌跡，來解釋這樣的動員規模：第一是自1990年代中期逐漸興起的新一波社會運動，第二是隨著電腦網路技術發展而出現的網路社會運動。將樂生運動置回這兩條發展軌跡來觀察，或許有助於我們理解這波運動的形成。

「新社會運動」

我們可以觀察到，台灣在1990年代中後期逐漸開展出一些新的社會運動組織與型態。這裡所謂的「新」，並不是指涉歐洲社會運動理論所討論的新社會運動，而是在下列意義上不同於1980年代出現的社會運動：這些社運團體不必然與民進黨有著穩固的結盟關係，領導人物不一定有過政治民主化運動的參與經驗，政

6　因為劉邦友、彭婉如及白曉燕案接連發生，1997年5月份社運團體發起三波聯合遊行，抗議治安惡化，並要求撤換內閣，規模均達到數萬人。

治獨立性相對也比較高；相對於過去較多的全國性組織，新的運動很多是由地方的層次出發，並且強調社區的組織擴展；關注議題的多元與分殊化，相較1980年代，出現了許多新的運動議題，同時部分新組織的出現是對於過去運動主流的反省（叛），例如外勞組織之於工會／本勞主導的工運；運動團體之間的互動頻繁，組織者之間透過對話與合作形成一定的網絡；受到經濟自由化與資本全球化的影響，不同運動之間的對話頻率比以前高，而且與國際社會運動結盟程度也在增加。

　　限於篇幅，筆者只能簡單勾勒出當前的社會運動環境。當我們把樂生運動放到這樣的大環境中來觀察時，比較容易理解這次運動何以如此具擴張性。比如說，對於樂生運動從地方一路打到中央，很少團體因為顧慮到與藍綠陣營的關係而駐足不前；運動組織之間的網絡，讓訊息傳遞與動員成本降低，比如說環保團體、婦女團體在4月份到行政院的抗議行動僅花了幾天的籌備；而樂生運動與香港皇后碼頭保存行動的越洋呼應，或者與日本漢生病友的協同控告日本政府行動，乃至到樂生運動中學生引自韓國農運的「六步一跪」運動劇碼，都與台灣社運過去經營的國際連結有關；而樂生運動中多次的文化活動、延伸成立的各種聯盟與中南部社團發起的「樂生公車」等，則是過去不同運動社群跨界對話與合作的結果。

網路作為一種社會運動

　　在樂生保存運動中，網路扮演了相當吃重的角色，特別是在媒體只注重新聞的衝突面向的情況下。網路最起碼在三個彼此相關的面向上發揮了功能：宣傳、組織、與運動能量再生產。就宣傳來說，青年樂生聯盟網站以及其他像「挽救樂生」網站，匯集

部落客集資廣告：部落客發起「一百元買下保留樂
生的小小夢想」行動，合資在《蘋果日報》刊登廣告。

了大量簡介、分析以及事件發展的文章與影音檔，苦勞網則是幾
年下來一路緊跟著事件發展進行報導與評論，更有幾位部落客將
個人的blog改裝成樂生專屬平台[7]。而各種文章、影音資料與網路
貼紙的轉寄、轉貼[8]，不僅協助樂生運動訊息的傳遞，也引發許
多的討論與辯論[9]。其次，網路也成為一種組織的工具，我們看

7　例如〈沒有人要去英國〉：http://nooorman.blogspot.com/ 以及〈迷
　　幻機器〉：http://blog.roodo.com/anarch/。

8　其中被轉寄最多的，可能是「樂生那卡西」音樂專輯中，院民富子
　　阿姨所唱她自己的創作：〈每天早上蟬在叫〉（http://odeo.com/audio/
　　10028823/view）。這張專輯是由工運團體「黑手那卡西」協助製作。

9　可參見hemidemi共享書籤的「樂生」書籤：http://www.hemidemi.com/
　　search/bookmark?keyword=%E6%A8%82%E7%94%9F。

到幾個社群透過網站的運作而捲動了更多人對於樂生的支持與參與，比如說兩千多位醫界人員的連署、萬人照片挺樂生募集行動、全國紀錄片動員影展、或者部落客的一人百元刊登廣告行動，都是以網路作為組織動員的媒介[10]。最後，一群部落客的積極行動，也數度讓樂生保存運動的能量藉由網路獲得再生產，例如部落客瓦礫發起了「讓樂生人權決定我們的總統」的倡議並且製作網路貼紙[11]，立即吸引多人轉貼於個人網站上，同時也引起了一波辯論，成功地將樂生運動與兩黨總統初選掛上關係。另一個例子是部落客Wenli將北縣府的41%方案與樂生自救會較能接受的文建會的90%方案畫成清楚的對照圖[12]，這組圖在網路上大量流傳並引起極大迴響，最後成為部落客刊登廣告的主軸。另一批來自「與媒體對抗」的部落客，則是直接到樂生院周邊進行調查，製作出「樂生美食地圖」四處分送，希望藉此拉近樂生院與周遭社區的距離。[13]

這群「網路暴民」[14]並非社會一般印象中沈迷於網路的網

---

10 相關網頁請參見：
全國動員紀錄片影展：http://blog.roodo.com/ loshengmovie/；萬人照片挺樂生募集行動：http://www.pcschool.idv.tw/ loshengunity/；歷史‧健康‧永續守護樂生行動：http://medforlosheng.blogspot. com/；部落客一人百元集資廣告：http://www.hemidemi. com/event/ info /3。

11 瓦礫部落格：http://blog.roodo.com/ancorena/archives/2815455.html。

12 對照圖請見〈廢業青年日記〉：http://sdkfz251.blogspot.com/2007/ 03/90.html。

13 請見〈樂生‧捷運‧綠新莊〉：http://www.oikos.com.tw/losheng/。

14 以網路進行運動再生產並不是第一次，2005台北市議員選舉，部落客豬小草與portnoy在部落格上掛上綠黨演講錄音並發起支持綠黨貼紙，結果在網路上引發一波支持綠黨候選人的迴響，事後這幾位

民，也不一定是在學的學生，他╱她們的年齡層約在25~40歲左右，多數沒有社會運動第一線的實務參與經驗，但是從blog內容來看，對於社會議題的進展都有一定的關注。可以確定的是，透過部落客的參與，像樂生保存運動這樣的社會議題得以滲透到過去社運組織所觸及不到的角落，而這個現象，也相對突顯了既有社會運動在宣傳與組織概念上仍有待突破。

四、代結論：樂生保存運動ing......

在各方壓力下，前行政院長蘇貞昌於4月中旬指示暫緩拆遷樂生院，並且交辦工程委員會在「不延誤通車」以及「維護人權與歷史資產」兩個原則下召集各方協商新方案。自此樂生保存運動進入了與工程單位不斷辯論的巷戰階段。5月底，工程會所做出的結論是：保留39棟，10棟拆除易地重組，在2013年工程結束前，所有院民必須搬離院區。這個新方案乍看之下多保留了幾棟建築，但是實際上卻仍是開發優先╱工程本位的結果：最富歷史意義的幾棟建築物將悉數遭到拆除，而且現有80幾位仍在院區的院民都必須離開，直到6年後才有可能搬回來。對工程單位來說，「不延誤通車」顯然是勝過於一切的。因此，在最後一次協調會中，樂生自救會宣布退席，拒絕接受該方案[15]，同時間有工程師出面警告工程期間樂生院有全面坍塌甚至引發新莊地區淹水的

(續)———————————————

　　部落客曾發起 "Happy mobs" 的聚會討論，請見：http://swalk.
　　blogspot.com/2007/01/happy-mobs-1.html。

15　自救會事後發表聲明，批評行政院工程會與台北市捷運局互踢皮球，並不願正視幾個可能的替代方案，整個在評估過程中甚至比1999年的規劃報告更為保守倒退。

危機[16]。於是，在兩個月之後的6月中旬，樂生保存運動似乎又面臨一場新的戰鬥。

6月9日大雨滂沱的下午，筆者再度來到樂生院，蓬萊舍裡坐了20餘人，大家盯著牆上的投影片，聽兩位講者介紹北市建國啤酒廠活古蹟保存以及歐洲勞工博物館的經驗，試圖想像樂生療養院被保存之後的可能發展。這是為期四周的「樂生講堂」的最後一梯次課程[17]，講堂的參與人數始終沒有很多，與先前遊行的熱鬧成了強烈對比。但是，人數雖少，卻是從下午一直談到夜幕低垂，話題也從保留規劃回到了目前運動所面臨的挑戰。顯然，這是很多人所焦慮的問題。

新的戰鬥有可能再匯集起先前的運動能量嗎？沒有人敢樂觀地保證。從過去經驗來看，樂生運動是在415遊行達到運動的最高峰，那是一次透過集體的形式來匯集各方的支持力量。某種程度這也說明了，雖然樂生議題本身的多層次意義以及活絡的民間社會土壤得以動員到不同的社群，但是如何在各組織中進行有效的協調以產生再次的集結，仍是樂生運動的關鍵考驗。更重要的，無論國家最終讓步與否，樂生療養院的未來發展規劃，需要

---

16 工程師王偉民揭發北市捷運局所做的地下水文調查錯用公式與數據，大地技師蕭仲光則提出位於斷層帶的樂生院地質在開挖時的危險，請見苦勞網〈工程會無視地下水危機〉：http://www.coolloud.org.tw/news/database/interface/detailstander.asp?ID=122347，〈有圖有真相，這樣的地質怎麼施工？〉：http://www.coolloud.org.tw/news/database/interface/detailstander.asp?ID=122389。

17 「樂生講堂」是4月10日學界合資刊登廣告之後，幾位年輕學者的一個嘗試，希望創造出一個學術工作者、社運組織者與樂生運動支持者一起討論與對話的平台。四周的課程可見：http://losheng-college.blogspot.com/。

更多來自社會部門的想像與參與。對那些坐在代步車上一遇到訪客就熱情招呼的院民們來說，幾十年下來，樂生院已經是家了，而對整體台灣社會來說，樂生院將是一個反省與反思的機會。這個過往與未來的交會，我們可以稱之為「社會的轉型正義」，而唯有社會部門的持續眾聲喧嘩，才能使國家退讓，正義的曙光得以早日乍現。

參考資料

范燕秋（2004）〈從樂生療養院、看傳染病隔離的歷史空間〉，回首痲瘋百年——樂生院歷史與空間國際研討會，青年樂生聯盟。

陳歆怡（2006）〈監獄或家？台灣痲瘋病患者的隔離生涯與自我重建〉，清華大學社會學研究所碩士論文。

紀錄片《遺忘的國度》，駱俊嘉導演。

〈我們甚至失去了黃昏〉：http://gaea-choas.blogspot.com/

〈苦勞網〉：http://www.coolloud.org.tw/

〈樂生青年聯盟〉：http://www.wretch.cc/blog/happylosheng

〈挽救樂生 公開討論 暫停迫遷〉：http://savelosheng.googlepages.com/home

〈樂生那卡西官方網站〉：http://blog.yam.com/lsynakasi/

邱毓斌，英國Essex大學社會系博士候選人，現任台灣人權促進會執委，高雄市NGO工作者工會研究員。博士論文在於比較1980年代以來台灣與香港的自主工會運動，關注政治轉型與全球化對於工人運動發展路徑的影響。

爲甚麼沒有春風吹拂大地：
中國八十年代人道主義論戰

崔衛平

> 一個怪影在中國大地徘徊……
>
> 「你是誰？」
>
> 「我是人。」
>
> ——摘自王若水《爲人道主義辯護》

一、紀念馬克思的報告會引發風波

　　1983年3月7日，一個萬物臨春、百花待放的上午。北京西郊中央黨校禮堂裡，一場氣氛熱烈的學術報告會正在進行。報告人是前中宣部副部長、此時仍然擔任中宣部顧問的周揚。出席這場報告會的有中央黨校校長王震、中央書記處書記兼中宣部長鄧力群。周揚本來極富演講才華，但年歲不饒人，他在念了一個開場白之後便由一位女播音員替他繼續。專業播音員的長處在於能夠將此前從未見過一眼的報告念得抑揚頓挫、鏗鏘有致，報告結束之後掌聲經久不息。王震和鄧力群都走上前來與周揚握手。王震還好奇地問：「我還有一個問題想向你請教：你說的『yihua』，這兩個字是怎麼寫的？」他指的是「異化」二字。

　　這是紀念馬克思逝世100周年的學術報告會，周揚在報告中

19

1983年「周陽報告」的4位執筆人合影：周陽（前左）、
王元化（前右）、顧驤（後左）、王若水（後右）。

檢討了1966年之前的「17年」，自稱在「人道主義與人性問題的
研究」及對有關文藝作品的評價方面，「曾經走過一段彎路」：

　　那個時候，人性、人道主義，往往作爲批判的對象，而不能作
爲科學研究和討論的對象。在一個很長的時間內，我們一直把人道
主義一概當做修正主義批判，認爲人道主義與馬克思主義絕對不相
容。這種批判有很大片面性，有些甚至是錯誤的。我過去發表的有
關這方面的文章和講話，有些觀點是不正確或者不完全正確的。「文
化大革命」中，林彪、「四人幫」一夥人把對人性論、人道主義的
錯誤批判，發展到了登峰造極的地步，爲他們推行滅絕人性、慘無
人道的封建法西斯主義製造輿論根據。過去對人性論、人道主義的
錯誤批判，在理論上和實踐上，都帶來了嚴重後果。這個教訓必須

記取。在粉碎「四人幫」之後，人們
迫切需要恢復人的尊嚴，提高人的價
值，這是對「四人幫」倒行逆施的否
定，是完全應該的[1]。

　　這份報告受到熱情歡迎是容易
理解的。承認過去的重大失誤，不
僅是周揚本人痛定思痛的表現，而
且代表了從戰爭年代走過來的共產
黨人有勇氣、有決心改正自己的錯
誤，回到人民和社會進步的立場上
來。沉浸於報告帶來的興奮之中的在場人們，恐怕沒有一個人有
這樣的預感：爲了這場報告，一場始料不及的新的寒流就在近處
不遠形成了，歷史正是從這裡又拐了一個彎。

　　沒有參加報告會的中共中央政治局委員胡喬木，很快閱讀到
了這份報告。3月9日上午，紀念馬克思的學術報告會宣布延期。
3月10日，正在住院的胡喬木率一行人來到周揚家中，其中有前
文化部副部長、時任中國文聯副主席夏衍、中宣部常務副部長郁
文、副部長賀敬之和《人民日報》副總編王若水。據王若水回憶，
會面期間胡喬木並沒有明確表示周揚報告不能在《人民日報》發
表。3月16日，《人民日報》全文發表了周揚的報告，結果有某
方面的權威認爲受到了「觸犯」。中宣部醞釀的處理意見中，包
括對王若水進行組織處理，和責令周揚檢查。這份處理意見並沒
有作爲中央文件馬上發下去，據說是胡耀邦提議處理材料及意見

1　顧驤，《晚年周揚》（文匯出版社，2003），頁200。

要與本人見面，於是在3月26日由胡喬木出面召集，在中宣部召開會議，出席者有鄧力群、周揚、秦川（《人民日報》總編輯）和王若水。會上胡喬木與周揚之間爆發了激烈的爭吵。周揚將中宣部鄧力群準備的材料扔到胡喬木面前，連聲譴責：「這樣做法不正派！」胡喬木反問「你說什麼？說中央不正派？」周揚回道：「你們這樣不正派！」胡喬木反擊：「你這是反中央！」最終，處分意見還是沒有發下去，有說仍然「是胡耀邦的祖護」，並分析真正的矛盾其實是在胡喬木與胡耀邦之間[2]。

這場彷彿是突然間爆發的爭論，在經過了一系列演化之後，成為另外一個性質不同的主題。這年秋天10月分，中共十二屆二中全會召開。一年前這次會議確定的中心議題是「整黨」，但是在鄧小平10月12日的全會報告中，除了原定計劃之外，另外一個重要的主題是「思想戰線不能搞精神污染」。事情很快演變為全國範圍之內的一場「運動」。周揚報告起草成員之一、中宣部文藝處官員顧驤先生在書中寫道：「1983年10月下旬，『清汙』呼地一下子在全國鋪開，浪潮滾滾。一時間各種報導、表態性文章、批判文章充斥報紙版面。新聞、出版、廣播、電視要對發表出版、播映過的文章、言論、圖書、節目進行清理，大學文科教材、學術研究機構的著作也要檢查清理。《人民日報》頭版頭條，發表了號召『清汙』積極地開展對人道主義、異化論等批評、鬥爭的消息。」[3]一時間風雨欲來，人心惶惶。王若水在回憶錄中提供了一個細節：「精神污染」這個詞用得如此之多，乃至於《人民日報》排字房的這4個字的鉛字都不夠用了。10月28日中央書記

2　顧驤，《晚年周揚》，頁62-67。
3　同上，頁97。

處召集人民日報社的領導人員開
會，宣布「同意胡績偉的辭職要
求，免去王若水的副總編輯職務。」
[4]直至年底12月14日，胡耀邦召集人
民日報社、新華社、廣播電視部領
導人談話，提出可能存在「清除精
神污染擴大化」的問題，並具體提
出8條注意事項，這場「不叫運動的
運動」（顧驤語），才得以平息，
總共持續了「28天」[5]。

　　胡喬木本人，1984年1月3日在
中央黨校周揚報告的同一地點，發
表演說〈關於人道主義和異化問題〉。與周揚一樣，報告也是由
電臺的專職廣播員來播報的（周揚報告是一人代念，他則是兩位
播音員輪流代念）。這份講稿後來發表在《紅旗》雜誌，很快又
以單行本的形式由人民出版社出版，產生很大影響。其中完全否
定了將馬克思主義與人道主義融合起來的努力，從根本上推翻了
「馬克思主義人道主義」的提法，並將有關討論說成是「根本性
質的錯誤觀點，不僅會引起思想混亂，而且會產生消極的政治後
果」，「誘發對於社會主義的不信任情緒」[6]，於是這場始於1979
年的大討論基本結束。後來只有在一些比較「邊緣」的雜誌上，
才能夠發表與胡喬木觀點商榷的個別文章。

4　王若水，《人道主義在中國的命運》，該書在香港以《胡耀邦下臺
　　的背景》的書名出版（明鏡出版社，1997），頁168、170。

5　顧驤，《晚年周揚》，頁100。

6　《胡喬木文集》第二卷（人民出版社，1993），頁643、646。

二、來自馬克思主義內部的一個矯正視點

因為當時距離文革結束時間比較接近，人們很容易產生這樣的印象，認為這場以「人道主義」為旗幟的討論主要是總結文革教訓，是面向過去的，並由於文革已經成為過去，這場討論的意義便已經結束。這種觀點，實際上與胡喬木當年批評王若水們的立場如出一轍。在胡喬木看來，文革中出現的那些不正常現象，已經由「黨中央集中全黨智慧」，「進行了科學總結，並從中引出必要的教訓和避免重犯類似錯誤的辦法」[7]，因而繼續進行深入的理論討論已屬多餘。在官方權力的干預之下，進入1980年代中期之後，對於文革的反思漸趨式微。對於胡喬木們來說，只要將文革這一頁翻過去，就可以按著既定路線順利走向未來的康莊大道。但是對於王若水們來說，事情遠非如此。

由文革結束凸現出來的另外一個問題是：原有價值觀念的衰落。這突出體現在1980年中期開始的「潘曉討論」中。該年5月《中國青年報》發表了署名「潘曉」的讀者來信，標題是〈人生的路啊，怎麼會越走越窄？〉，其間表達了對從小被灌輸的意識型態的強烈懷疑，從而得出結論是「任何人都是主觀為自己，客觀為別人」，從根本上區別於此前「為共產主義獻身」、「大公無私」的一整套表述。公開發表的這封信，很快引發了全國範圍內的關於「人生觀」的大討論，各地讀者的來信雪花似地飛進該報社編輯部，信中反映的空虛迷惘的情緒是普遍存在的。這場討論也不能放在文革結束的框架之內，而意味著整個社會在面對

7　同上書，頁628。

「新時期」時，需要不同的價值表述。

作爲有責任心的黨的理論家，王若水對這一點意識得非常清楚：「當前正在進行的這場改革，必定而且正在引起價值觀念的變化；而適合社會主義現代化需要的新的價值觀念，又必定而且正在促進改革的發展。在這種情況下，提出人的價值和社會主義人道主義的問題是有現實意義的，是和改革的步伐合拍的。」[8]王若水們在這場討論中提出了哪些是符合新條件下的價值，它們事實上與國家現代化的道路是「適應」還是產生某種裂隙，是另外的問題，但無疑這場討論遠非僅僅停留在對於文革的反思當中，而是從這個反思的維度出發，進一步面對時代所提出的新問題，接受新的現實挑戰。如果說在國家現代化的過程中需要另外一些視野──用馬克思的語言來說，在物質生產力高度發展的同時，需要建立一整套與之相適應的新型社會關係和「整個上層建築」，尤其是一整套有關自由、平等、人的權利等現代社會的價值表述，那麼這場討論實際上提供了非常重要的起點和維度。

在1979年到1983年這段時間之內，除了《人民日報》之外，當時發揮巨大影響的《文匯報》、《中國青年報》、《文藝研究》、《哲學研究》、《學習與探索》、《學習與研究》等全國和各省的社會科學雜誌及文學刊物，都廣泛參與了這場討論。王若水這樣的看法也是十分中肯的：比較起1949年之後歷次意識型態的思潮運動，包括此前不久的「實踐是檢驗真理唯一標準」的討論，都是官方發動的，在有指示、有組織的情況下進行，而唯獨這場討論是「自發產生」的，用今天的話來說是「民間」的。雖然參加討論的人都在體制之內，其中有一些還是較高級別的意識型態

8　王若水，《爲人道主義辯護》（三聯書店，1986），頁272-273。

官員，但是當他們發表文章時，都是以個人的名義。討論中涉及了馬克思主義與人道主義是否相容、什麼是馬克思主義的人道主義、西方近現代關於人道主義的遺產、包括圍繞著馬克思早期著作《1844年經濟學—哲學手稿》中的異化問題、以及相關的文藝學、美學問題。不難想像，處在當時仍然比較禁錮的情況下，不管什麼討論，都只能打著馬克思主義的旗號，運用馬克思主義的語言，藉著馬克思主義這個管道發出聲音來。如果它不叫馬克思主義，也會以別的什麼形式體現出來。但是事實上它就是馬克思主義的，而不是別的。

「反思」的一方主要由三種力量組成。第一波可以稱為「有備而來者」，他們此前在相關問題上被批判過，比如北京大學哲學系美學教授朱光潛先生，1956年曾因為「唯心主義美學」遭到批判，1979年他率先發表文章〈關於人性論、人道主義、人情味和共同美的問題〉。華東師範大學文藝學教授錢谷融先生，1957年因發表〈論「文學是人學」〉一文，遭到全國範圍內有組織的批判，1980年他發表了自己寫在1957年的文章〈論〈文學是人學〉一文的自我批判〉，名為「自我批判」，實質是為自己辯護的。還有一位當年被批判時十分年輕、此番經過重新理論裝備之後再度出場的學者是高爾泰，在被打成「右派」下放勞動歷經九死一生之後，1978年獲平反改正，任教蘭州大學哲學系。曾經身處「強化的國家機器」之中，他所認識和捕捉到的問題更加尖銳，表達也更加徹底。

「反思」年代的不同尋常在於：不僅當年的被批判者重新站出來說話，同時期的一些批判者即否定人道主義的人們，在經歷了慘痛的現實教訓之後，也改變自己的立場，站到了人道主義一邊。應該說，這第二撥的力量發揮的作用最大，其中最典型的、

動作最大的要數前面提到的周揚。處於他那個身份位置，1983年春天做那個「惹是生非」的報告，他是下了決心，做了充分準備的。1960年代曾經被納入周揚「批判人道主義」寫作計畫的中國社會科學研究院哲學所研究員汝信，於1980年8月在《人民日報》發表文章〈人道主義就是修正主義嗎？——對人道主義的再認識〉，表達了「人道主義就是主張要把人當做人來看待，人本身就是人的最高目的，人的價值也就在於他自身。」[9]還有一位小說作者、當時上海大學的文藝理論教員戴厚英，這位文革中的造反派、當年的「小鋼炮」，寫下了《人啊，人》這部小說，給這場討論添加了濃濃的感情色彩。

眞正發揮「引擎」作用的，是一批可以稱之爲「少年布爾什維克」的人們。1949年新中國建立時他們才20歲出頭，但已經是「老革命」了。他們早年因爲信仰而投身革命，後來目睹了自己隊伍的「殘酷鬥爭、無情打擊」及其在黨內外所造成的破壞和影響，從而下決心從源頭上來梳理一些問題。他們其時尚年輕、富有銳氣和勇於探索眞理。綜觀他們的立場，可以說是自覺地立足於馬克思主義的框架之內，力圖在馬克思主義內部尋找新的起點和資源，嘗試從「人性面孔」這個維度上，賦予馬克思主義新的活力和魅力，以回應現實中提出的問題。這同時也可以看做試圖挽救馬克思主義在中國的命運的努力，希望這個民族在歷經磨難之後，仍然能夠沿著馬克思主義的道路前行。他們當中最突出的是《人民日報》副總編輯王若水：1926年生，1946年進北大念哲學系後投奔解放區參加革命，1964年發表〈桌子的哲學〉一文受到毛澤東的讚賞，60年代與周揚因爲批判人道主義有過工作接

9　王若水，《人道主義在中國的命運》，頁19。

觸。還有比如担任人民出版社總編輯的薛德震，1932年生，15歲參加共產黨，雖然他的著述沒有王若水突出，但是1981年初由該社組稿、編輯的《人是馬克思主義的出發點》一書，在這場討論中起到了「制高點」的作用，其中收入的文章都是第一次發表，該書標題是王若水的同名文章，薛德震本人的研究心得也在其內。一年半之後，該出版社在壓力之下又出版了另一本書《關於人的學說的哲學探討》，雖然鋒芒遠不如前一本，但是將一個富有意義的話題加以延續。周揚報告中「人道主義」這部分起草人顧驤，1930年生，抗日戰爭期間加入共產黨的部隊新四軍。對於這些黨內成員來說，馬克思主義的信仰是與革命隊伍聯繫在一起的，因而即便是在討論理論問題時，他們也不會忘記作為一個革命者在組織紀律性方面的約束。這就體現為在王若水或薛德震的文章中，他們引經據典的都是馬克思恩格斯經典作家本身，引文90%都是來自中文版《馬克思恩格斯全集》，偶爾也會用到《列寧全集》。王若水在個別地方，還引用過《毛澤東選集》和《鄧小平文選》。

另外一些更加年輕的人，沒有這些歷史與現實的負擔。雖然有著在文革中失學的經驗，但是靠著追求真理的熱情、問題意識和勤奮，他們無師自通地掌握了當時最重要的知識——馬克思主義。對於高級意識型態官員們來說，他們不是主要擔憂的對象，於是可以沿著「學術獨立」的方向進行。丁學良便是其中最為突出的一位，1950年代出生，在短短兩三年之內他寫下數十萬字文章。對丁學良來說，馬克思主義既是中心，也是樞紐，趁著言及馬克思主義，同時展示了西方思想史上其他宏偉有力的東西，在這個意義上馬克思主義變成了展示西方哲學社會思想的一個視窗，當然也代表者它的最高成就。這種做法，也是當時包括筆者

在內的許多年輕人的思路。在當時情況下，我們都是只有透過馬克思主義而接觸西方自由和批判的思想。比較起共產黨內知識分子，丁學良文章的一個最大不同之處，在於他參考了社科院儲藏的大量外文資料，所引用的除了他極熟悉的馬恩原著之外，還大量使用了在某些人眼中看來是「資產階級」或者「修正主義」的言論。在他的文章中，有一個註釋引起筆者的高度興趣，那是一本叫做《修正主義》的灰皮書，編者為英國人利‧拉貝茲，1962年由美國紐約一家出版社出版，1963年由商務印書館組織若干專家翻譯內部出版。

言及思想資源及理論面向，需要指出的是，這場由共產黨內知識分子為主導的人道主義和異化問題的討論，實際上與東歐1950年代中期開始的「人性面孔的」馬克思主義的努力非常一致，同樣是企圖在馬克思主義內部尋找新的可能性，是來自馬克思主義內部的一個矯正的視野。作為理論背景而發揮作用的中文內部出版書，還有南斯拉夫學者德熱拉斯的《新階級：對共產主義制度的分析》，其中系統地討論了出現在蘇聯的官僚異化問題；波蘭哲學家沙夫《人的哲學——馬克思主義與存在主義》，主要是回應國際共產主義運動「前一時期的錯誤和過失」而帶來的「道德危機」。比修正主義晚一代的波蘭人米奇尼克，曾經運用「聖經」與「教會」的比喻，來稱呼1950年代東歐這場人道主義馬克思主義的努力：對於沙夫等人來說，他們仍然信奉「聖經」（馬克思主義本身）而反對「教會」（掌管意識型態的機構及其高級官員）。這個比喻完全可以用在王若水和他的同道身上。在這個意義上，我們可以將發生在中國1980年代初的這場討論，看作類似「宗教改革」的一次嘗試。它是從舊時代到新時代的過渡，是在保留舊時代的權威和形式之下，悄然為新時代的誕生準備思

想理論上的產床。只有有了這樣的準備，在新一輪的社會變革眞正來臨之際，才不至於因爲缺乏精神鋪墊而過度顛簸和震盪。

指出來自東歐「人性面孔的馬克思主義」的思想資源，也是爲了澄清這樣的說法——有人用統稱「西方馬克思主義」稱呼出現在這場討論中理論背景。實際上，王若水們與胡喬木及其專家們所運用的外來資源完全不一樣，後者才是所謂「西方馬克思主義」，即更多地來自法國結構主義思想家阿圖塞的著述，下面我們將會談到。

1987年1月胡耀邦下臺。接著，方勵之、劉賓雁、王若望被開除出黨。同年8月，王若水被告勸退黨，他最終被從黨內除名。

三、爭論的焦點或變動的視野

1984年初胡喬木在中央黨校禮堂所做的那份報告，是一個意識型態的專家班底所爲，其成員包括社會科學院、北京大學、人民大學、中央黨校、《紅旗》雜誌、《光明日報》、中央編譯局、中央文獻辦公室等。在今天看來，胡的這份報告不僅是一份結束討論的「總結性」意見，而且對於其後共產黨的意識型態實際上形成一個主導的、綱領性的作用，可以說迄今爲止仍然主導意識型態在這個框架之內進行操作，因此這份文本的確是一份重要的「歷史性文獻」，它提供了上個世紀1980年代之後這個國家意識型態的基本視野和框架。王若水、高爾泰等人分別寫文章對其進行了反駁，王若水的反駁文章〈我對人道主義的看法〉未及在國內發表就流傳到了香港雜誌，成了王若水最主要的「罪狀」，該文章後來收進他1986年出版的《爲人道主義辯護》一書。高爾泰的反駁文章〈人道主義爭論備忘錄〉經過輾轉，發表在1986年第

四期的《四川師大學報》上。與別人不一樣的是，王若水與高爾泰始終出現在意識型態主管部門的視野之內，被視做十分危險因而需要嚴加防範，包括胡的報告中有許多內容是直接針對他們的，因而他們的論述以及後來的反駁，也集中代表了人道主義馬克思主義一方的主要觀點、成就及理論上的突破[10]。

從「社會關係」出發還是從「現實的人」出發

針對王若水「人是馬克思主義的出發點」的提法，胡喬木之文提出批評，指出「這是一個典型的混淆馬克思主義同資產階級人道主義、歷史唯物主義同歷史唯心主義界限的命題」。該文重申了1845年〈費爾巴哈提綱〉中馬克思的表述之後，指出「人類社會，人們的社會關係（首先是生產關係），這就是馬克思主義的新出發點。」而「馬克思自從找到他的歷史觀的新出發點，在研究人類歷史的時候從來不從抽象的、籠統的意義上來談人，他所說的人都是作爲社會關係的不同承擔者的人，也就是不同的社會關係的人格化。」[11]

突出強調馬克思1845年之後的「新出發點」，實際上暗含了前後「兩個馬克思」之分，這是採取了法國結構主義理論家阿圖塞寫於1960年代那本《保衛馬克思》一書中的基本劃分，其時該

---

10 同一場討論中大多數文章出自文學界學者，主要有關文藝作品中的「人性」問題，是涉及文藝創作中的關注對象、人的性格多面性等，如劉再復先生寫過《性格組合論》一書。有關文藝問題不是筆者的討論對象，特此說明。王若水在辯護中也寫過一個小節「人性論不等於人道主義」。包括美學界有關美與自由、美的主體性等論述，本文亦付之闕如。

11 《胡喬木文集》第二卷，頁589-591。

書中的某些部分剛剛翻譯為中文。1983年2月由復旦大學出版社
出版的《西方學者論《1844年經濟學—哲學手稿》》，收錄了阿
圖塞這本書一半以上的章節，包括那篇為英文版作序的〈我為什
麼反對重新解釋馬克思主義〉以及〈論青年馬克思〉、〈馬克思
主義與人道主義〉等。阿圖塞以「認識論上的斷裂」，來表明馬
克思主義如何與此前的意識型態「決裂」，從而成為「科學」[12]。
這位來自「西方馬克思主義者」的表述，顯然給那些意識型態專
家們注射了強心劑。

　　一旦說到是否屬於馬克思主義，就是一個不小的原則問題。
王若水當然需要證明自己的觀點同樣來自馬克思主義。他先是採
取了一個緩和的提法：「不能把從現實的人出發同從社會關係出
發對立起來」。針對胡喬木文中引用大量馬克思原話的做法，熟
讀馬克思著作的王若水手中，也有另外一批足以證明自己觀點的
馬克思原話。但某些本來很有意義的引文，卻體現不出它應有的
力量，因為它們來自1844年的那份早期「手稿」，比如「應當避
免重新把『社會』當做抽象的東西同個人對立起來。個人是社會
的存在物。」[13]從引文來看，好像馬克思在不同場合、不同時期
的確有過兩種不同的表述。到底哪個是馬克思主義真正的出發
點，是「社會關係」還是「現實的人」，有關爭論表面上看去很
像一個內部的神學問題。

　　其實不然。等王若水有了進一步的時間，他便將這個分歧及
實質表述得十分清楚。1988年他專門為此寫下〈論人的本質和社

12　《西方學者論〈1844年經濟學──哲學手稿〉》（復旦大學出版社，
　　1983），頁212。

13　王若水，《為人道主義辯護》，頁260。

會關係〉一文，於其中他大膽提出，幾十年來，人們對「人的本質是社會關係的總和」的理解是「錯誤」的。因爲儘管人處於一定的社會關係之中，也並不能得出結論，「社會關係」與「人」之間正好劃上等號，他（它）們之間天衣無縫沒有任何裂隙。他以易卜生的《娜拉》這個爲中國人熟知多年的形象爲例，指出「對娜拉來說，家庭關係恰恰否定了她的人的本質，使她覺得自己不是眞正的人。」因此，「並非任何社會關係都是人的本質的實現」，相反地，「異化了的社會關係不但不是人的本質的實現，反而使人的本質失去現實性，使人不成其爲人。」馬克思所批判的資本主義正是如此，他所批判的正是資本主義現存「社會關係」：「必須推翻那些使人成爲受屈辱、被奴役、被遺棄和被蔑視的東西的一切關係。」[14]需要注意的是，雖然王若水以「自由」爲「人的本質」，由此而形成「人的本質」與現有「社會關係」的衝突，但是取得自由解放並不是局限在主體之內的事情，而是要在社會關係中求得解決，認爲只有在社會關係中才能求得自由的實現。這是一個道地的馬克思主義的思路。

至此，王若水與胡喬木的區別才可以看得清楚：後者一切「從社會關係出發」，意味著一切從「現有」社會關係出發；胡喬木的不能離開「社會關係」是不能離開「現有」社會關係，是想方設法維護這個現存關係，更不能向它提出質疑和挑戰，因此「社會關係」便成了一個壓制「人」的理由，成了對於既定現狀的強有力辯護。這已經遠遠超出了理論問題的爭論，而是一個如何對待現實的態度之別。王若水的表述當然可以進一步完善，有關

---

14 王若水，〈論人的本質和社會關係〉，《新啓蒙》第2輯（湖南教育出版社，1988）。

「人」的界定可以進一步討論（是否是「自由」或是其他），但是如果沒有這個「現實的人」的起點，則不可能建立起基本的批判視野。只有在起點上出現的，在終點才可能出現，這也正是歷史的教訓所在。1987年胡耀邦下臺的事實更是清楚地表明，在這場爭論的背後，是共產黨內改革與保守兩股勢力的鬥爭，也是中國社會民主與專制之間兩條道路之爭。

解釋歷史與評價歷史

然而形勢畢竟不同了。處於「撥亂反正」的背景之下，胡喬木和他的專家班底不可能完全退回到「17年」否定人道主義的立場上去。他們願意做出某種程度的讓步，即將「人道主義」一分為二。一方面，有作為「世界觀和歷史觀的人道主義」，「是唯心主義的」，「不能對人類社會做出科學的解釋」，因而「馬克思主義和人道主義，歷史唯物主義和歷史唯心主義，根本不能互相混合、互相納入、互相包括或互相歸結。完全歸結不能，部分歸結也不能。」但是另一方面，也有「作為倫理原則和道德規範的人道主義」；後者有一些合理因素可以繼承，於是就產生了「社會主義的人道主義」，它「是作為倫理原則和道德規範的人道主義，它立足在社會主義的經濟基礎之上，同社會主義的政治制度相適應。」[15]如果不是足夠細心，會忽視了在如此調和的處理中，真正想抹殺的是「馬克思主義人道主義」的提法。這之後，有人將胡文中的兩種人道主義之分吹捧為「重大突破」、「重要貢獻」。

王若水對此提出了強有力的質疑。他認為「人道主義本質上是一種價值觀念」。所謂世界觀不能將價值觀念排除出去，而是

15　《胡喬木文集》第二卷，頁596、611。

「應當包括價值觀的」，「價值觀是世界觀的一個方面」。這是因爲人「並不僅僅純客觀地解釋世界本身是怎樣的，他還要站在人的立場（包括階級的立場）問這個世界好不好，對這個世界作出價值判斷。」既然馬克思說過「哲學家們只是用不同的方式解釋世界，而問題在於改變世界」，那麼改變世界便不能停留在對於世界的「解釋」上面，而且要對世界做出「評價」：「這個世界是好的嗎？它使人滿意嗎？它應該是怎樣的？人希望它是怎樣的？……沒有這種評價，就根本不會產生改變世界的願望。」在回應胡喬木文中批評人道主義「不能對人類社會歷史做出科學的解釋」時，王若水闡述道：「人道主義確實不能解釋，因爲這不是它的任務；它的任務是做出評價。當文章的作者（指胡喬木——引者）說人道主義含義的一個方面是世界觀和歷史觀時，他把價值觀念排除掉了；而當作者說人道主義的另一個方面是倫理道德時，價值觀念又縮小了。難怪作者認爲歷史上的人道主義沒有多少可繼承的，因爲人道主義最核心最寶貴的東西是落在他的視野之外的。」

　　這是一個值得珍視的寶貴立場。因爲在許多年內施行的，正是一種缺乏人的價值觀的做法：在所謂「科學眞理」的名義之下，有人聲稱自己正好掌握了歷史發展的規律，並從中得出前進的方向，因而便可以擺脫一切限制，以實現這個目標，結果卻表明眞正實現的僅僅是少數人的權力欲望，是少數人爬上了權力的頂峰而大多數人仍然匍匐在地。在不顧一切攫取權力的過程中，這些人不惜將一切踩在腳底，沒有什麼可以構成他們轉動「歷史車輪」時的制約，就像那位俄國人車爾尼雪夫斯基在一百多年之前所表達的：「創造歷史的人是不怕弄髒自己手的」。正是這種歷史觀中的「唯科學主義」，在某種程度上導致了行爲上的殘忍、殘暴，

至少是給它們提供了藉口。儘管後來的馬克思工作重心有所轉移，但是沒有證據表明，晚年的馬克思已經放棄了早先對資本主義來自價值立場上的批判，否則馬克思就是一個實證主義者而不是反思的批判者了。在論戰中王若水得出結論說：「我們需要對世界做出科學的解釋，也需要對世界做出適當的價值評價，因此我們既需要唯物主義，也需要人道主義，兩者都是世界觀。」[16]

此前1981年，丁學良在〈馬克思的人道主義：截然不同的解釋〉一文中反對西方「馬克思學」在「製造科學與價值觀的對立」時，也強調堅持二者的一致性：「馬克思根本不以科學的名義取消價值的判斷，就像他不以價值觀取代科學的研究一樣。」[17]他同時堅決反對前後兩個馬克思的劃分。高爾泰在爭辯中同樣指出：人道主義問題是一個哲學問題，而哲學「主要是一個價值體系（這是它不同於科學的地方，科學主要是認識體系）。它的任務在於啟發和推動人們更自覺地改造世界——創造價值。」[18]

物的價值與人的價值

在排除了人的視野和價值的視野之後，胡喬木文中的「歷史」變成一個「不以人的意志為轉移」的客觀過程，變成一個在生產力牽引下的神秘演進，因而從總體上看它是「向前，是進步」，即使有「歷史的曲折和歧途」。但是該文並沒有進一步指出哪些屬於「曲折」，憑什麼尺度斷定某些是「歧途」？在離開了「人」

---

16 以上引文均見王若水，〈我對人道主義問題的看法〉，見《為人道主義辯護》（三聯出版社，1996），頁242-245。

17 見《關於人的學說的哲學探討》（人民出版社，1982）。

18 高爾泰，〈人道主義——當代爭論的備忘錄〉，《四川師大學報》1986年第4期。

的羈絆之後，這樣的歷史便一路高歌了：「從原始社會到奴隸制社會」，被看做「人類社會的一個巨大的進步，是生產力有一個很大的發展的結果，它標誌著人類擺脫了蒙昧和野蠻的階段，而步入了文明的大門，從此才開始了人類的文明史」；而「馬克思和恩格斯是資本主義制度罪惡的最徹底的批判者，但是他們在《共產黨宣言》中仍然明確指出：『資本主義在歷史上起過非常革命的作用。』至於共產主義之代替資本主義，更是意味著人類生產力和社會關係的偉大進步。」[19]

胡文中的這段話可以看做實證主義的「歷史唯物主義」的一個典範，其中的關鍵字一是「生產力」、二是「發展」、三是「進步」，標榜的都是物質力量的勝利，並將這種勝利看做是「歷史的凱旋」。強調「衡量歷史進步的尺度只能是生產和生產方式的發展」，如此徹底排除了任何其他的衡量歷史進步的尺度，比如社會的公平與正義，實際上完全喪失了馬克思主義的批判精神。文革期間批判劉少奇的一條主要罪狀是所謂「唯生產力論」，現在這個說法原原本本地回來了，彷彿它從來沒有付過任何代價。

這聽上去頗有些諷刺意味——一個物質條件尤其不發達的地區，如此強調「物」的角色，是一種奮起直追的要求嗎？有這個因素，但不儘然。實際上，所謂「物」還擔負著一個完全是它之外的重負，那就是作爲權力「控制」的手段，作爲維護現有權力的一種途徑。就像傅科所說的「權力」與「性」是一枚錢幣的兩面一樣，在這裡是「物」與「權力」是一枚錢幣的正反兩面。強調物質水準不高，於是就有理由單搞一套，有理由拒絕與世界同步，拒絕文化現代性的種種要求，尤其是在政治制度上實現憲

---

19 《胡喬木文集》第二卷，頁595。

政民主。個中邏輯是這樣建立的：生產關係依附於生產力——社會關係依附於生產關係——國家權力依附於社會關係——人人依附於國家權力。如果生產力水準低下，那麼其餘一切便可以免談或者少談。

在整個討論的不同階段，王若水等人表述了不同的「人的價值」內涵。它最初的提出，具有類似西方文藝復興那樣的衝動，是在經歷了文革對於毛的「無限崇拜」、「無限忠於」的時期之後，人的意識的重新蘇醒：「宗教星圖中『一切圍繞著紅太陽轉』的億萬顆小星星一下子都恢復了它們本來的樣子……人，原來是有自我創造性、自我目的、自我意識和自我尊嚴的活生生的宇宙主體。人又復活了。」[20] 2006年年底劉軍寧先生倡導文藝復興，所呼喚釋放的其實是從這時候開始尋找出口的能量。而另外有人，比如劉賓雁，則不同意用「神性」來解釋文革期間的一些做法，認為稱呼其為「獸行氾濫」才更確切。1984年王若水挨批之後，在他反駁胡喬木文的文章中，進一步用接近「人權」的字眼來表述，儘管這個詞當時還不可能出現：「特別是十年動亂，那更是蔑視人的價值，侵犯和踐踏公民的人身自由和任何尊嚴。」

肯定人的生命安全、人身的獨立與自由，此為「人的價值」的第一層含義。

「人的價值」的第二層含義，與「勞動者」的基本權利有關。王若水在他1981年收進前述人民出版社文集的那篇文章〈人是馬克思主義的出發點〉中，有一個小標題鮮明提出：「要把勞動者當做人」，這顯然是受了《手稿》中「勞動異化」說的影響，但

20　李鵬程，〈四個現代化與人〉，見《人是馬克思主義的出發點》（人民出版社，1981），頁17。

是王若水將這個問題與社會主義中國現實聯繫了起來，這在當時
是一個大膽的努力。他指出：「在我們社會主義國家，如果有人
把工人看做是不足道的，生產指標才是一切，忘掉了人不是手段
而是目的，忘掉了人不僅有勞動的需要還有提高物質生活和文化
水準的需要，這不是違反了社會主義的人道主義原則嗎？」[21]高
爾泰也在文章中尖銳指出：「物的世界越是增值，人的世界就越
是貶值。人民曾經一天艱苦勞動十七、八個小時而不能得到應有
的報酬」。[22]其中涉及到勞動者應得的經濟收入、文化及教育條
件、自由支配的時間等，具體地呈現了人的價值的內涵，根本不
像有些批評者所說的那樣「抽象」、「空洞」。而恰恰是這些，
胡喬木文並沒有給予正面回應。

　　「人的價值」的第三層含義，指的是人在物質需要之上或者
之外的那部分含義，包括人的「創造性活動」，「個性的全面發
展」，它們是在馬克思所運用的德國古典哲學及美學的範疇之
內。高爾泰、丁學良都表述了類似的看法。丁學良有一篇才華橫
溢的文章便是：「馬克思論共產主義的目的就是爲了人的全面自
由的發展」。王若水則尖銳指出，將人降到僅僅「物」的水準之
上，正是馬克思所批評的資本主義眼光：如果理解「共產主義社
會就是『要什麼有什麼』的社會，就是每個人都過百萬富翁的物
質生活，這是普遍存在的誤解。它的錯誤不是把共產主義看得太
高了；恰恰相反，是看得太低了，因爲在這裡使用的價值尺度，
仍然是資本主義的尺度。」[23]

21　《關於人的學說的哲學探討》，頁10-11。
22　高爾泰，〈異化現象近觀〉，《人是馬克思主義的出發點》，頁76。
23　王若水，〈關於馬克思主義的人的哲學〉，《新華文摘》1986年第
　　9期。

　　對於那些利用特權另搞一套「價值標準」的人，王若水更是予以痛斥：「有少數人倚仗特權，攫取不義之財，盡情地享受玩樂。這種人並不提什麼『人的價值』，但也很需要對他們進行『人的價值』的教育。因為他們恰恰不知『人的價值』為何物，而只知道物的價值、商品的價值、金錢的價值。」[24]說這樣無遮無攔的話，王若水出局的命運是註定了的。同時也表明將王若水這樣堅定純潔的共產黨員加以除名，這個黨本身已經遠遠先於社會之前發生了自身的「顏色革命」。

　　對於「唯物主義」的耳朵來說，恐怕真的聽不懂有關「人的價值」的表述，抑或他們已經有了一套有關價值的現成框架，既有理解使得他們根本無法進入王若水們所討論的問題層次。胡喬木文中關於「人的價值」這部分，討論了什麼呢？它看起來完全文不對題——「在社會主義社會中，在個人和社會的關係上，人的價值包括兩個方面，即，社會對個人的尊重和滿足；個人對社會的責任和貢獻。」[25]其中將有關「價值」的問題真真切切地看做了「個人」的問題，將所謂「價值實現」僅僅看做了個人的得失、個人的位置、個人的進帳，如何實現個人的野心和滿足，它所提供的不同答案是應該在「社會」當中，即在集體和「革命隊伍」中來實現。無疑，那是他們這些意識型態官員們本身的個人晉級道路。他們先是控制、壟斷了這個國家的權力資源及其他一切資源，然後說除此外沒有別的出路。這份體現了意識型態專家們「集體的智慧」的文本同時也表明：當理論家作為「個人」對於「社會」做出貢獻時，對於社會和個人雙方來說，很難說是在

24　王若水，〈我對人道主義問題的看法〉，頁269。
25　《胡喬木文集》第二卷，頁602、603。

做著一件有「價值」的事情。誰來替這份文本中的邏輯混亂負責？

嚴格來說，這並不是一場眞正意義上的爭論，因爲雙方所處的位置和發言權不是平等的。這不僅表現在權力更大的一方可以隨時將你的聲音取消，而且還在於——有些話只有對方能夠說，他能這樣說而你不能接他的茬，即使他說的是實情，你也不能說自己就是那樣。比如鄧力群可以說王若水的意見不是「一個學術問題、理論問題」，而是一個「政治問題」，這句話其實是對的，但是王若水本人不能接著他的話，說自己的出發點確實是「政治的」，因爲「政治問題」是不容討論的。運用「政治」這個詞的權利，掌握在擁有更大權力的人們手中。同樣比如胡喬木與鄧力群稱「人道主義」的提法爲「抽象」，稱目前的討論「對當前的現象完全不提，或提得片面，只講一點點」，對此，王若水是這樣表達他的困惑的：「我弄不清楚胡喬木的思維邏輯。他說「抽象地『談論人道主義會引導人們反對社會主義，那麼具體地談論社會主義社會中的違反人道主義現象不是更會如此嗎？』」[26]今後的人們在閱讀王若水的那些文字時，一定要記住這一點，他處於一個「馬憋腿」的位置上，他有許多話含在嘴裡不能說出來。不認清壓迫性的權力關係在背後所起的作用，僅從字面上來了解是無法了解這些先驅者的艱難處境、理論上的洞見及非凡勇氣的。

四、「異化」凸顯政治維度

所有這些討論，都與馬克思那本薄薄的早期手稿有關，「異化」問題更是如此。如此「怪」的名詞能夠進入當時人們視野，

26　《關於人的學說的哲學探討》，頁51。

甚至上了報紙，只有在那個反思的年代才有可能。在這個外表晦澀的表達之中，凝聚和釋放了最大的政治能量。

對王若水來說，這是來自1960年代的一個小小「遺產」。早在1960年代初期批判「蘇修」人道主義時，由周揚牽頭包括王若水等人奉命寫一份小冊子，題目叫「批判人道主義」。王若水被分派寫作「異化」及「人性」這兩章。結果小冊子沒有完成。1963年10月26日周揚在中國科學院哲學社會科學部（即後來的「社科院」前身）部委員會擴大會議上的報告中，用到了「異化」這個詞。周揚的這個講話是經過毛澤東審閱的[27]，王若水後來說毛本人曾經對這個詞表示讚賞，指的應該是這一次。

待「思想解放的春風」乍起，王若水便於1979年第一期《外國哲學史研究集刊》發表了他1960年代對於異化問題的「舊稿」〈關於「異化」的概念〉，引起很大反響。1980年他應邀到社科院研究生院新聞系演講，有人遞來條子問「異化」是什麼意思，王若水所做的解釋，引起人們很大興味，這就形成了那篇文章〈談談異化問題〉，其中為怪名詞「異化」所下的定義：「本來是自己創造的東西，或者自己做的事情，但是它發展的後果，成為一種異己的力量，超出了人們的控制，結果反過來支配自己，壓制了自己」[28]，基本上成了關於「異化」一詞的經典定義。「人自身的創造物反過來反對人自己」的說法，揭示了一個角度──「人自身」，此前為人們如此不熟悉。這不僅是一個哲學上的「返身」和「反省」的表達；尤有進者，承認每個人都有他的「人自身」，意味著每個人都是對等的，即包含了一種平等訴求在內。它顯然

---

27 王若水，〈論人的本質和社會關係〉。

28 王若水，〈談談異化問題〉，見《為人道主義辯護》，頁191。

不同於突出家庭背景差異和隔閡的階級鬥爭學說，更不同於少數
特權階層淩駕於別人的「人自身」之上，這個訊息被人們準確地
捕捉到了。

　　當高爾泰構思寫作那篇十分有影響的〈異化現象近觀〉時，
他仍然作爲「帶罪之身」在甘肅酒泉。這文章最初是以斷斷續續
的筆記成形於1977年，1979年發表在中國社會科學院內部刊物
《未定稿》，該刊主編林韋因發表此文被撤職。經過十幾年非人
生活的歷練，高爾泰一上來便採取了現實政治的立場，而不是停
留在學術討論之中：「異化概念複雜的和能動的涵義，以及它在
馬克思思想發展過程中處於什麼環節，是國際學術界意見分歧、
聚訟紛紜的問題。我們在這裡不是要探討那一類問題，也不是要
研究馬克思思想的歷史發展，而是要用馬克思曾經使用過的那個
異化概念，來分析我們自己的問題。」「一種實踐的人道主義不
會滿足於對人的權利的思辨的承認，而是要致力於變革那些使人
異化的現實的歷史條件。」[29]王若水評價高爾泰的文章是「第一
次指出中國社會主義社會有異化現象」[30]。同樣直接從政治上來
探討異化問題的還有阮銘的〈從人的異化到人的解放〉[31]。直到
今天，高爾泰〈異化現象近觀〉一文仍然沒有失去其批判效應。
文中指出「異化」現象種種，大多數後來越演越烈。那是因爲他
所揭示的社會基本結構並沒有發生根本改變，構成社會整合力量
的基本內核依舊如此。

　　其中最爲刺痛意識型態官員的是「權力異化」、「政治異化」

29　高爾泰，〈異化現象近觀〉，見《人是馬克思主義的出發點》，頁
　　72、73。
30　《胡喬木文集》第二卷，頁23。
31　《新時期》雜誌1981年第1期。

以及「權力拜物教」、「政治拜物教」的表述。文中直陳：「人民作爲主人委託給自己的代表的權力，反過來變成了壓迫和奴役自己的異己的力量。『主人』變成了『公僕』，『公僕』變成了『主人』。消除異化的原因，變成了異化現象的直接原因。這種顛倒是權力異化的典型型態，是對於馬克思主義和社會主義的明顯反動。」[32]在只允許打「死老虎」的情況下，高爾泰將矛頭指向了林彪等人：「林彪、江青一夥利用他們所竊取的權力，在社會主義國家中形成了一個無形的國中之國。林彪、江青一夥通過層層控制，在他們力所能及的範圍之內，建立了一個執行他們的『鎮壓之權』的官僚機構。這個官僚機構在國家中形成了一個特殊的、閉關自守的集團，形成了一個和實在的社會主義國家並立的虛假的國家。它認爲自己是國家存在的理由和目的。……在他們那裡，國家本身的社會主義目的消失了，變成了林彪、江青一夥個人的目的，變成了他們稱王稱霸的資本和權勢基礎，或者變成了他們一夥升官發財的手段和上升的階梯。」運用馬克思批判中「商品拜物教」的提法，高爾泰將資本主義社會中的「資本」與「林彪、江青一夥」的「權力」相提並論，指出了「權力拜物教」的存在：「**商品拜物教和貨幣拜物教在這裡變成了權力拜物教。**權力的世界越是增加價值，人的世界也就越是失掉價值。無數人死於非命，只當做『交學費』，就是這種情況的最一般的表現。」（重點字爲原文中有，下同）針對濫用國家的名義掀起宗教的狂熱「三忠於」、「四無限」，高爾泰同樣運用馬克思的思路：「**政治制度**到現在爲止一直是宗教的領域，是人民生活的宗教，是同人民生活現實性的人間存在相對立的人民生活普遍性的

---

32 此條及以下未特別表明的引文均來自高爾泰〈異化現象近觀〉。

王若水攝於北京大學。

上天。」他進而指出，這種對於國家的崇拜，是「政治拜物教」的體現。在當時，如果不用「異化」這樣曲折複雜的語言，豈可能將相關意思表達出來——至少不能夠表達得這樣徹底？

在（社會主義社會）「權力異化」的條件下，人民的地位因此一落千丈：「**抽象的人民成了神。而具體的人民，則被物化，成了供神的犧牲品。**」高爾泰不僅關切勞動者的經濟地位，也關切他們實際的政治身分、政治地位。「政治參與」當然談不上，人民實際上被當做「虛無」，淪爲實現統治者個人野心的工具：「**直接**以國家和階級的名義，要求和迫使人民不斷爲他們做出犧牲。從而把每一個人變成了他們手中可以任意剝削、操縱的工具。」高爾泰稱之爲重新實行對於人民的私人「占有」：「以**反對私有觀念的名義進行的大規模的私有制佔有運動**」，具體做法則是透過「階級鬥爭」：「把階級鬥爭絕對化，不但擴大到每個

家庭，而且擴大到每一個人的內心，迫使每一個人都成為自己的敵人，反對自己，侮辱自己，密探似的跟蹤自己的每一縷思想和每一個動作，不斷地自我揭發，自我批判，連『一閃一現』也不放過。他們的目的，就是要解除一切人的任何自衛的本能，迫使一切人為他們充當工具而犧牲。」換句話來說，即透過各式鬥爭，割斷人民互相之間的聯繫，將每一個人變成垂直聽命於「最高權力」的存在，作為「工具」，他們並無任何「當家作主」可言。

　　而對勞動者的貶抑，與抬高少數人的特權有關──前者越是低廉，後者越是窮奢極欲：「要求你吃大苦、耐大勞、要求你拼命的幹，但是不給你足夠的吃、足夠的穿、足夠的休息，還要你每天開會批判、鬥爭，深夜裡不得睡眠。至於住宅擁擠、學校荒廢、環境污染、家庭不得團聚之類，更是習以為常的現象。**國家資金的節約，表現為勞動者人身材料的浪費**，表現為一個和勞動者相異化、和勞動者絕對不相干的**條件**。而這同一個條件，也就是他們得以維持自己的統治，得以無限制的揮霍享受，得以不勞而獲地過著窮奢極欲、荒淫無恥的生活的那個條件。」身處逆境中的高爾泰，顯然模仿起了《手稿》中晦澀的文風和句式。

　　在此基礎之上，高爾泰進一步提出「民主」的問題。與「唯生產力論」將「民主」僅僅看做發展生產力的手段不同，高爾泰進一步提出：「民主問題不僅僅是一個發展生產力的方法問題，民主也是發展生產力的目標。對於社會主義社會來說，這一點具有更加根本的意義。因為社會主義事業本身就是無產階級和全體勞動人民共同的事業，在其中人的個性發展表現為社會運動的基礎和目的，在其中『每個人自由發展為一切人自由發展的條件』。」他強調了馬克思所說的「**任何**一種解放都是把人的世界和人的關係還給**人自己**。」

　　胡喬木文中對於高爾泰的「政治異化」、「權力異化」倒是做出了回應，認爲「將社會的公僕變爲社會老爺」的說法，與「文化大革命的理論根據」——「無產階級專政下繼續革命」、「黨內走資本主義道路的當權派」的提法「過於近似」。而胡的這種理解，是否意味著由四人幫篡奪來的「特權」，將回到原先的主人那裡？胡文中關於「民主」的反駁，太可以立此存照了：「片面地崇拜民主、自治而否認集中、權威，認爲民主本身就是集中，因而從根本上反對民主集中制，這大概是假定任何大小問題都可以透過群眾投票，以便根據表決多數人的意見來解決吧。那麼，群眾將每日每時都生活在投票之中，並且群眾必須人人是百科全書，對需要表決的任何問題都具有正確的理解和判斷的能力，這種荒唐的『民主』不但在今天不可能想像，就在遙遠的將來也是難以想像的。」[33]只是因爲群眾不可能是「百科全書」，事情又過於麻煩，那麼就可以從他們手中拿掉那張選票至今了！

　　比起高爾泰雜糅感性與激情的文字，王若水的表達則比較清晰。在根據演講整理而成的那篇〈談談異化問題〉一文中，王若水提出社會主義社會存在著3種異化：思想上的異化、政治上的異化和經濟上的異化。「思想上的異化」，意味著「個人迷信，現代迷信」，當然是指在文革中發展到極點的對待毛澤東的迷信。他指出：「本來領袖是人民當中產生的，是人民撫育的。……宣傳個人迷信的結果，領袖脫離了人民，這不是跟上帝一樣了嗎？」[34]「政治上的異化」，意味著「權力異化」：「是人民給

33　《胡喬木文集》第二，頁630。
34　此處與以下未特別表明出處的引文，均來自《爲人道主義辯護》中〈談談異化問題〉一文。

了領導以權力，給這個權力幹什麼？是要為人民服務。但這個權力一旦給出去之後，就有這種危險；可能有一部分人把這種權力不為人民服務，而為自己服務，結果由人民的公僕變成了人民的老爺。」身為黨內知識分子，王若水也在考慮「黨的異化」：「本來是受壓迫的黨，變成了執政的黨，黨的地位起了變化，就可能有脫離群眾、脫離人民的危險，可能異化。」[35]「經濟上的異化」，其一是指不懂經濟規律結果的「唯意志論」，花了很多錢不僅沒有收益而且「還背了一個大包袱」，在這種情況下，人的幹勁越大，就越是大吃苦頭；其二指今天所說的環境問題，他提到在雲南毀林開荒的做法，將森林燒掉，要它的荒地，這樣做「破壞了生態的平衡」；建立一個化工廠沒有想到它「產生了污染，倒過來危害了人。」

「異化」無疑是一個詭異的表達，是以其自身邏輯還治其人之身的思路，它真正觸痛了當權者和意識型態高官們的敏感神經。胡喬木一文對「政治異化」、「權力異化」的反駁是：「完全違背了馬克思主義的政治學說，歪曲了客觀事實，同黨、政府和人民的共同努力背道而馳。」[36]一大堆嚇人的「帽子」扣過來，已經不存在擺事實、講道理的任何空間。

五、結語

1980年王若水將環境問題作為異化問題而提出，再次有力地提示了在中國較早便存在著對於由國家主導的社會現代化的反

35　《為人道主義辯護》，頁194。
36　《胡喬木文集》第二，頁629。

思。在1980年代末期的文章中，隨著市場經濟步伐的來臨，王若水持續表達了這樣的意思：「隨著商品經濟的發展，在人民的生活水準提高和人的獨立性得到發展的同時，商品和金錢對人的奴役這種現象也發展了。」[37]沒有任何證據表明，王若水重提人道主義，僅僅是對於資本主義的「繼承」，是對待資本主義樂觀精神的體現。相反地，他首先繼承了馬克思對於資本主義的批判，從而進一步提出對於自己所處之「社會主義社會」及其意識型態的批判：對於官僚特權集團的尖銳譴責，對於「無人身」的「歷史進步」的深刻反思，對於「金錢拜物教」的警惕拒絕，尤其是對於勞動者悲慘無力的政治、經濟處境的強烈抗議。他稱馬克思主義的人道主義思想爲「實踐的唯人主義」，它爲「我們提供了一種價值標準和方法論，既可以用來批判資本主義，也可用來批判現實的社會主義。這種思想也使我們在一個充滿權力異化和金錢異化的社會中，保持獨立的人格，不致失去自我，不致看不到人的價值。」[38]

當前，這個由國家主持的「現代化」的面貌已經越來越清楚，它無法克服的痼疾在於缺乏一套有關現代社會的價值配置，拒絕有關現代社會必須具備價值理念的任何表述，因而被王若水、高爾泰們指出批評過的問題，後來以惡性繁殖的速度擴大與加深。可是，20年來，人們對於當年的「異化」討論的深意，不僅沒有記取和延續，反而輕視和遺忘。在這個意義上，汪暉在他的大作〈當代中國的思想狀況與現代性問題〉中對於這場討論的看法，

---

37 王若水，〈論人的本質和社會關係〉。
38 王若水，〈我的馬克思主義觀〉，見《北京之春》（紐約），1996年第1期（總第32期）。

是一個清楚的例子。他簡單地認爲，討論的分歧在於「空想社會主義與實用主義的社會主義的衝突」。可是如上文所述，稱王若水一方之爲「空想社會主義」，是沒有根據的，並僅僅是胡喬木的語言。汪暉並且認爲「它本身就是作爲現代化的意識型態的馬克思主義，因此幾乎不可能對現代化和資本主義市場本身所產生的社會危機做出相應的分析和批判。在市場社會及其規則日益成爲主導型態的中國語境中，以批判傳統社會主義歷史實踐爲主要目標的批判的社會主義已經衰亡。」[39]筆者的看法正好相反：不僅馬克思的批判不應被這樣簡化，王若水等人反思的、批判的思想能量，迄今也還沒有得到正當釋放，他們所表達的價值維度，在今天既是市場化的也是權貴資本化的中國，仍然是迫切需要的。在這些維度的方向上，亟待進一步的努力，使之更加完善和完備，但是遠遠不能說已經喪失意義。所謂「現代性反思」，並不是等到這個詞出現才開始的。否則，馬克思主義也就談不上是對於資本主義的批判了。就近取譬，如果我們不把自己的傳統也看做是一種傳統，就要走更多的彎路。

2007年6月5日

崔衛平：北京電影學院基礎部教授，著有隨筆、論文集《積極生活》、《正義之前》，並譯介中、東歐1980年代反對文化著作《哈威爾文集》等，目前主要從事中國當代電影研究與批評。

---

39 《天涯》雜誌1998年第5期。

東亞民眾戲劇的另類視野

鍾喬(差事劇團)

「差事劇團」的一雙翅膀

「差事劇團」成立於1996年，在一個屋漏偏逢連夜雨的日式塌塌米矮屋裡。至今，恰好10年之久。前於此，我們有一個非正式卻實質的名稱：「台灣民眾戲劇工作室」。

或出於求證、或出於好奇，人們總會詢問「差事劇團」既自稱為民眾戲劇團體，那麼，什麼是民眾戲劇？又或者說，是如何在實際界面上，展開文化實踐工作的呢？

這是一個司空見慣，卻不容迴避的問題。當然，也同時是一個龐大的問題。回答這個問題時，我最常引用的，是智利詩人聶魯達（Pablo Neruda）在自傳中對詩之於他的生命的表述。聶魯達說，「我的詩，有兩張翅膀。其一為義務，另一為愛情」。

當然，這不意味義務與愛情是「差事劇團」的兩種傾向。而是說，「差事劇團」經常性地，也在執行和義務與愛情同等重要的兩件差事。其一為，經常性的表演，其二，則為社區中的民眾戲劇工作坊。

「這麼說來，民眾戲劇在台灣必有長久而積累性的發展了！」這樣的提問，也是我時常面對的語境。通常，在稍做沈思之後，我會做這樣的表白：

> 對在上個世紀1970年代，透過「加工出口經濟」擠身「亞洲四小龍」的台灣而言，經濟發展所驅動的社會開放與民主化，其實揹負著沉重的包袱。亦即，二戰後台灣與南韓相同，是經歷過嚴峻的冷戰／戒嚴雙重體制的壓制，才終而朝向西方式的精英民主政治發展的……。

如此表白。目的在於說明：在冷戰／戒嚴的雙重封鎖下，反映、揭露進而批判現實的文化創作或實踐，在1987年台灣解嚴之前，是全面受到國家情治系統的監控的。反映在戲劇上，尤為峻烈。理由之一，自然與國、共內戰時，毛澤東曾因擅於運用戲劇做革命宣傳，而在攻防中，屢因受到農民的支持而擊敗蔣介石軍械裝備豐厚的部隊，有著密切的關聯。

也就是說，在漫長的戒嚴統治時期（1949-1987），民眾自為或自發地展開具社會批判性的劇場工作，根本上不存在客觀的條件。特別是發生於1950年代的一場「白色恐怖」肅殺行動，將左翼運動的思想及實踐資源連根拔除，對於日後包括民眾戲劇在內的進步性文化，造成了難以想像的破壞性效果。

在這樣的困局下，因著1989年於南韓參加了「訓練者的訓練工作坊」（Trainers' Training Workshop），認識了當時在「韓・民族藝術總會」（英文簡稱KNAF）中扮演積極角色的金明坤等民眾戲劇工作者，以及來自菲律賓的E. Cloma和香港的莫昭如，激發了我回台展開民眾戲劇的文化實踐。一開始，1990年代初葉，我和工作伙伴，一方面運用「菲律賓教育劇場」（英文簡稱PETA）一套稱做「基本綜合性劇場藝術工作坊」（英文簡稱BITAW）的方法，在社運團體或學生之間，進行互動性的劇場教習，獲致熱切的迴響。這同時，亦參與了由「亞洲民眾文化協會」（英文簡稱ACPC）所策劃的亞洲聯合匯演：「亞洲的吶喊」（Cry of Asia），巡迴亞洲各大城市表演。

1998年前後，對於自身具「東方主義異國風情」的「亞洲的吶喊」，我興起了質疑的思惟。從而，也對於存在菲律賓民眾戲劇內部，如此龐大的國際NGO資源，感到憂慮和困惑。在自覺或不自覺的、對過於廣泛性的亞洲交流的排拒下，恰好又逢上深感

民眾戲劇在自已生存之地紮根不足的反思。於是，以「差事劇團」的名義，開始較有計畫地展開具生產性的劇場創作，以及在社區中進行民眾戲劇的工作坊。當然，這時期與日本帳蓬劇的櫻井大造的多次深入互動，所帶來的批判性反思，是推動日後新一輪民眾劇場實踐時，必然不容忽視的一個環節。

對於過去的質疑所產生的行動。必然帶著這樣或那樣困頓的痕跡吧！在歷經數年來彳亍於劇場創作道路上的顛簸之餘，2006年，在寫作並執導「敗金歌劇」的前後，我以「飛砂與走石」來自況「差事劇團」的表演創作，似乎仍具某種說服力。

我是這麼說的：「劇場，作為文化再生產的元素，如何與社會改造發生串連或互動呢？最近，我一直陷入這樣的苦惱中。這樣的苦惱，在1990年初，便曾劇烈地在我內心深處翻轉。那時，我與幾位傍徨於小劇場前衛性身體美學門外的青年，屢次往返於菲律賓和亞洲第三世界國家，希望尋找到一種既有文化抵抗性質，又超出「話劇式」社會寫實教義的劇場表現形式。

然則，身體，或說劇場美學的身體，終究要回到特定時空下，具體的歷史、社會條件中，才得以浮現存在的經緯。

換言之，第三世界激進劇場有其低度發展之社會，作為支撐的背景；時空移換，表面形式的挪用，或許取得了述說的話語權，例如，進步的、回應現實批判的劇場美學一類的話語；卻也同時關進意識型態的門廊中，無視於社會輪軸的轉動，而兀自雀躍於自己所構築起來的革命浪漫氛圍裡！

在這樣的前提下，第三世界劇場美學，反而有機會成為當時台灣民眾劇場反思的課題，並在建構反帝的世界觀下，成為在地與亞洲對話的參照點。亦即，在互為主體的狀態下，來回檢證。

劇場，作為一種文化表現，和文學、繪畫、攝影、電影……

最大的不同，就在其身體的當下性；當身體在空間中出現時，已經涵蓋著超越劇本敘述之外的社會與歷史情境。

瞬間是劇場最有爆發性的美學。為了掌握這每個瞬間，我們窮盡心思，在形式和內容的融合與辯證中，不斷與內心底層的意識或潛意識搏鬥。也僅僅為了這容或被稱做失敗的每一個瞬間。

如果，劇只是劇。它大抵滿足了觀眾情感上的投射！然則，情感的局限，恰似人們對劇情的耽溺。如此，得以承襲「敘事詩劇場」的精神，讓劇場中的歌，競相和演員的身體、意識和語言融合或抵抗，終而，有了敘事劇的表現。然而，這些都只是創作旅程中的飛沙和走石。

> 從而，我愛這飛沙、走石，將我被每一次的頹然或奮進，給淹沒至暗黑底層的瞬間。
> 然則，在暗黑中，我依舊掙扎地睜開雙眼，忿忿地凝視那被粧飾在美感櫥窗中的風景！」

上述是關於經常性創作的一張翅膀；至於「差事劇場」的另一張翅膀，是關於如何在社區中執行民眾劇場工作坊的部分。一般地說來，是運用戲劇作為一種「成人教育」的方法，在社區民眾中進行「培力」（empowerment）[1]的過程。因而互動式的教習是重點，至於是否一定要以表演來述說戲劇的存在，則並非重點。

在涉及「劇場、社區與身體意識」的辯証上，我曾經針對社

1　Empowerment一詞，從最早的「賦權」轉化成現今「培力」，自有其更適切的「去他者化」的互動意涵。然而，亦有人仍覺不適切，例如，黃福魁就認為可譯成「使能」，即使別人能，也使自己能，或說引發自身原本就有的能量。

區劇場作爲一種文化實踐，有過這樣的言說：「劇場，作爲一种溝通社會、教育、藝術的媒介，有著比文學、美術、音樂、或其它混雜性創作，更爲當下的立即性回應。或許，也是基於這樣的原因，劇場很容易被拿來用做社區互動的工具。在社區民眾參與日趨蓬勃的風潮下，劇場成了有效應的文化工具。任何方式的文化再生產，都需要得以發生催化作用的工具，無可厚非。重點卻在於：催化僅僅爲聯絡疏離的感情，或重塑一種失落的記憶嗎？果若不然，或不僅如此，則劇場與社區之間的有機機制，又該如何在過程中被逐步形成呢？

以表演性爲主體的劇場，涵蓋著對演員身體、腳本創意以及空間再結構等種種文化觀照。然而，這些需求，遠遠並非社區劇場在美學上的思考關鍵。相反地，社區現實生活的溝通、了解以及分析，卻成爲劇場迴光返照的聚焦點。當然，爲了免於機制的僵化或說方便於單向性的教學灌輸，以民眾爲核心的互動情境，必須細心地逐步建構。這往往是進行社區劇場最爲艱巨的一項文化工程，特別在一個「商品」與「國家」不斷經由細膩操作而發布民主訊息的「想像性」市民社會中。

當「培力」這個字眼，出現在社區劇場工作者身上時，操作工作坊的技巧，幾乎只不過是「問題意識」互動環節中相當基礎的一項功課而已。換言之，既然是以社區民眾作爲核心的劇場，便已不是演員訓練的課程。因而，諸多如何進行劇場團動遊戲、肢體開發、聲音練習以及即興表演的練習，最終還是得歸返到參與者的身體如何表達共同意識這件事情上。這是一種自發的過程，而不是啓蒙的結果。巴西教育哲學家Paulo Freire的成人教育方法學，提供了具體而深刻的理念與實作機制。他對比傳統單向式教學的Banking System（亦即填鴨式）和Problem Posing（提問

式）教學的最大區別，即在於前者以教師爲中心，後者則以學生爲核心。同時，他也提出了前者的教學，就像老師以知識作資金不斷放進學生似是存摺的腦袋中，藉以成爲來日的精英階級；此一情況，恰與後者的教學大不相同。當學生自主地理解和掌握知識與意識化的聯動關係時，學生已經成爲共同學習的一個有機成員。而學習，便是在這種有機聯結中，因著互動而展開並形成的。因此，簡單說，「培力」不是因爲民眾須要專業者或知識分子的啓蒙，而被形塑出來的情境；而是，民眾如何從個人意識化逐漸轉化爲對公共領域意識化的過程。「逐漸轉化」，的確如此。因爲，其困難通常發生於如何進行評估或檢證的具體狀態中。

理論的舖陳，就實踐而言，通常只是一種「借鏡」。但，並非借鏡就不重要。相反地，借鏡能提示更爲有深度的實踐。舉例而言，「提問」只是爲了滿足表象的平等嗎？又或者，僅僅在平衡中彌補相互的矛盾嗎?這些都是具體而微的案例。

那麼，果若不僅如此，又如何將教學的情境帶往通稱爲社會批判的場域呢？這是一個值得提出來反思的問題。因而，當人們不斷以Paulo Freire的「提問式」教程作爲社區民眾「培力」的理念根基時，仍然會有實踐的質疑從土地上冒出問號來：專業者的角色是什麼？她／他能同時兼具劇場和組織的雙重角色嗎？如果不行，又如何展開互動性教習（教導與學習）的文化行動呢？

提問的目的，只在於將思維的特殊性置放在行動的普遍性上。亦即，「提問」非僅不是爲了將行動推向虛無化，而且是爲了催生行動的積極性。是在這樣的辯證發展中，「差事劇團」持續和「石岡媽媽劇團」展開了長達5年之久的社區劇場互動。時間的長久，除了驗證社區劇場深化的軌跡之外，民眾在劇場時空中身體的積澱，以及轉化劇場成爲日常生活的改造運動，是觀察

石岡媽媽梨花劇照。

的重點。前者，套用知名巴西民眾劇場工作者Augusto Boa（有人喜稱他爲大師，本人對這樣的稱呼深以爲戒）的話，即是「觀眾」（spectator）如何變成「觀演者」（spect-actor），又進一步成爲「演員」（actor）的過程。後者呢？其實接續了前者的過程，亦即，進一步追問，當「民眾」以觀眾身分轉化爲「發言者」的演員時，如何在社區的現實中針對公共議題表達態度呢？

這不是一個能夠輕易解開的難題。理由再簡單不過。因其涉及了人的改造如何被實現的複雜度，以及社區劇場如何延伸到社會實踐的難題。雖然如此，劇場既然具備了民眾參與的社區性格，如何舖陳其衍生的歷程，應該會比做結案式的總結論述，更有「提問」的性質罷。

民眾戲劇：東亞的交錯視線

2007年五一勞動節前的一個週日，「差事劇團」在台北勞工公園推出由團員共同劇本創作，並邀前美國舊金山默劇團導演Dan Chumley執導的《麻辣時代》（*Hot Time*）一劇。此一稱做「勞工劇」的戲碼，是以和韓國釜山一個稱做「在地」（Ilter）劇團交流而籌備的作品。

在面對近數年來，於東亞地區的民眾戲劇交流，「差事劇團」和"Ilter"就勞工議題為戲碼所展開的互動，至少具備了以下兩項深刻的意涵。

首先，就時空的延展性而言，此項交流，並非個別或臨時發生的單一劇場事件。其背後，存在著自2005年起，發生於南韓光州的「亞洲廣場」（Asian Madang）藝術節，以及由藝術節的串連引發的「東亞民眾戲劇網絡」（英文簡稱EAPTN）的誕生。

稍稍了解背景的人都多多少少知曉，此一網絡是繼1990年代初期，以菲律賓為核心的亞洲民眾戲劇網絡之後，由戰後1960年代出生的世代為主導的新民眾戲劇網絡。其意義之非比尋常，絕非在於所謂的世代傳承；相反地，因著世代的差異，面臨了嶄新的挑戰。扼要地說，在一個全面商品消費年代的時空下，民眾戲劇將如何展現「議題中的美學」？又如何在「美學的議題」中尋找到和這個世界頡頏的位置呢？

我的問題意識其實回到一個支撐點上。亦即，規範亞洲的，與其說是地理上的共同性，倒不如說是文化或意識型態上的相互參照。在此，東亞範圍內，就歷史而言，日本作為殖民帝國的一員，對於中國侵略以及朝鮮和台灣的殖民，深刻地影響著幾個地域內人民在二戰後的自我認同問題。

縮小問題來看，曾經共同經歷過殖民主義／冷戰／戒嚴體制的台、韓兩地，在歷經1970年代以降的「獨裁下的經濟成長」之

後，將如何迎拒新一波由文化觀光產業所包裝起來的大眾消費文化的滲透呢？這將是一件具急迫性「張力」的問題。

因而，當我們沿著EAPTN的脈絡往前觀察，「勞工劇」在台、韓二地的交流，衍生出在現今市場化機制彌天蓋地之際，如何從民眾劇場中，重新找回勞動者身體與意識的問題。再者，就交流的內涵而言，雙方推出的「勞工劇」，皆以勞動議題為主軸，卻非僅只於「交換」演出項目而己。而是有其得以互動的共同傾向性存在。

「差事劇團」的《麻辣時代》所呈現的是，現今流行於美、日、歐等發達資本主義社會，並漸次在像台、韓這樣的新興工業社會中蔚為趨勢的「彈性勞動」。表面上看來，「彈性勞動」恰如劇本中所言：「沒法加薪，便換老板」；深一層探究，卻是對勞動契約的根本性剝奪。換言之，愈在勞資雙方無法取得平衡的場域中推行「自由化」的勞動，便愈讓勞動失去應有的基本保障。

按常理來說，跟隨著科技與產業現代化的進展，工人階級應受到愈來愈好的利潤回饋。然而，隨著資本主義利潤率下降的問題，資方為競奪更多的既得利益，於是採行了各種各樣對私己有利的措施。在全球市場化的年代裡，推動「彈性工時」，便是有效處理此一資本主義危機的最好辦法。

更何況，「彈性勞動」相當有利於「資本」和「國家」解散工人的團結。理由恰在於工時彈性、工作場域彈性化、勞動力自由流動等等被宣稱為「自由化」的勞動條件。

進一步追究，我們發現，由資方和國家所設定的這場僱傭騙局中，更潛藏著坐視工會內部員工排擠「契約工」的實質關係。這又加深勞動者之間的矛盾衝突。揭開隱藏背後的一道門，見到的操盤手，恰是坐擁市場化機制龐大利潤的資方和現代化官僚。

　　《麻辣時代》一劇的導演Dan Chumley，同時也是「在地劇團」所推出《八七》一劇的導演。在《八七》一劇中，也著重處理了自主工會排擠「契約勞動者」的問題。「在韓國內部，這樣的問題日趨嚴重。彈性勞動的衝擊，甚至影響到自主工會內部的團結。」Dan說，「因而，從工人文化自主權的角度，我們提出這樣的批判。」

橫跨地域間的張力

　　2006年底，在EAPTN邀約的研討會議中，曾有一次行程，在南、北韓交界的「非武裝地帶」（簡稱DMZ）進行半天參訪。

　　記憶尤深的是，參訪中的一個項目，是搭乘通往地道的軌車，深入北韓於1970年代挖掘的戰地通道。當時，徘徊於內心深處的一個聲音即是：「在號稱後冷戰年代的當今世局中，其實仍具存著的緊張的冷戰對峙狀態。」南、北韓分界的38度線，即是一個再具體不過的案例。

　　當這樣想時，突而發現自已手上拎著的竟然是參訪前，由旅遊觀光服務站提供的一張印刷精美的折疊小海報。海報上的DMZ幾個字畫有裝飾性的鐵絲網筆繪。並有英文字寫著「24小時預約（熱線）電話……」的字樣，對比其它溫泉或皇宮的旅遊單張，在招徠顧客上，絲毫也不遜色。再翻開內頁，除了幾幀像是好萊塢戰爭電影中的彩色照片外，赫然有一行這樣的宣傳文案浮現眼前，寫著「半日DMZ觀光＋午食＋實彈射擊體驗」。

　　在一個全面由市場化機制所宰控的時代中，以觀光旅遊來提高軍事警戒區的曝光率，並增加政府的收入，怎麼說，也不至於是一件太難於想像的事。然而，問題或許就隱藏在這「不難想像」

的背後罷！當「冷戰」所帶來的民族分裂悲劇，以及經年累月在反共宣傳中所執行的國家暴力，尚未在人民的受害歷史前取得應有的對待時，過去以軍事霸權介入東亞事務的帝國力量，現今正搖身一變，改以市場化的面貌，經由國際跨國資本的宰制性力量，影響著世局的發展。

DMZ 38度線非武裝地帶，恰是以趨近「新自由主義」市場經濟無遠弗屆的一種面容，仰躺於東亞後冷戰年代的冷戰防線上。它不至於對現狀帶來太大的弊害；至少觀光化所「疏解」的政治緊張感，恰也是鬆懈人們對現今世界霸權的一劑迷幻藥罷！

這樣的思索，或說，某種必然潛在於思維背後的煩惱與不安，同時存在於對東亞另類民眾戲劇的視野中。

應該說，東亞甚或亞洲的概念，是另類全球化的一個環節。亦即，當上個世紀的1990年代，全球資本化的時代到臨之際，東亞民眾戲劇亦已隨之進入創造另類全球化的狀態了！這樣的狀態，伴隨的是一種對於文化、政治及意識型態的緊張感。

進一步延伸，當在地性本土文化，有意識地形成抵拒全球一體化的文化霸權之際，如何不在民族／國家的硬框架下自我設限，而在民眾之間的互動，找尋自主性的文化話語，成為跨越國界的相互參照，乃是東亞民眾戲劇在面對普遍性存在的國族霸權及跨國性資本支配時，迫在眼前的客題。

那麼，是哪一種跨界串連，在思維和實踐上推動著在地文化在劇場中展現出底層的力量呢？香港2007「國際戲劇教育聯盟」（簡稱IDEA）的發生，或許，也足以成為參照觀察的實地現場。

在地串連與跨界行動

　　香港，IDEA 2007，至少，從台灣民眾劇場的視野出發，不再僅僅局限於一島急於向已開發歐、美價值觀表態的觀景窗而已；相反地，有其東亞「脫冷戰、去文化帝國」的思維，作為參照的觀點。

　　從這樣的觀點出發，我們發現：國族認同轉化成身分認同的焦慮，幾乎成了台灣參與國際性會議時，經常被提出來討論的話題。但這樣的「國際性」，其實還是以民族國家的疆界作為想像的共同體，所激發出來的主流全球化思維。是不是國際性會議的場合，就難免聚焦於國族身分認同的議題，非得先問「妳／你是哪一國人？」不可呢？看來，也的確不見得。

　　2001年，當聯合國教科文組織的外圍組織：「國際戲劇／劇場教育結盟大會」（英文簡稱也是IDEA）在挪威的貝爾根城舉行時，我帶了相關於「921」大地震後一群災區媽媽，如何經由社區劇場重拾受創心靈經驗的影像，參與研討。在座一名卷著深褐色金髮的拉美裔女性，首先舉手發問，直逼核心，問的是，「你們台灣參與社區劇場的都是女人嗎？那麼，男人呢？他們都到哪裡去了？」

　　是啊，男人呢？經她這麼一問。我倒有點楞住了！原來，台灣是不是「國」的問題，至少不如焦慮所投射出來的想像那般被跨大。反而是這「國境」內的性別議題，如何被區隔化對待，成了關注的焦點。我先是一楞，後來，開了個玩笑說，「眾所週知，台灣是在二戰後的1970年代創造了經濟奇蹟的社會，男人都忙著去賺錢，文化參與都順水滑到女人身上了！」

　　會場哈哈一笑，笑得最得意的幾張臉孔，除了輪廓深峻的那位拉美裔美女之外，至今我沒忘懷，就是那幾張似乎來自第三世界國家、有著黝黑或深褐膚色的女性！或許，我們都有著大同小

異的社會發展經驗吧！只需笑答，就免去繁繁複複的言傳了！

離開遠在地球極地北方的冰寒國度，回到家鄉，我每每在城裡鄉間不同場合的社區劇場工作坊中，為自己那席關於男人在劇場中缺席的笑談，暗自興味盎然地回味著！

6年時間過去。繼2004年，大會於加拿大渥太華舉辦之後，今年的IDEA大會輪到香港做東，搬師前來亞洲。我關心的，依然是劇場的在地實踐如何形成國際文化行動的問題。

只不過，場域既然發生於東亞的香港，勢必反映著「後冷戰」年代的到來，過去，冷戰時代，美國在東亞的霸權地位，呈現出軍事掌控力量和文化、經濟以至於意識型態方面的相互矛盾。換言之，東亞區域整合，形成對美式霸權的嶄新挑戰局面，絲毫不容輕忽。特別是在文化領域中的進步性劇場運動，面臨了前個世紀未曾有的、得以和世界霸權分庭抗禮，又或說，至少用自身的東亞語境「獨立」於帝國語境之外的可能性。南韓資深東亞研究學者白永瑞所形容的「超越帝國，走向東亞共同體」的訴說，正逐漸蔚為一股勢不可擋的風潮。

如此一來，我想，IDEA 2007想面對的，就再也不是內化了西方（特別是美國）價值的新殖民主義體制下的亞洲人的共同文化想像了吧！

民眾劇場：在地與跨界

與此同時，我所參與的「差事劇團」接到來自香港IDEA大會的邀請，要我們在大會期間演出相關於韓國「光州事件」的詩劇《子夜天使》，並同時通過邀請植根於社區中的「石岡媽媽劇團」前去演出的議案。詩劇也好，社區劇場也罷，都離不開民眾

劇場的在地實踐與跨界行動。如此，也形成了我與「台灣應用戲劇發展中心」的主持人賴淑雅，共同發展出的一篇相關於〈民眾劇場：社區與跨界行動〉的論文，在現場發表的機緣。

當然，東亞內部進步的劇場文化整合，又與各地內部民眾劇場力量的推動，發生著密不可分的辯證關係。表現在台灣社會內部的，便是社區劇場如何展現自主性民眾美學的問題。十幾年來，儘管因應著社區營造業務化的需求，社區劇場在台灣各鄉鎮間，屢因參與企劃者擅長製造並炒熱文化點子，讓活動迅速結合媒體所趨，被端上社區節慶的宴席，並快速轉化成一項項謀合於國家／市場所需的業績。

然而，劇場作為一種引發民眾自發性成長的媒介，倒底如何在藝術與成人教育的範疇中，被有機地納進劇場專業人與民眾的對話機制，卻缺乏廣度及深度的探索。

社區劇場與社區民眾經由劇場的互動，自發性地加深成長意識，並進而更為開放且自覺地參與公共領域的改造，理應存在深刻的關係。否則，劇場在社區或教育機制中，不過再度「複製」了戲劇是「提供娛樂或精緻化表演」的文化行為罷了！

這樣的思惟，在一個NGO不斷增長、龐大且熟爛的全球化世代中，重新讓人深思「在地思維、全球行動」這句老話的意涵。

國際串連，如果缺少一個在地進步思惟作為行動的基礎，將會是另一件國際花架的點綴而已。更何況，這種形式化的國際串連，也恰好符合了現今台灣不擇手段、急於現身，只要有個名分，不問實質內涵的「外交」策略，不是嗎？

那麼，進一步地質問，這樣的國際交流，又和民眾在社區的基層網絡中展開的自覺行動有何關聯呢？果若沒有，跨國界的劇場交流，當真只是國族主義為文化的「民粹化」裝飾起來的一組

櫥窗而已嗎？

拒斥以「會話」取代「對話」

　　這些提問，分明令人苦惱，卻又迫在眼前。上個世紀1990年代初期，當世界社會主義國家及組織紛紛解體，全球化（實質上是全球市場化）呼聲高漲雲霄之際，國際性的單一霸權經由資本市場的運行，將弱勢社會的弱勢人民引進一個更形複雜的宰制關係中。

　　那時，我和一群相對年輕世代的伙伴，走向民眾戲劇的亞洲串連旅程上。時日推移，漸漸地，跟隨著一個全球性「去意識型態化」的商品價值觀的到來，我們的劇場民間實踐，走向一條以「會話」（conversation）來取代「對話」（dialogue），喪失了問題意識之需要，甚而因自視藝術的中產客觀化，而視社會批判為畏途的道路上，引為自我標榜。

　　直到2000年，因「921」大地震後，於石岡和「石岡媽媽劇團」的「對話」行動，才又重新啟動，民眾劇場在社區實踐中如何引發身體與問題意識的「培力」思索。從這樣的反思中，我得以述說社區劇場的民眾性，一如文末的表格。

　　苦苦思索，積累著棉薄的行動反思。但，誠如墨西哥「查巴達原住民解放運動」的馬可斯所言：「我們從未到達，我們從未放棄。」

　　既未到達，又如何宣稱不放棄？這是一樁弔詭的思辯。以「石岡媽媽劇團」為例，為了深化民眾在身體即劇場的「對話」過程中得以自主形成公共意識，劇場人「介入」組織者的身分位置，長期在地方上紮根於社區互動與草根意識的養成上，不計時間、

心力投入換來的可能只是欣然如農婦面對一生的蒼蒼寂寞罷！

然則，世事變遷愈加飛速，民眾劇場的社區實踐，亦無法自外於世俗社會的立即挑戰，也才有了「應用劇場發展中心」的賴淑雅在其〈一場新的社區劇場運動〉文章中，針對性的提示：「新的社區劇場實踐方法，強調『互動』、『對話』、『培力』與『過程』，讓社區民眾透過劇場的練習，認識自己、認識自己與社會的關係，進行社會的意識表達。」以社區作為紮根基礎的民眾戲劇，終竟在內部串連的「對話」之後，朝向跨越國界的網絡互動。其目的，大抵不外是，現今世界的壓迫關係，既然不以一國界內部為局限，故而我們能展開的民眾文化行動，也有必要依循著跨越國界的線索，去追索實踐的場域。

2005年，一場在韓國光州發生的「亞洲廣場」藝術串連，至今仍為即將於香港發生的「國際戲劇／劇場教育聯盟大會」IDEA 2007鋪陳了進步的、民眾戲劇的參與道途。其間，既有時空上的連動關係，亦存在著有機的文化運動思維的連帶。

就在2007年4月，即將於2010年在巴西主辦下一屆IDEA大會的主辦單位，準備先在拉丁美洲開辦一場稱做「擁抱藝術改革社會」的全球性劇場與教育大會。與會的台灣代表賴淑雅，在拉美革命氛圍中提出來的台灣社區劇場經驗，可望在反思國家／市場對公民美學的模塑與形構的前題下，提供一套有關民眾性社會美學的批判、檢討與視野。

如此，我們相互凝視。視線來自超越一島地域主義，又或滯礙於文化本土主義的自我批判。因為，怕也唯有如此，社區劇場做為社會改造行動的一環，才有跨越東亞國境，航向拉美解放劇場的可能性！如此，民眾劇場的國際行動，才確實回返了在地串聯中人民與土地的文化根源。

劇場與社區的「使能」關係

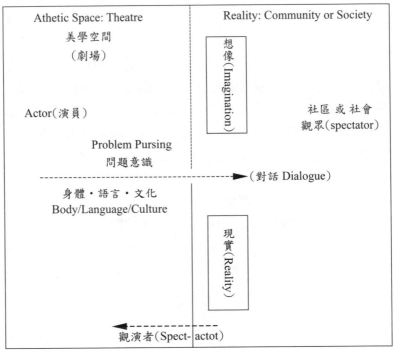

Empowerment 賦權→培力→使能

鍾喬：「差事劇團」團長。曾在陳映真主辦的《人間雜誌》工作。
目前，除寫詩外，並編導戲劇作品，與劇團團員共同協作「闖入，
廢墟」一劇，以融合寓言及政治的劇場風格，探索淪為廢墟的城
邦中，權力如何操弄人性。近年，並積極投入東亞民眾戲劇串聯
行動及參與相關研討會。

鄉土、本土、在地：

鄉土文學三十年

鄉土文學討論集

尉天驄主編

爲甚麼會有鄉土文學論戰：
一個政治經濟史的解釋

楊照

一

讓我們以歷史溯源的方式，試著話說從頭。

得從戰後台灣史的關鍵，「二二八事件」說起。

先不追究「二二八」的責任，就目前已經整理出來的史料，其實可以清楚看出「二二八」的發展梗概，也可以分析理解事件對台灣社會紐帶產生的具體破壞作用。

「二二八」過程中爆發了台灣民眾對長官公署及「接收人員」的強烈不滿，然而衝突消息傳回國民政府中央，卻被定性定調爲「共產黨暴亂」。當時剛攻進中共老巢延安的國民政府，最不願見到的，就是中共可能取得新的據點。於是軍隊迅速動員，自然採取了過去處理「紅區」的收拾模式。軍隊上岸後，先一路展示火力壓制局面，等控制了秩序後，開始「清鄉」。

「二二八」的鎮壓造成兩類傷亡。一類是軍隊上岸之初逮捕屠殺的，具有高度任意性，死傷了許多莫名所以的無辜民眾。第二類則是「清鄉」過程中，按照情報名單搜捕行刑的。

「清鄉」中犧牲的，幾乎都是台灣士紳菁英，尤其多的是當

年20-40歲的地方活躍人士。這層台灣士紳，在「清鄉」中被捕被殺的不少；更多的，還有因為目睹「二二八」殘暴鎮壓手法，而被嚇破膽了的。

「二二八」造成的一項嚴重後果，正是消滅了一整代日據時期培養出來的台灣社會領袖。這群人「二二八」之後，死的死，逃的逃，沒死沒逃的，也都被嚇掉半條命了。

「二二八」造成另外一項嚴重後果，是讓台灣人抱持深深仇恨，看待從大陸來的中國人。仇恨沒那麼容易遺忘，只會因為政府的管制壓抑，在無從發洩的情況下變得更加強烈。

國民政府主政者絕對沒有想到，然而後來歷史顯示了：「二二八」的兩項後遺症，決定了1949年之後，台灣發展的方向。

1949年發生了什麼事？國民政府在中國大陸潰敗，倉皇敗逃到台灣，帶了大約150萬人一起渡過海峽大遷徙。

如此規模的遷徙很困難；要讓遷徙來台的人能夠活下去，是更困難十倍百倍的事。畢竟台灣自身原來的人口也不過六百萬左右，這樣規摸的經濟體，在戰爭結束後沒多久，突然要承擔多增加150萬人的生計，談何容易！

困難還不只如此。雖經日本統治後期的投資經營，工業在台灣經濟系統中佔的比率依舊不高。戰爭破壞，加上戰時重工業無法立即轉型為民生生產，使得到1949年時，台灣基本上仍是以農業經濟為主體的。農業生產，有可能用什麼方式，馬上提高四分之一產量，來供應新移民所需嗎？

回頭看這段歷史，我們理解：初到台灣，驚魂未定的國民黨，除了要防止中共軍隊渡海之外，最大的課題，就是農業生產分配的大調整。

二

1950年6月韓戰爆發，美軍第七艦隊巡弋台灣海峽，同時原本對蔣介石政權抱持放棄態度的美國政府政策大轉彎，援助資源注入台灣，讓國民黨喘了一口氣。

接下來連續幾年，國民政府開始大力推動台灣土地制度的改革。從「三七五減租」到「耕者有其田」一連串的做法，表面上的理由，是國民黨在大陸吃了大虧學到教訓，要從土地制度的根本，杜絕共產黨意識形態可以生根的環境。實質上，這些政策做法，直接提高了政府對於農業，尤其是對農業產品的控制。

在大陸被「土地改革者」中國共產黨打得落花流水的國民黨，爲什麼搬到台灣來，搖身一變，自己成了「土地改革者」？關鍵理由很簡單，在大陸，國民黨的利益與地主緊密相連，「土改」刨的是國民黨的利益根源；可是換到台灣，國民黨在這點上，是不折不扣的外來政權，他們和台灣地主沒有任何聯盟關係，自然能夠不受牽制地訂定直接剝奪地主利益的政策。

不過，訂定政策是一回事，要執行是另一回事。「土改」爲什麼在世界各地都難以推動？「土改」爲什麼往往都演成血腥暴力事件？因爲擁有大量集中經濟社會資源的地主階層，絕對不可能乖乖接受土地改革，放棄自己的龐大利益。他們會使出各種手段，杯葛阻擋土改政策。

地主抗拒「土改」最直接的手段，就是控制政府，組成保護地主利益，與地主利益一致的政府。如果無法控制政府，那麼地主還有另外的做法——他們可以聯合起來反對政府，甚至推翻政府。

　　國民黨當時處於艱苦的兩難。一方面，如果不進行土地改革，新到台灣的150萬人無從取得必須的糧食供應；另一方面，貿然進行土地改革，等於直接向台灣地主宣戰，又有可能刺激台灣地主階層大反叛，反撲在台灣還來不及站穩腳跟的外來政府。

　　土地改革竟然能在國民黨剛敗逃到台灣時推動，依靠兩項條件。一項是冷戰結構形成，美國力量在台灣介入；不過更重要更關鍵的一項，顯然就是因為當時的台灣地主階層，儘管對於自身的利益受傷大感憤怒，卻敢怒不敢言，更沒有條件公然向國民黨挑戰。

　　因為「二二八」的慘痛經驗記憶猶新，也因為「二二八」肅清了一整代台灣社會領導人士，地主們就算要反抗，也找不到可以帶頭組織行動的人了。

<h2 style="text-align:center">三</h2>

　　「三七五減租」、「公地放領」、「耕者有其田」，一連串的政策，都著眼於提高農業生產量，同時也都發揮了將農產集中在政府手中的效果。

　　這一連串政策，給了原本佃農自己土地所有權的滿足。不過如果細查生產成果分配的話，實際在土地上勞動的農民，自留農產比例，不見得有所提高。

　　田賦提高了，實物徵收增加了，同時還有全面「肥料換穀」的做法。台灣農業土地，很早就開始了商業性經營，也就是，不以生產勞動者自身食糧所需為滿足。尤其是蓬萊米種介紹進台灣，開闢了台灣米銷向日本的管道，當然進一步鼓勵台灣農民努力提高農地單位產量。在這種情況下，台灣農業也就很早開始使

用化學肥料，乃至依賴化學肥料。

以戰爭剛結束那兩年的生產狀況為例吧！「二二八事件」中重要的導火線之一，就是產米產糖的台灣，竟然缺米缺糖。檢查較可信的史料，庫存糖遭到盜賣，應屬事實。然而，相對地，米呢？造成缺米的原因，比較可能是來自肥料缺乏導致歉收吧！

明白了這樣的背景，才能衡量「肥料換穀」政策的威力。「肥料換穀」，就是政府壟斷肥料生產和配銷，讓化學肥料完全沒有自由市場，農民要取得肥料，保障下一季作物收成，唯一的方法，就是用這季收成的食糧作物，到農會系統換取肥料。

換穀辦法中，當然是盡量高估肥料價格，壓低穀物價值。依照不同的國際市場原料與成品標準計算，「肥料換穀」過程中，農民付出的代價，比市場高出3-10倍。

「耕者有其田」的辦法，同樣反映了這種集中糧食的用意。佃農並非無償得到土地，而是以該土地年收成的2.5倍計算地價，需分10年以實物攤還地價。換句話說，10年當中，新取得土地的農民，除了原本的田賦、實物徵收及肥料換穀之外，還要交出1/4的收成稻穀，支付地價。

交出土地的地主，從政府那裡領取了實物債券和「四大公司」股票作為補償。許多人對股票極度陌生，對「四大公司」更沒有一點信心，誰知道明天「四大公司」會不會就成泡影，股票也隨而成為廢紙？所以股票一發行，許多人就想方設法要將手上的股票賣掉，換實物債券比較有保障，於是股票對應實物債券的價差越拉越大。

手上擁有眾多實務債券的大地主，在那個節骨眼上，如果懂得適時買賣，就能用很少的代價取得大批「四大公司」股票。事實上，辜家正就是以這種方法，拿下來台灣水泥的經營權，才開

啓了戰後辜家事業的另一番發展。

　　至於那些出了股票換實物債券的地主，仍然沒有辦法保有價值。因為隨後政府發動一連串的做法，嚴格控制市場上稻米價格，就算用實物債券換到稻穀，也完全無利可圖。難怪台灣地主在過程中大大受傷。

　　政府憑什麼能控制米價？憑著土地改革壓抑了地主勢力，政府可以直接凌駕在農業生產小農身上，對他們的生產收穫充分掌握。上面提到了10年攤還地價的條件，如此就使得10年內這些農地1/4的收成，保證進到政府手中，扣除掉實物債券支付出去的，政府至少還有1/8的保留額。

　　再加上田賦、徵收和「肥料換穀」和農會系統進行的青苗借貸本息償還，保守估計，直接控制在政府手中的米糧生產，佔農民總生產量至少4成。換句話說，小農生產過程中，可以自留的部份，不超過60%，並沒有比原來付給地主的田租優厚多少。有些地方，土改後農民實質負擔，還高過改革前。

　　當然，我們必須考慮農民自有土地而提高的生產動機。畢竟按「耕者有其田」辦法規定，取得土地後增加的生產量，不會再計入地價中，可以由農民自己保留；還有，農民可以想像十年地價攤還完後，每年就可以增加25%的生產收入，這些因素的確大有助於整體農業生產的成長。

　　不過，一個事實不能被忽略，那就是，土地改革完成後，政府就是台灣最大的地主，所有主要糧食作物生產收穫，40%都控制在政府手中。

　　有這麼大比例的糧食，才有辦法應付150萬新移民所需。而這群以軍公教為主的新移民，是國民政府統治的根本，他們也都必須依附於政府體制上，才有辦法在台灣存活下去。

四

在這裡，「二二八事件」的另一項後遺症，發生了嚴重效果。台灣社會底層對外來中國人的深刻敵意，讓新移民與台灣既有社會，完全沒有融合的機會。

1949年來到台灣的新移民，不只是絕大部分與「二二八」無涉，而且絕大部分根本無從知曉才不過兩三年前發生的事件。國民黨全面封殺和「二二八」有關的訊息，壓抑台灣人鮮明依舊的記憶，結果是使得新移民失去了瞭解台灣人敵意的機會，當然也就更消滅了他們去化解敵意的機會。

新移民們一方面被國民黨「反攻大陸」的幻夢拉住，另一方面又被與台灣社會明顯存在的差異隔閡推開，於是就產生了他們對黨國體制的高度依賴。除了少數例外，這些新移民事實上被關鎖在狹小的生存空間裡，長時間和台灣原有社會互動極其有限。

尤其是經濟上的互動。依賴黨國體制，明白點說就是經濟支撐來源是政府發放的薪水米糧，在此之外，並沒有以經濟勞動力的形式投入生產體系中。對於這種情況，國民黨並無意積極改變。作為一個外來政權，國民黨對台灣本土環境有其陌生不安不放心的焦慮，格外需要這一同渡海的150萬人作為政權不變不動的基礎。國民黨最不願看到的，一是台灣社會從新移民中找到組織領導資源，另一則是新移民和台灣民眾結合取得與政府抗衡的力量。讓這兩邊保持分離，對國民黨威權統治相對是比較安全的。

我們也可以從這個角度了解1960年「自由中國事件」的背景條件。雷震、殷海光等人批評蔣介石、國民黨，並不是一天兩天。然而雷震後來卻選擇和台籍地方人士如李萬居等人結盟，成了

「是可忍孰不可忍」的決定性因素，蔣介石寧願得罪美國，也得關了《自由中國》，斷絕雷震這方面的發展。

　　將外省人封鎖在台灣經濟體系之外，國民黨就必須承擔每年龐大的軍公教人事支出。在那個貧窮的年代，這份開支最主要的部分，正是食糧配給。

　　這解釋了爲什麼要用各種政策手段控制食糧作物，也就說明了台灣農村在那幾年其實是在沒有新勞動投入的情況下，藉由政府的強勢重分配，支應起多出來的人口壓力。地主固然傷痕累累，農民也被壓得喘不過氣來。

　　本來從控制食糧出發的做法，附帶產生了兩項國民政府可能也沒有料到的效果。一項是新取得農地的農民，因爲預期10年攤還期一過，就能完整獲得土地所有權，所以在這10年內，不可能輕易廢棄耕地離開農業。而且這些農民長期佃耕，也必然格外珍惜分配下來的土地，視土地爲近乎神聖的財產形式。

　　另一項效果是綿密的食糧生產控制，加上徹底的貨幣金融管制，就使得政府對於農戶收入可以進行操縱，尤其是要壓低農戶收入，易如反掌。提高實物徵收成數，改變肥料換穀價錢計算方式，都可以立刻讓農戶就算保持原有的耕作努力，收入卻比原來減少許多。

　　1960年代之後，台灣工業化的發展，就是建立在這兩項條件上，才有可能的。

　　後進國家工業化，最大的阻礙，是原始資本累積的困難。許多國家選擇以舉借外債的方式籌措資本，但是外債的利息壓力，以及債主國的干預，經常就扭曲了工業化的進程，使得長期計畫無法持續推動；更何況外債從舉借到運用，這中間創造了多少上下其手的空間，往往讓大筆利益掉進中介者與買辦階層的手裡，

造成資本效率不彰。

台灣在1950年代每年接受平均約一億美元的美國政府援助，不過美援在幫助台灣度過經濟最艱難的階段後，到1963就停止了。之後，台灣不曾對外國借取大量資金，而竟然能完成初始的工業化建設，的確是後進發展史上難見的「奇蹟」。

追究這項「奇蹟」，我們不能不注意到政府當年「以農業扶持工業」的政策。什麼是「以農業扶持工業」，用政府宣傳的語言，那是「用政策作爲將農業剩餘（盈餘）投注於工業建設」。這個說法，有一個最大的盲點——看看上面整理的台灣農業生產狀況及其負擔，試問，在那麼短的時間內，農業部門哪來的「剩餘」可供利用？

解答這個問題，牽涉到「剩餘」的相對定義，是對於農家而言的「剩餘」，還是對於政府而言的「剩餘」？真正發生的狀況，是政府藉由創造了農家的「不足」，因而獲得了投資工業建設所需的「剩餘」。

換句話說，台灣工業化初期的基礎，是靠政策性壓低農戶所得，拉開農戶生產價值與農戶實質收入間的差距，才有辦法取得的。在那幾年內，政府手段步步緊縮，保證儘管投入同樣的努力，農戶平均自留穀物收成不斷降低，而且保證，穀物的市場價格不斷壓低。總體而言，農家可支配食糧與收入，都一年比一年差。

不只是這中間的差額，進到政府國庫裡，成爲政府可以拿來使用的工業基金；而且農戶收入下降造成農家人口大幅外流，又爲新興工業提供了源源不絕的廉價勞動力。

五

　　1960、1970年代，台灣人口大遷徙，根本理由並不是追求「社會向上流動機會」，而是因爲農戶收入低到無法留住原有的勞動力。本來5口之家耕種一小片土地，勉強可以維持5人生計。但在政府政策導引下，幾年內同樣一塊土地收成所得，降低到只能供應3個半人生存，那麼當然就造成農戶中兩份勞動人力必須離開土地，另尋出路的結果。原本由5個人負擔的勞動量，現在必須改由留下的3個人承擔付出，而兩個離家的人，因爲是在經濟無法支應的情況下離開的，流離到都市城鎮，他們也就不可能要求多高的工資，只要能夠養活自己得到基本溫飽，他們都會接受。

　　從發展工業的角度看，這是極有效的政策。而且也的確在短短幾年內，就幫台灣打下了初始資本的底基，還從農村擠榨出最低工資水準的勞動力，使得台灣加工出口產業得以享有勞動成本上的優勢，可以用低價策略在美國市場競爭。

　　但是台灣這種發展策略，絕對無法在別的國家別的地方複製；別人的政府不可能擁有如此全面管控農業的條件。南美洲的巴西，1970年代也曾試圖用類似壓低農業產值的方式，幫助工業。但是沒有幾年，許多農家就乾脆放棄農村土地，舉家遷到都市，廢耕潮造成食糧欠收，農產品供需失調大漲價，經濟連帶遭到重創。

　　台灣呢？農家珍惜土地不願離開不願廢耕，只好讓青壯人力離開去新興工業部門努力，農村人口結構慢慢朝「三老」（老祖父老祖母老媽媽）移動，老化的人口卻要承擔起比以前有青壯人力時更多的勞動量。靠著這樣的擠榨，才有產業結構上的轉變。

　　台灣加工出口導向經濟階段，20年內，經濟規模與工業產能不斷提高，工業勞動需求也不斷增加。然而，近乎神奇地，台灣勞工工資水準，卻只有非常微幅的升高。

　　簡單的經濟學原則可以解釋：需求增加、價格卻不變，那必然供給要隨著增加．勞動力供給的增加從哪裡來？不會從軍公教部門來，也不可能只依賴人口的自然成長。農村，還是主要的來源。

　　台灣「經濟奇蹟」靠的就是長期質量豐富的廉價勞力，和長期居高不下的儲蓄率。而這兩件事，都在政府對農業所得高度控制的背景下，才成為可能。工業發展一步，政府就相應將農戶所得壓低一分，保障勞動力繼續從農業部門擠榨出來，供工業部門廉價使用。農村慢慢無法依賴農業生產所得過活，只好轉而寄望離家到市鎮工業區賺錢的年輕子弟予以貼補。

　　到1970年代中葉，依照政府統計，台灣農戶收入來源中，農業生產所得就已經跌破五成了。換句話說，表面上還住在農村，還在土地上耕種，可是農作生產所得，只夠這些農戶過半年日子。另外半年怎麼辦？農戶的「非農業所得」，高居第一位的，當然就是子弟們送回來補貼家用的錢嘍！

　　那20年間，台灣有很清楚的「農工同源」現象。勞工階層大多數具備農村背景，相形之下，也是在國民黨政治的操弄下，新移民的軍公教階層，就很少有人直接參與在工業化過程裡。由軍公教轉成勞工的，少之又少。這樣的社會變化模式，也對後來的族群互動和勞工的社會地位，產生深刻的影響。

　　「農工同源」不是偶然現象，而是政府經濟政策必然的結果。事實上，工業部門一缺勞工，政府就會設計出新的方法，從農村擠榨新的勞動供給來。最聰明的做法，包括鼓勵工廠下鄉，設置在農村小鎮旁，而且鼓勵利用女性勞動力。

　　以新竹新埔鎮外的大型紡織工廠為例，工業資本願意承擔較高的交通運輸成本，把工廠設到那裡去，理由何在？在於吸引周

圍客家村中留在農事上的婦女勞動力。這些婦女早上餵過豬，準備好早餐旱田間點心，就可以到工廠上工，黃昏之前下工，還來得及回家做晚飯煮豬食。如此一來，新的勞動來源就產生了。

更多的是環繞農村地帶叢生的小型工廠，主要著眼，也是便宜的勞動力供應。不過，換從農村農業角度看，那就是農村婦女的勞動負擔增加了，必須依靠她們又農又工的雙重勞動收入，才能維持住農戶生活水準。

以女工為主力的加工出口區，是另外一種勞動供給新形式。這裡最大的特色，是宿舍制度，以及嚴格的行動管制。女工工廠一般一週只提供半天自由時間，讓女工們離廠活動。這種安排有兩大好處：一是提高讓農村家長願意允許女兒離家工作的安全與管理誘因，二是留在宿舍裡的女工，隨時可以配合訂單，有償或無償加班。

女工工廠還有一種做法，不將工資交給勞動者，卻直接匯回其原生家庭。如此讓農戶家戶長更有理由違背習俗，讓未成年或剛成年的女性離開鄉村，參與工業勞動，同時也增加了「農工同源」情況下，由工業工資對農戶進行實質補貼的金額。

多管齊下，農村中的少女、已婚婦女的勞動力，都陸續被擠榨出來，投入工業生產。難怪工業發達了，工人工資卻漲不起來！也難怪台灣可以二十幾年，靠比人家低廉的勞動成本，搶占美國市場。

「農工同源」的經濟結構，加上政府刻意長期忽略社會福利支出，間接提高了這段時期台灣的儲蓄率。過去談到高儲蓄率現象，通常的解釋都指向文化上的勤勞節儉，但是不該被忽略的，是經濟活動內部造成的儲蓄壓力。簡單說，從農村遷移到都會的人口，有著高度的財務緊張。首先必須從收入中挪出部分送回日

益窮困的農村老家，其次還要準備所有社會安全上的不時之需。

從農村到都市，沒有了原來的親族鄰里互助網絡，而且還增加了生活上的變數。沒有人敢保證明天不會失業、工廠不會倒閉、工資不會領不到，更沒有人敢保證不會在複雜的工廠環境及都市環境中發生意外。不論是什麼樣的損失傷害，都只能靠家戶本身來承擔，沒有其他現成可依賴的幫助。在這種情況下，大家節衣縮食，降低消費欲望，存下錢來提供保障，毋寧是合理、甚至是必然的行為了。

高儲蓄率省下來的錢去了哪裡？一部分進入民間金融流通市場，尤其是以「標會」形式存在的金融互助組織。根據不完整的資料統計，1960、1970年代，台灣民間合會的平均利息，大約是同時其銀行利率的1.9倍。可是合會的高利率，建立在「倒會」的高風險上。政府長期不保障不處理民間合會糾紛，讓合會保持在高風險狀態，就產生了讓儲蓄資金不得不流向利率偏低的銀行系統的作用。明明完全由政府控制的銀行系統，長年提供遠低於市場水準的利率，但在考慮儲蓄金額安全性時，大部分人家還是不得不犧牲市場利息，將錢存進公營銀行，這些資金成為政府政策性扶植工業的重要槓桿。

連串的因素指向同一個結果，那就是對農村不公平的層層剝奪。到了1970年代中期，農村經濟的下降惡化，進行了將近20年，農村破產的景況，再悽慘不過。這20年中，隨著這種農村破產過程成長的一代，當然不可能沒有感受，當然有許多想要表達的意見，想要發洩的情緒。

六

　　「鄉土文學論戰」中有兩個最核心的價值，而「文學」並不在其中。一個核心價值是「現實」，另一個核心價值則是「農村」。如果我們暫時將「文學」的議題放在一邊，整理「鄉土文學」這邊陣營的意見，就會發現其真正的共同關懷，乃在於農村的現實。當他們說「鄉土」時，他們心裡想的、筆下描繪的，是台灣的農村。

　　而且是台灣農村的「現實」。強調「現實」，為了要跟政府宣傳的「農業復興」、「農業發展」明確區隔。「鄉土派」不管在作品或評論上，表現得最強烈的熱情，是揭露當時農村的現實，進而檢討農村悲慘現實的成因。

　　放回到前面討論的台灣戰後政治經濟脈絡中，「鄉土派」的熱情與悲情就很容易理解了。那樣的政治經濟發展，犧牲了農業犧牲了農村，讓農業、農村以及從農村裡流離出來的人，承受了最大的勞動壓力，付出了最多，卻得不到公平的相應報償。

　　這公平標準不是來自於什麼抽象計算，而是日復一日在生活中的對照對比。看到其他行業，尤其是軍公教在同時期的政經待遇與地位，這些具備農村經驗的年輕人，怎麼可能說服自己相信其間的公平性與公平原則呢？

　　換句話說，「鄉土文學論戰」來自於政治經濟發展的背景，而且，至少從「鄉土派」這邊參與其中的許多人，真正想表達想討論的，本來就是政治經濟議題，或說，從政治經濟衍伸出的公平議題。

　　「鄉土」，是「農村」的代名詞。因為在此之前，1970年代掀起的中華民族主義浪潮，為了對抗西方文化美國文化，建立起了離開城市到鄉間去尋找「真正的中國文化」的一種浪漫情緒。可是，「鄉土文學論戰」的鄉土，不再那麼浪漫，而是要逼視「鄉

土」（農村）的現實。而那現實，並不會那麼美好。鄉土的現實裡，就算有高貴，那也是在貧窮敗破對比下逼激出來的人性高貴，越高貴越顯出那環境的不堪。

本來是政治經濟的討論，卻在那個時代背景下，轉而成了「文學論戰」。賦予這個論戰其「文學」性質的，一是台灣1970年代獨特的媒體狀況。在政府高度管制下，報紙限張本來就刊登不了太多內容，而被緊密監視的新聞，更是不會有什麼多元新鮮的東西。1960年代報業競爭，先以沒有政治疑慮的社會新聞爲主戰場，幾樁兇殺案都幫忙創造了報紙報份新高。然而1970年代蔣經國接班後，格外重視社會道德，大作凶殺新聞、色情新聞的路，也被政治管制堵死了。不得已的情況下，報業競爭只好改以原來的「報屁股」──副刊，作爲重點了。

炒作副刊，也就同時炒作起文學。一時之間，文學成爲台灣能見度最高、最多人關心的領域。文學，也在那個時代，取得了極高的社會行動意義。

還有另外一個更關鍵的因素，那就是政治經濟的討論，在那個時代幾乎沒有任何空間，尤其是要討論政治經濟政策上的負面效果或錯誤的話。警總言論警察，絕對不可能容忍任何政治經濟的「論戰」發生的。

不是沒有人直接討論農村破產問題的。但這樣談，一定很快就被言論禁網消音，不會發展成「論戰」的。我們不能忽略「鄉土文學論戰」之所以會成立，就是因爲管制機構眞的以爲這是個「文學」論戰，因而將案子轉給了國民黨文工會，而不是警總或新聞局處理。

文工會發動的反擊，讓這個事件成了「論戰」，而不是另一樁文字獄。從這個角度看，值得慶幸。不過也因爲從文工會的立

場介入，論戰就有了一波轉折。「文學」是否「包藏禍心」變成焦點，文學該寫什麼能寫什麼成了爭議中心，分散掉了原本要藉文學的描述與論述，突顯農村現狀的焦慮用心。

30年後回顧「鄉土文學論戰」，最可能被忽略被遺忘的，不是「文學」的部分，不是「文學如何與社會干涉互動」的部分，而是使得這些議題成為議題更根本的政治經濟變化帶來的感受，亦即整一代的年輕人，面對自己生存的農村環境步步惡化，卻只能無奈以對的強烈感受。他們無奈以對，但卻不想無言以對。在因緣際會下，他們找到了文學作為表達這種感受的載體，才引爆了「文學論戰」。

回到「鄉土」，回到農村與農村經濟，我們才能真正與30年前的「鄉土派」深刻的精神焦慮聯繫，我們也才有機會接上他們的感受，進而理解他們為什麼會這麼深又這麼具有實存性的精神焦慮。

楊照：現任《新新聞》週刊副社長。曾獲得聯合報小說獎、賴和文學獎、吳濁流文學獎、吳三連文學獎、洪醒夫小說獎等。著有長篇小說、中短篇小說集、散文集及文學文化評論集等多種。

在地性論述的發展與全球空間：
鄉土文學論戰三十年

邱貴芬

前言

　　我將從「鄉土」、「庶民」、「在地語言」和日治時代歷史記憶的呈現這幾個面向，來觀察鄉土文學論戰之後30年台灣社會的轉變，以及在21世紀初在台灣逐漸成形的新的歷史和文化想像。這幾個議題都在鄉土文學戰論戰時扮演重要的角色，成爲交鋒的場域。

　　「鄉土文學」浮上台面，原初動機意在反制台灣社會戰後納入以美國爲首的冷戰體系所造成的「西化」風潮，在「回歸鄉土」的尋根熱潮當中，「鄉土」卻不料成爲一個問題。回歸「鄉土」，這個「鄉土」究竟指的是哪個鄉土？「鄉土」的問題化，促使戰後在國民黨主導的中國歷史想像敘述裡被壓抑的「本土」意識重新抬頭。鄉土文學論戰雖因1979年美麗島事件幾位重量級作家被捕而匆匆落幕，但是因「鄉土文學論戰」而觸動的「本土」論述在1980年代之後持續發展，並在解嚴之後進行全面性的台灣歷史敘述重塑的工程，對於「台灣」的身分認同造成不少衝擊。

　　「鄉土」之外，「庶民」也是當時論戰的交鋒處。「鄉土文

學」對於庶民階級的關懷，當時被右派文人貼上「工農兵文學」的標籤，影射與中國共產黨的連結，但是從事後來看，這是戰後難得一見的以底層階級爲關懷重點的文學風潮，並未發展出如當時右翼人士所憂心的呼應中國統戰的路線，反而在本土論述鋪陳的脈絡裡，接續到台灣日治時代新文學運動。在此氛圍裡，「社會寫實」路線被標舉爲「最具台灣本土特色」的創作路線。這種對「底層階級」與「寫實」的關懷，成爲本土論述相當核心的價值，也無形中持續界定本土論述的執著範圍，對於步入21世紀之後本土論述於「全球化—在地化」辯證當中的所採取的位置和思維方式，有深遠的影響。

在當時「鄉土」、「本土論述」的相關爭論裡，日治時代的記憶其實扮演相當微妙而關鍵性的角色。在戰後台灣的社會裡，日治記憶被視爲國民黨亟欲撲滅的「日本殖民遺毒」，因此一直處在「難言」之狀態。鄉土文學尋根熱潮中，日本記憶被重新挖掘。最初，日治記憶乃是以「抗日」的姿態呼應中國抗日戰爭的歷史敘述才得以重新返回台灣社會，直到1990年代末期，台灣文化產品（特別是文學與電影領域）中的「日本」通常都是以負面的姿態呈現。但是，從1990年代中期開始，我們卻發現另一條論述思維的路線正悄然展開，這條被視爲「親日」的路線大量挪用源於日本的論述以及與日本相關的記憶來重新定義台灣，「日本」擺脫其「負數」的定位，成爲區分台灣與中國不同的重要元素。1990年代中彭明敏在總統選戰裡所提出的「海洋論述」嫁接了源於日本的「海洋想像」，作爲重新敘述台灣，標示其與「大陸」中國不同的文化傳承與組合。在21世紀初出現的幾部紀錄片所呈現的「日治時代記憶」的處理方式（如《跳舞時代》刻畫的1930年代活潑的殖民地台灣、《無米樂》裡老農偏愛吟唱日本歌曲等

等）裡，我們其實可以嗅出一些文化思維轉變的風向。日治記憶的重新出土，使得本土論述得以重新描繪一套迥異於中國歷史文化傳承的台灣敘述。在台灣文學場域，「鄉土文學」時期出土的許多作家（最著名的例子是楊逵），讓台灣文學的傳承從中國五四轉移至殖民地台灣的文學種種，這個基本架構後來呈現在葉石濤的《台灣文學史綱》裡，對於日後台灣文學研究的發展衝擊甚大，無論是「台灣文學」的界定、「台灣文學史」的起源與發展、研究範圍與重要議題等等，都因「日治記憶」的出土而大為改觀。

除了「鄉土」與「日治記憶」之外，鄉土語言進入文學創作敘述，堪稱鄉土文學的一大建樹。不少評論家認為，鄉土文學意識型態上的意義遠大於文學美學的意義。從某一方面而言，這樣的觀察並非無的放矢。由於鄉土文學論戰當中，有關「文學與民族主義」敘述和「文學與政治」的辯證最為深入，影響所及，1970年代之後從本土論述位置切入的相關文學研究，通常無論在「內在研究」（文學作品本身的本解析）或是「外圍研究」（文學作品在當時文化場域的意識型態生態的關係），都以意識型態分析見長，文學美學的討論相對薄弱，往往隱含強烈「文學工具化」的論述傾向。另一方面，由於文學被視為一種鬥爭的工具，與教化大眾、動員大眾來達到社會改革的目標相關，「精緻文學」和美學不被看重，也對本土研究產生相當大的影響。但是，從另一個角度來看，鄉土文學的特殊敘述模式，其實也開創了一種「純正中文」之外的寫作美學。鄉土文學時期「混語文學敘述」的成形帶出文化翻譯的課題，在後來原住民文學創作裡開創了相當大的美學空間，這在夏曼‧藍波安的創作裡發揮得最為淋漓盡致。夏曼以翻譯原住民文化詞彙介入漢文書寫，反而展開令人驚豔的獨特敘述修辭寫作模式，證明「鄉土寫作」除了意識型態批判之

外，依然可以在最好的作家筆下成就美學的課題。

鄉土文學論戰的爭議重點

　　有關戰後鄉土文學論戰的時間點，目前大家可以接受的說法，大致座落於1976-1979年之間。但是「鄉土文學」的興起，實與標榜「西化」的現代主義文學不可切割，兩者在1960年代即已出現。戰後台灣被納入以美國為首的冷戰結構，照理說，在文學生產場域也應有所影響。但是在1950年代，美國文化對台灣的衝擊並未充分反映在文學生產場域，這主要因為隨著戰敗的國民黨來到台灣的中國移民，被迫流亡，痛失故園，需要透過大量的「反共懷鄉」文字來止痛療傷。這一時期活躍於台灣文壇的主要作家，主要是來自中國大陸的作家：司馬中原、朱西寧、陳紀瀅、張道藩、王藍、潘人木、梁實秋等，流離失所的經驗與原有的中國文學傳統薰陶，都讓這批成年作家主導的文壇，有濃厚的中國文壇氣息和傳承。1960年代出現的現代主義文學，創作者則多是成長於台灣戰後社會的年輕作家，如王文興、白先勇、陳若曦、歐陽子、七等生、李昂以及施叔青等。對於西方文化與文學的憧憬可說主宰了這些作家主要的創作動力，「西化」來自於一種面對強大的西方時所產生的「落後」情結。「鄉土文學」雖然在1960年代初期王禎和的創作裡已略見端倪（如〈鬼・北風・人〉），但是當時「鄉土文學」並未成為一種思潮。一直要到陳映眞、尉天驄在1960年代中期之後對於現代主義文學的「西化」與「菁英」文學傾向大肆抨擊之後，才慢慢蔚為風潮，而在1970年代取代現代主義，成為台灣文學創作的主流。一般認為，「鄉土文學」的興起與1970年代台灣的一連串外交挫敗（如西方各國分別承認中

共政權、台日斷交等等）有密切關係，不過，從文學場域來觀察，我們發現「鄉土文學」的風潮在1960年代中葉之後已逐漸浮上台面，而鄉土文學「反西化」、「回歸鄉土」的主張，其實也和現代主義文學一樣，都反映與強勢西方文明相逢時普遍產生的一種集體心理焦慮徵兆。相較於現代派想要透過「翻譯西方」，來解決台灣／弱勢非西方國家在其現代性敘述形塑過程當中與西方相遇而產生的創傷，「鄉土文學」派則標舉民族主義修辭以排拒「外來」強勢文化，來處理強勢文化的衝擊。兩者看似對立，其實都源於充滿焦慮的「西方情結」，以不同的態度對應「翻譯西方」的文化課題。

　　鄉土文學主張「反西化」、「回歸鄉土」，發展出迥異於現代派強烈實驗手法的社會寫實路線。黃春明、王禎和的小說因為描寫農村社會裡的小人物而大受歡迎。在回歸鄉土的尋根熱潮當中，台灣的民俗也引起注意，陳達的月琴、洪通的繪畫、朱銘的木雕大為流行。這股尋根熱潮剛出現之時，其實「懷舊」的意味遠重於社會政治批判。早期「鄉土文學」指涉敘述中夾雜以福佬語，以鄉村人物為主角的作品，文化批判的意味並不濃厚。王禎和、黃春明早期的小說，如〈嫁妝一牛車〉、〈來春姨悲秋〉、〈鑼〉、〈看海的日子〉是此類「鄉土文學」的代表。評論家呂正惠談論黃春明早期小說，認為「溫情」和「浪漫式的懷鄉」是主調，作者並非以社會寫實主義的批判角度，去呈現鄉土社會面對工業文明的衝擊所產生的種種困境，早期「鄉土文學」與「鄉村文學」因而被視為同義詞。然而，這種與鄉土庶民社會靠近的文學創作路線，免不了觸及「階級」的問題，1977年銀正雄、彭歌和余光中等一連串「鄉土文學＝工農兵文藝」、「鄉土文學＝普羅文學」的指責，讓鄉土文學論戰戰火霎時引發。10年後葉石

濤在他的《台灣文學史綱》裡如此寫道：「一般說來，反對鄉土文學的作家心裡都有杞憂：那便是鄉土文學變成排他性的狹隘的地方文學，或走向分離主義的文學。其次，害怕鄉土文學成為「工農兵文學」，變成中共的統戰工具。」從30年後的台灣來看，這些憂慮並非毫無道理。宋澤萊的小說被視為鄉土文學發展的顛峰之作，他這個時期的小說以「農村」為主要場景，凸顯農村經濟的階級剝削議題，呈現戰後台灣文壇難得一見的左翼書寫方式。不過，這樣的「普羅、階級書寫」終究沒有發展出當時反鄉土派所憂心的統戰路線，反而在「尋根」熱潮中，與出土的台灣日治時期記憶結合，無意中接續了日治時期新文學的寫實主義傳統，在往後30年間逐漸形成以「台灣獨立」為終極目標的「本土論述」。「以台灣為中心」的歷史想像與敘述在1970年代這股「鄉土」熱潮當中出現，撼動了國民黨戰後努力推行的中國歷史敘述霸權，促成1980年代之後的「本土化」熱潮，引爆台灣身分認同的爭辯，這大概是「鄉土文學」論戰最深遠的影響之一吧！

值的注意的是，真正在論述層面把這樣的歷史敘述鋪陳出來，並發展出一套挑戰當時中國中心歷史敘述的論者，是後來撰寫《台灣文學史綱》的葉石濤。葉石濤在鄉土文學論戰前夕發表的〈台灣鄉土文學史導論〉，扮演了關鍵性的角色。這篇文章勾勒了台灣日治新文學的發展，並定義其為「台灣文學中的反帝、反封建的歷史傳統」，以連續到當時正如火如荼展開的「反西化、回歸鄉土、關懷社會底層民眾」的鄉土文學訴求。斷裂、逐漸被遺忘的台灣文學傳統和歷史記憶，因此得以重回檯面，而一套「以台灣為中心」的歷史敘述也隱然成形，歷經1980年代的進一步孵育，在解嚴後終於正式浮上檯面，為後來台灣身分認同提供重要的基礎。

日治記憶與台灣歷史敘述的重整

　　這一套以「台灣本土」為切入點的歷史文化想像，之所以得到發展的契機，與「鄉土文學」一開始就引發的「鄉土」定義探討有密切的關係。「鄉土文學」的發展原意在提供治療台灣「西化」的解藥，不料「鄉土」卻成為一個問題。「鄉土」究竟是什麼？從「鄉土文學」早期的討論來看，當時眾說紛紜，各家對於「鄉土文學」的「鄉土」認知都不一樣。由於「鄉土」與「現實社會」往往被視為同義詞，「現實社會」指向台灣而非遙遠的中國土地，「鄉土意識＝台灣意識」之說遂有發展的契機。「鄉土」文學與「台灣意識」結合時，「鄉土文學」透過詮釋角度就與主流中國民族主義呈現一種角力狀態。大體而言，分裂的「國族」並非此時鄉土文學的主力，「反西化」與「階級」關懷才是重點。陳映真、宋澤萊、以及王禎和與黃春明中期的小說，堪稱這鄉土書寫路線的代表。楊照曾對這樣鄉土小說的書寫路線提出如此觀察：「鄉土寫實一方面固然對現代主義式的自我中心耽溺大加撻伐，然而其所提出的對治策略畢竟是以刻畫、呈現台灣當下社會現實為中心的，歷史來龍去脈的追索、歷史情境的重構捕捉，一直並未成為關懷重點。」鍾肇政《台灣人三部曲》在當時主流鄉土寫實路線之外，另闢「鄉土歷史書寫」的路徑，彌補了戰後以迄鄉土文學時期台灣小說裡薄弱的台灣歷史意識。在「反西化」回歸「鄉土」的文化氣氛中帶動的「尋根」熱潮，帶出台灣的歷史考古工程，無意中把戰後台灣社會所壓抑的台灣日治時代的集體記憶帶回文化場域。日治時代的集體記憶在戰後台灣成為禁忌，不僅因為國民黨來到台灣之後極力切斷台灣與日本的連結，

壓抑台灣人的「日本殖民地」記憶種種，以便剷除台灣這塊土地的「殖民遺毒」。在此情況下，日本殖民記憶也成為台灣人的負擔，不願也不想提起，以免招惹麻煩。朱西寧在鄉土文學論戰時的一番話，相當可以反映當時台灣社會這樣的氛圍：「鄉土文藝是很分明的被局限在台灣的鄉土，這也還沒有什麼不對，要留意的尚在這片曾被日本佔據經營了半個世紀的鄉土，其對民族文化的忠誠度和精純度如何？」。我曾在另一篇文章裡提到戰後最初的20年間，台灣有關日本的記憶如何處於一種被壓抑的狀態。根據蕭阿勤的研究，除了1954年8月與12月兩期《台北文物》曾出現日治時期台灣新文學的歷史回顧之外，從1954年到1970年代初期，有關日治時期台灣新文學的文章只有零星幾篇。現在被視為日治時期左翼文學代表作家的楊逵，也經過「一、二十年的寂寞生活」，遲至1970年代初期才被「重新發現」。這20年間台灣的日本記憶成為某種禁忌，台灣日治時代的經驗與記憶的呈現必須非常小心戒慎，以免干犯政府禁忌，違反官方所定調的日治時期歷史敘述的基調。從1970年代開始，「日本」的符號與記憶重回台灣文化場域，通常以一種「負面」姿態出現。在文學場域，日治時代文學的相關論述大致環繞於兩個主題：一者為日治時期台灣文學裡的「抗日」精神，一者為台灣文學的「孤兒心情」──台灣人被拒於日本與中國身分之外的徬徨焦慮。無論是以抗日或孤兒處境為主題，「日本」在相關的論述當中通常都是代表「壓迫」。在「皇民文學」引發的爭議裡，葉石濤為台灣作家辯護，仍須強調他們作品的「抗日」立場：「儘管如此，他們的文學作品不因使用統治者語言而有所改變，仍然帶有對日本殖民者、封建遺毒的深刻批判」、「沒有『皇民文學』，全是『抗議文學』。」換言之，文化論述必需標示「抗日」的主場，必需呈現日本殖民

壓迫，才能在台灣文化場域裡得到認可。

　　如果從這樣的理解來看鄉土文學論戰30年後台灣文化產品裡如何呈現日治時代的記憶，就可能帶出一些有意思的問題。在當下的台灣，日本記憶不再是禁忌，反成台灣社會角力的重點，與原住民文化成為台灣身分認同定義的交鋒所在。有關「原住民」在當前台灣文化場域所扮演的重要角色，我稍後再討論。如果日治記憶的召喚攸關台灣場域身分認同的協商，那麼，當2004年出現的紀錄片《跳舞時代》或是2005年席捲台灣的《無米樂》裡的日治記憶都與「抗日」脫鉤，在《跳舞時代》裡所呈現的殖民地台灣甚至是一片欣欣向榮，活躍於跨國通俗文化消費網絡裡的話，我們從中嗅出了什麼樣的訊息？看到了什麼樣歷史文化想像的轉變？《跳舞時代》顯然可以放在解嚴後台灣歷史敘述重整的記憶考古工程裡來看待，解嚴後這樣的歷史記憶敘述，正是接續了鄉土文學論戰中所拉出的「鄉土記憶」探索軸線。不過，鄉土文學論戰之時，這些日治記憶的重返，基本上是以「抗日」的面貌作為基調，一方面呼應鄉土文學論戰民族主義式的「反帝」思維，一方面也藉此向當時仍主宰台灣社會的中國文化霸權輸誠，證明台灣人抗日不落人後，消解如朱西寧一樣對台灣的「中國忠誠度」的疑慮。《跳舞時代》擺脫這樣的日治記憶處理方式，兩位導演提供如此說明：

　　　《Viva Tonal 跳舞時代》跳脫統治者與被殖民者的角度，以台語流行歌開場，跟著曾經紅極一時的歌手愛愛阿嬤，回到歷史現場。20世紀初日本殖民時期的台灣，年輕男女隨著受到歐美及日本歌曲影響的流行歌節奏翩翩起舞，跳起華爾滋、狐步舞，追求他們嚮往的「維

新世界，自由戀愛」。《Viva Tonal 跳舞時代》用珍貴
原版唱片原音重現那個充滿創新與夢想的時代風情。古
倫美亞唱片公司象徵了一個文化思潮多元開放的時代
契機。柏野正次郎不斷探訪採集台灣民間各種類型的音
樂，爲古倫美亞開拓全方位的音樂市場，同時也促成了
台語流行歌曲第一波的黃金時代。

在葉石濤的〈台灣鄉土文學史導論〉裡，我們已看到召喚日
治時代的記憶的重要性，因爲只有當日治記憶重返台灣場域時，
「以台灣爲中心」的歷史敘述才得開展。但是，《跳舞時代》不
再以剝削、壓迫來呈現日治記憶，反而以強調「開放」、「跨國
文化交融」的「海洋台灣」來取代1970年代以來台灣歷史文化想
像凸顯「被欺壓的孤兒」的形象。這部影片所透露了什麼樣的訊
息？是否暗示日治記憶在21世紀的台灣逐漸從負債轉化成一種
資本？我認爲這樣的日治時代記憶呈現的轉變反映了一種面對
台灣混雜性文化的態度的轉變。外來的日本文化不再被視爲全然
的負數，欺壓台灣的代表，反而是培育台灣混雜多元文化的搖
籃。何以如此？我們可以香港作爲參照點來解讀這樣的殖民記憶
處理方式。香港評論家朱耀偉認爲香港的在地性與混雜性是一體
的兩面，因爲香港的在地性弔詭地繫於香港文化的混雜性，英國
殖民文化是形塑香港特殊文化圖像的重要元素，也因此區分了香
港與其他華人社會的不同，創造了香港獨特的性格。同樣的，日
治記憶成爲界定台灣獨特性格的重要依據，標示台灣與中國文化
傳承與歷史敘述的不同。對於本土論述者而言，「日本」與「原
住民」文化是台灣文化特質的重要構成元素，區分台灣文化與其
它華人社會文化的不同。

　　除了這種策略性挪用來重新解釋台灣人身分的記憶論述之外，當代亞洲跨國流行文化裡的「日本」符號，也對台灣年輕一代展示了一種「亞洲人」身分建構的可能。相較於現代主義時期「西化」熱潮中台灣年輕人對於「美國」與「西方」的著迷，視「西化＝現代化」（這是呂正惠一針見血的診斷），對於台灣年輕世代而言，「日本＝流行＝現代」。相較於中國與韓國相當高漲的反日情緒，台灣一般大眾對於日本的興趣與接受度，或許與前世代台灣人日治時期的「皇民化」經驗不無關係？

「鄉土」的探討與台灣多元文化主義的生成

　　鄉土文學論戰裡，「鄉土」成為一個問題。在往後30年的發展當中，「鄉土究竟是什麼？」大致發展出三條論述路線。對於右翼或者是無意回歸中國的論述者而言，「鄉土」往往被「抽象化」，定義為一種離散華人文化想像的產物，在現實地理裡並無對應的位置。這條路線可稱之為華裔離散論述，強調「想像的鄉土」，流亡之必要，卻以傳承「中華文化」傳承為己任。第二條路線則是站在葉石濤的論述之上，持續發展「鄉土＝（台灣）本土」的主張，並且主張面對中國的威脅捍衛台灣鄉土之必要性，這是一種進行台灣國族建構的本土論述。而第三條路線則是在探討「鄉土」實質內涵與構圖當中，發展出來的一種「多元主義」，強調「台灣」多族群的社會圖像，這一條路線由於「原住民」論述的介入開發了相當豐富的思考空間。「原住民」在鄉土文學論戰當中，並未成為一個議題。但是，由於鄉土文學論戰之後，「鄉土是什麼？」的探討持續進行，「原住民」逐漸成為各家論述企圖挪用和激烈交鋒的關鍵。為了區分台灣與中國的不同，本土論

述者除了借重台灣日治殖民地記憶之外，也強調原住民是台灣「鄉土」最初的住民，是許多台灣住民的祖先，也是台灣文化重要的一個板塊。這樣的論述方向企圖瓦解「台灣人＝華人」，「台灣文化＝華人文化」，從血緣和文化層面來破除中國國族論述強調的血緣論（「我們都是炎黃子孫」）。李筱峰與劉峰松的論著（1994）堪稱其中代表。有趣的是，站在本土論述對立面的人也從「原住民」切入，強調對於原住民而言，所有的漢人都是「外來殖民者」，因此，從原住民角度來看本土論述念茲在茲的台灣獨立建國，也不過是以另一種（外來、漢人）殖民體制，置換歷史上原住民在不同政權體制下所遭受的種種殖民統治（日本殖民、國民黨漢人殖民、民進黨漢人殖民），消解本土論述所主張的台灣國族建構工程之正當性。

「原住民」議題除了提供台灣社會不少「多元文化」反省的空間，挑戰漢文化中心思考的霸權之外，也開發了一條以「部落經驗」切入資本主義邏輯的文化批判路線。原住民文學通常與「山海」文學書寫連結，結合「自然」意象來對照漢人社會的都市書寫。這中間發展出來的一種Arif Dirlik所說的「以地方為本」（「以地方為本」並非「以地方為限」）的文化思考邏輯，拉出了鄉土文學論戰關切的「國族」、「階級」、「族群」等議題之外的另一條「鄉土」環保論述軸線，從「土地」保育的角度來辯證「鄉土」。晚近這個「鄉土」辯證涉及的原住民文化與保育團體的交鋒，更讓這個領域充滿基進挑戰的思考可能。

母語、雜語與「鄉土」

以上對於台灣鄉土文學的探討，無論是強調鄉土創作的庶民

圖像或其歷史記憶重整的面向，主要從主題內容切入。但是，台灣鄉土文學的形式風格建樹，亦不容忽視。鄉土文學裡敘述語言的雜語交混，是最值得注意的台灣文學形式突破，衍生出無窮的意義和後續發展。但談論台灣鄉土文學雜語敘述的顛覆力，必須注意這種把母語口語帶入以中文為主的小說敘述語言革新，始作俑者王禎和最初的動機源於其身為現代派作家，對創作語言風格形式錘煉的關注。現代派作家注重創作形式的大膽實驗，王文興和王禎和都從敘述語言下手，但王文興冶煉出個人式的獨特語言，反叛傳統。如果如黃錦樹所言，「在兩千多年的古文經學傳統中，漢字確實業已被一步步建構成文字系譜的基本環節，每一個漢字的字形、字音史及層累詞義沈積，都是一部微型的中國文化史」，那麼，王文興的文字叛逆便是一種敘述結構上的「家變」，在形式上演繹、呼應情節所暗示的「弒父」動力。王文興的文字改革，是一種現代派氛圍下「個人主義」的極端展現，或許如呂正惠所言，《家變》文字的交纏絞繞反映作者閉鎖孤獨的傾向。王禎和顛覆傳統中文寫作習慣的文字運用，卻是向現實裡庶民生活鮮活詞彙取經，他自承他從1964年在軍中服役時，「開始注意到台語的美妙和活潑的地方」。換言之，王文興與（中國文字／化）傳統決裂，來冶煉其個人式的創作語言，王禎和斷裂了中國文字敘述的小說創作傳統，卻接上了台灣庶民文化傳統，從庶民生活語言所透露的多種文化雜燴角力來塑造他的「小說台灣」。「鄉土寫實」並不足以解釋王禎和的語言運用，因為他的小說並非只因要模擬鄉土人物的對話才使用台語，敘述語言本身也大量夾雜台語，擾亂中文敘述的進行。1967年的〈嫁妝一牛車〉已展現這樣的敘述路線。到了1984年出版的《玫瑰玫瑰我愛妳》，敘述語言則更是中文、台語、日語、英語、台灣國語交混，鬧熱滾

滾。

　　這樣源於現代派語言實驗革新的創作路線，卻陰錯陽差地衝破了戰後台灣文藝空間裡在地語言及文化傳統被封鎖的狀態。國民黨政府被中國共產黨打敗，搬移到台灣之後，極力推行「國語政策」，以建立台灣人的中國民族主義認同，台灣本地母語、文化均受到壓制。鄉土文學時期母語進入小說創作的世界裡，一方面連結了庶民文化，一方面也重拾台灣的文學、文化傳統。鄉土文學因此被視為上承1930年代台灣話文之爭，後續解嚴後如火如荼展開的母語創作。早在1930年代日治時代，台灣文壇即已發生過一場「鄉土文學論戰」，當時台灣語言的使用便是論辯的要點。許多1970年代鄉土文學的議題，諸如關懷庶民大眾、揚棄貴族文學、使用「台灣話」創作等等，均已出現在當時的論辯裡。

　　這條挑戰「純正中文」的創作路線，成為當代原住民創作的一個重要議題。如上所述，「鄉土」的持續探討在鄉土文學論戰之後逐漸帶出「原住民議題」，而鄉土文學時期開始發展的雜語創作（把在地鄉土語言帶進創作裡，打破「純正中文」的創作美學標準），也為後來原住民的創作提示了一條可以揮灑的路線。如同瓦歷斯、傅大為所言，解嚴後原住民文學發揮鄉土文學時期所開發出來的雜語寫作策略，一方面標示召喚原住民失落的文化體系的企圖，一方面表達抵制漢文化中心主義的顛覆姿態。原住民文學論述強調「母語翻譯」的重要性，但是，母語何以需要「翻譯」？母語運用，又何以會造成閱讀的障礙與理解困難？顯然「母語」與「母文化」已然失落，必須重新喚回和重建。鄉土文學裡母語與中文的角力，已指向在地母文化與母語在強勢中文文化壓制下瀕臨失落的危機。除了「現代化」的因素之外，戰後中文中心主義以及相關的文化、教育體制，也是「鄉土」失落與「傳統」

斷裂的重要原因。相對於中國中原文化，台灣在地語言文化被視爲「次等的」，文化位階低落且被壓抑。1970年代鄉土文學所帶出的「翻譯」課題，讓在地文化失落的危機得以被看見，這條路線持續發展，在地語言（包括原住民語、福佬語、客語等）在解嚴之後逐漸擺脫過去文化位階的低落位置。「雜語」取代「純正中文」成爲一種普遍的語言使用現象和習慣，不僅政治人物必須操作多種在地語言，「股市直直落」竟然也成爲電視台主播慣用的語言，回想鄉土文學論戰時期鄉土語言所帶來的焦慮與不安，當前對於在地各種語言與文化的接納度，堪稱當今台灣社會「多元主義」發展的指標。

「在地化」的得失：鄉土文學論戰30年後

從鄉土文學論戰30年後來觀察台灣社會的轉變，我想「在地化」與「多元主義」是鄉土文學論戰最大的建樹。由於鄉土文學對於庶民、土地、在地語言、在地記憶的關懷，對於「在地性」論述的辯證與推展都有莫大的助力。「在地性」原是戰後以中國歷史文化敘述爲主導的台灣社會不可碰觸的禁忌話題，也因此，相關的議題在鄉土文學初試啼聲之時，就招來「分離主義」的批判。鄉土文學論戰之後，「鄉土」以種種面貌持續吸引注意力：懷舊式的「鄉土」（1980年代台灣副刊的熱門小說特別展現這樣的路線，蕭麗紅《千江有水千江月》堪稱代表）、批判式的鄉土寫作（如：宋澤萊的《廢墟台灣》）、介入漢人國族主義的原住民鄉土（部落）寫作（如夏曼的《冷海情深》）、自然寫作所展現的台灣「鄉土」（如劉克襄、吳明益的作品）。這些不同路數的「鄉土」寫作，讓「在地性」論述在鄉土文學論戰之後持續發

展，對於台灣的自我定位與想像產生深遠的影響。在地語言、在地文化不再被編派到文化位階的下層，被視為劣於中國語言和文化而必須加以壓抑。我想這是鄉土文學論戰所帶出的「在地」思考的一大建樹。然而，由於鄉土文學論戰以民族主義修辭和思維模式為基石，基本上採取「文化帝國主義批判」的角度介入「在地」與「外來」的互動，這樣批判視角對於「西方」充滿疑慮和焦慮。這兩個情緒其實是一體兩面，展現在「在地性」論述裡，往往以「拒絕外來文化霸權主宰」的簡單邏輯來處理複雜的文化議題。在地性論述發展的副作用，呈現一種「往內鑽研」的遠重於「往外學習」的文化格局。台灣的媒體其實相當能反映這樣的特性。「西方」、「歐洲」、「非洲」離我們的視角越來越遠，台灣的人不知道這個廣大的世界到底在發展什麼，居住在那些地方的人在關切什麼，但是對於台灣的一切卻鉅細靡遺，從哪家人發生家暴到哪個政治或企業人物被哪些緋聞纏身、財產多少，都如數家珍。把台灣電視台的新聞播報切換到公視和CNN的頻道，就知道台灣社會是多「在地」。1990年代之後，「日本」與「亞洲」重新回到台灣的眼界，但是這個「國際」也僅限於日本、韓國、中國所構成的「國際」，在西方世界相當具「亞洲」代表性的「印度」和「中東」，於台灣也是全然陌生的「劃」外之地。生活在這樣的環境裡，對於「在地」和「瑣碎」的局限，可能更要有特別的警覺。

　　如果上一世紀的文化課題是「現代性」，21世紀的許多重要文化課題，若不以「全球」作為關照對象，則無法切中要點。例如：網路革命所帶來的媒體結構重整對於現實產生的效應（如最近新加坡航空公司決定大量裁撤美國雇員，把購票部門移到以英語為主要語言但勞力遠比美國境內雇員低廉的印度）、離散移民

社群的流動（如東南亞家庭照護勞工的流動、王建民與姚明進入美國體育資本主義的show business等）、「保育」、「綠化」等議題（如全球暖化、外來物種入侵造成本土物種的滅絕危機——台灣八哥鳥的逐漸消失是最近的一大議題）、網路所開創的文學資訊和消費模式，對於傳統所謂的「文化生產場域」帶來怎樣劇烈的衝擊？台灣如果沒有正面回應和思考「全球化」所開創的文化課題，只在「文化帝國主義」批判的邏輯思維裡打轉，在地性論述在過去30年來開展的空間將如何進一步的發揮，或只是越走越在一個狹小的胡同裡「鉅細靡遺數家珍」？或許《思想》雜誌10年後策劃的「鄉土文學論戰40年」，會提供我們一個答案吧！

邱貴芬：現任清華大學台灣文學研究所教授。主要著述包括《仲介台灣・女人：後殖民女性主義的台灣閱讀》、《「（不）同國女人聒噪」：訪談台灣當代女作家》、《後殖民及其外》、《台灣小說史論》（四位學者合著），主編《日據以來台灣女作家小說選讀》。近期研究領域包括紀錄片研究、文類研究、文學史書寫、文化翻譯的相關課題。

我的接近中國之路：
三十年後反思鄉土文學運動

呂正惠

　　1977年鄉土文學論戰爆發，到第二年才結束。當時還掌握台灣政治權力的國民黨，雖然運用了手中所有的報紙、雜誌，全力攻擊鄉土文學，但鄉土文學並未被擊垮。表面上看，鄉土文學造成的影響是廣泛而深遠的。可是進入1980年代以後，台灣社會氣氛卻在默默地轉化。等我突然看清局勢以後才發現，台獨派的台灣文學論已經瀰漫於台灣文化界，而且，原來支持鄉土文學的人（其中有一些是我的好朋友）大多變成了台獨派。這種形勢的轉移成為1990年代我精神苦悶的根源，其痛苦困擾了我10年之久。

　　在世紀之交，我慢慢釐清了一些問題。最重要的是，我似乎比以前更了解五四運動以後新文學、新文化的發展與現代中國之命運的關係。從這個角度出發，也許更可能說明，1970年代鄉土文學的暴起暴落、以及最終被台獨文學論取代的原因。因此我底下的分析似乎繞得太遠，但卻不得不如此。想讀這篇文章的人，也許需要一點耐性。讀者如果覺得我這個「出發點」太離譜，不想看，我也不能強求於人。

一

　　中國新文學原本是新文化啓蒙運動的一環，這一點大家的看法是一致的。新文化運動當然是為了改造舊中國，也就是以「啓蒙」來「救亡」。這樣的啓蒙運動後來分裂了，變成兩派：以胡適為代表的改良派，和以陳獨秀、李大釗為代表的革命派。

　　革命派在孫中山聯俄容共政策下，全力支持國民黨北伐，終於打倒北洋政府。但北伐即將成功時，蔣介石卻以他的軍事力量開始清黨，大肆逮捕、屠殺左翼革命派（主要是共產黨員，也有部分左翼國民黨人）。就在這個階段，原來採取觀望態度的胡適改良派才轉而支持國民黨。這樣，國民黨保守派就和胡適派（以下我們改稱自由主義派，或簡稱自由派）合流，而殘餘的革命派則開始進行長期的、艱苦的武裝鬥爭。

　　抗戰後期，形勢有了轉變，大量的自由派（其最重要的力量組織了中國民主同盟）開始傾向共產黨。到了內戰階段，知識分子倒向共產黨的情況越來越明顯。最後，當勝負分曉時，逃到台灣的只剩最保守的國民黨員（很多國民黨員投向共產黨），以及一小群自由派（連跟胡適淵源深厚的顧頡剛、俞平伯等人都選擇留在大陸）。

　　新中國建立之初，執政的共產黨宣揚的是「新民主主義」，認為「民族資本家」和「小資產階級知識分子」是共產黨（以工、農為主體）的「同盟」。1957年反右以後，這種「同盟」的夥伴關係才有了明顯的改變，留在大陸的自由派命運開始坎坷起來。

　　不管大陸自由派和共產黨的矛盾有多深，但有一點看法應該是他們共同具有的：他們都知道，新中國的重建之路並不是循著五四時代「向西方學習」的方向在走的。雖然共產黨在1950年代初期學過「蘇聯模式」，但為時不久，這個政策也大部分放棄了。台灣很少人注意1950年代大陸在政治、經濟、文化各方面的工作

模式，我們也很難為這一政策「命名」，但可以說，它絕對不是「西方模式」。

現在我們已經知道，共產黨內部有關各種政治、經濟、文化現實問題的辯論與路線鬥爭，一直沒有間斷過。這也是歷史現實的合理現象，一個古老的中國不是可以輕易改造過來的。像大鳴大放與反右（這是一個事件的兩個階段）、文化大革命（包括林彪事件）和改革開放，就是內部最大鬥爭的反映。應該說，到了改革開放，共產黨的「革命階段」才完全結束，大陸進入「後革命時期」。

撤守台灣的蔣介石集團，這時候也在台灣實行另一種很難命名的「改革」。純粹從政治層面來看，韓戰爆發以後靠著美國的保護終於生存下來的國民黨，在1950年代進行了一項最重要的社會變革，即土地改革。國民黨把台灣地主大量的土地分給農民，從而改變了台灣的社會結構。台灣許多地主階級的子弟跟農民階級的子弟，此後循著國民黨的教育體制，逐漸轉變成新一代的資產階級和小資產階級。在美國的協助下，台灣社會第一次大規模的「現代化」。台獨派一直在說，日本殖民統治促使台灣現代化，但不要忘記，如果沒有土地改革，就不可能出現大規模的現代化運動。坦白講，不論國民黨的性質如何，必須承認，土地改革是它在台灣所進行的最重要大事，這是國民黨對台灣的「大貢獻」之一（但也是台灣地主階級永遠的隱痛——他們的子弟也就成為台獨派的主幹。）

國民黨統治格局的基本矛盾表現在教育、文化體制上。官方意識型態是三民主義和中國文化，但它講的三民主義和它的政治現實的矛盾是很明顯的，特別是在民主主義上。它講的中國文化是孔、孟、朱、王道統，這是五四新文化運動批判的對象，也就

是中國「封建文化」的糟粕（這裡是指國民黨教育體制的講授方式，而不是指這些思想本身。）國民黨官方意識型態的主要對手，是美國暗中支持下的胡適派自由主義，他們講的是五四時代的民主與科學（前已述及大陸不走這條路）。經由《自由中國》和《文星》的推揚，再加上教育體制中自由派的影響，他們的講法更深入人心，成為台灣現代化運動的意識型態基礎。它的性質接近李敖所說的「全盤西化」，輕視（甚或藐視）中國文化，親西方，尤其親美。因此，它完全抵消了國民黨的中國文化教育，並讓三民主義中的西方因素特別突顯出來。這也是我35歲以前的「思想」，在李敖與胡秋原的中、西文化論戰上，年輕人很少不站在李敖這一邊的。

　　1950、1960年代台灣正在成長起來的年輕知識分子的特質，可以用「反傳統」跟「現代化」這兩個術語來概括。「傳統」包括中國文化、國民黨的反民主作風、以及每一個年輕人家裡父母的陳舊觀念。現代化表現在知識上就是追尋西方知識，而且越新的越好。意識、潛意識、超現實主義、存在主義、荒謬劇，這些名詞很新、很迷人。老實講，這些東西很少人真正理解，但只要有人寫文章介紹、「論述」，大家就捧著讀、熱烈爭辯。當然，真正求得新知的途徑是到美國留學、取經。取經回來以後，就成為大家崇拜、追逐的對象。

　　不過，新知有個盡人皆知的禁忌。中國近、現代史最好不要碰，所以一般人只知道辛亥革命、北伐、抗戰、「剿匪」。至於馬克思、社會主義、階級這些字眼，沒有人敢用（反共理論家除外），蘇聯、共產黨則只能用在貶義上。所有可能涉及政治現實和社會現實的知識，最好也別摸。我母親沒受過任何學校教育，但我上高中以後，她一再警告我，「在外面什麼事情都不要去

碰」，我知道，「什麼事情」說的是什麼。因此，我們的新知涉及現實的只是，現代化社會是怎樣的社會，應該如何現代化（都只從社會生活角度講，不能在政治上講），以及民主、自由、個人主義是什麼意思（心裡知道這只能在口頭上說說而已）。當然，年輕人（尤其是求知慾強的人）都很苦悶，所以李敖會成爲我們的偶像，因爲他敢在文化上表現出一種非常叛逆的姿態。

二

台灣知識分子對國民黨的大反叛，是在1970年保衛釣魚台運動中開始的。釣魚台事件，讓許多台灣知識分子深切體會到，國民黨政權是不可能護衛中國人的民族尊嚴的。於是他們之中有不少人轉而支持中華人民共和國，思想上也開始左傾。

不久之前，也正是西方知識分子的大反叛時期（1968），左翼思想在長期冷戰的禁忌下開始復活。這個新的思潮，一般稱爲新左派，以別於以前的舊左派。新左的思想其實是很龐雜的，派別眾多，其中有些人特別推崇中國大陸正在進行的文化大革命運動，並按自己的想法把文革理想化。

現在我已經可以判斷，1970年從海外開始，並在整個1970年代影響及全台灣的知識分子左傾運動，根本就是西方新左運動的一個支脈。西方新左運動的迅速失敗，其實也預示了1970年代台灣左傾運動的失敗。它是「純粹的」知識分子運動，沒有工、農運動的配合。因此，新左一般不談工、農運動，一點也不令人訝異。

當然，1970年代台灣知識分子的左傾運動也有它自己的特點，因爲同一個時段，全台灣各階層人士越來越熱烈的投入了台

灣的民主化運動（當時叫做黨外政治運動），左傾運動和民主化
運動是兩相呼應的。

　　1977、1978年的鄉土文學論戰，1979年的高雄美麗島事件，
分別表現了國民黨政權對兩大運動加以鎮壓的企圖，但結果是一
樣的，國民黨都失敗了。此後，台獨運動逐漸成形，民主化運動
的主要力量被台獨派所把持，而支持鄉土文學的左傾知識分子，
大半也在思想上或行動上轉向台獨。

　　我想，一般都會同意，1970年代的政治運動，是台灣新興的
資產階級想在政治上取代國民黨的老式政權，它真正有實力的支
持者其實是台籍的中、小企業家，以及三師（醫師、律師、會計
師）集團中的人。只要國民黨還掌握政權，他們就不可能進入權
力核心。隨著他們社會、經濟影響力的日漸強大，他們理所當然
的也想得到政治權力。

　　在文化戰場上，支持鄉土文學的，也以台籍的知識分子居多
數（他們當然也支持黨外運動）。他們的左傾思想其實並不深刻
（包括當時的我自己），「左」是一種反叛的姿態，是「同情」
父老輩或兄弟姊妹輩的台灣農民與工人，在有些人，可能還是一
種「趕流行」（當時對鄉土事物的迷戀，讓我這個鄉下出身的人
很不習慣，心裡認為這些人太做作）。鄉土文學，正像1960年代
的現代主義，是台灣的一種「風潮」，它能襲捲一代，但正如現
代主義一樣，也可以隨著下一波「風潮」的興起而突然消失。當
政治反對力量在1980年代中期明顯壯大，並且組織了民主進步黨
以後，支持鄉土文學的知識分子開始轉向台獨思想，其實也不過
轉向下一個「風潮」而已。

　　但是，1970年代以降，台灣本土勢力對國民黨政權的挑戰，
只是台灣面臨的兩個重大問題的其中一個而已。另一個則是，台

灣必須面對它與大陸的關係問題。

1949年以後，由於西方對中國共產黨所建立的新政權的敵視，居然讓在台灣的「中華民國」在聯合國佔據中國代表席位達21年之久。1971年10月，中華人民共和國終於取得早就應該屬於它的這一席位，這樣，從國際法來講，台灣也就成為共和國的一省。因此，不論在現實上誰統治台灣，他們都必將面臨復歸中國或反抗復歸的問題。

1971年以後，台灣知識分子應該思考這樣的問題，但是，他們卻不能思考。在1987年解除戒嚴令之前，誰要公開主張「復歸」（也就是統一），或公開反對「復歸」（也就是獨立），都是「叛亂犯」，是可以判死刑的。

1970年代的情勢可說極為詭異。「鄉土文學」，哪個「鄉土」？「中國」？還是「台灣」？誰也無法說，誰也說不清。「同情下層人民」，大家都有這種傾向，「應該關懷自己的土地」，大家都同意，只是誰都不能確切知道「自己的土地」是什麼意思。

這個問題到了1980年代中期，終於由台獨派正式提了出來，向大家「攤牌」了。他們那時只敢在「文學」上動手腳。他們說，「台灣文學應該正名」，用以取代「現代文學」，而且，「台灣文學」具有「主體性」，這當然是台獨派的台灣文學論了。這樣，「鄉土」對他們來講，就是只指「台灣」，既然明說是「台灣」，他們越來越少用「鄉土」這個詞。這樣，1970年代的鄉土文學就被他們改造成台灣文學了。

他們的另一個策略，就是攻擊陳映真的中國情結，因為陳映真是公認的鄉土文學的領袖，為他的左傾思想坐過牢，是大家都知道的「統派」。陳映真受到台獨派的攻擊，國民黨當然樂於見到，因為從它的角度來看，這代表「鄉土文學陣營分裂了」。當

陳映眞被孤立起來以後，台獨派的「台灣文學論」的招牌也就鞏固下來了。應該說，1980年代台獨派藉文學以鼓吹台獨思想的策略是相當成功的。

三

到1990年代末期，台獨論已經瀰漫於全台灣，台獨論的某些說法已不知不覺的滲透到很多人（包括反民進黨的人）的言辭和思想中。那時候，我曾經想過，為什麼1970年代盛極一時的左傾思潮會突然消失？那時候，我曾懷疑陳映眞派（主要是《夏潮》雜誌那一批人，我自己在1970年代時並未與他們交往）是否在哪些地方出了問題。坦白講，在「鄉土文學陣營」分裂時，我對整個情勢完全不能掌握。我只是對於「內部爭執」感到焦灼與不解。因此，我事後相信，陳映眞派也許比我稍微清楚，但他們大概也未能了解全局。

當攻擊陳映眞的聲音此起彼落時，我還並未完全相信，攻擊的一方是眞正的台獨派。身為南部出生的台灣人，我當然先天就具有省籍情結，因此，我覺得，那些攻擊陳映眞的人，只是把他們的省籍情結做了「不恰當」的表達而已。後來我發現，他們蔑視中國的言論越來越激烈，讓我越來越氣憤，我才眞正相信他們是「台獨派」，而我當然是「中國人」，只好被他們歸為「統派」了。既然如此，一不做，二不休，我乾脆就加入中國統一聯盟，成為名符其實的統派。從那個時候開始，我才跟陳映眞熟悉起來，其時應該是1993年。

應該說，我加入統聯以後，因為比較有機會接觸陳映眞和年齡更大的1950年代老政治犯（如林書揚、陳明忠兩位先生），對

我之後的思考問題頗有助益。我逐漸發現，我和他們「接近中國」的道路是不太一樣的。

　　據陳明忠先生所說，他在中學時代備受在台日本人歧視與欺凌，才意識到自己是中國人，因此走上反抗之路。後來國民黨來了，發現國民黨不行，考慮了中國的前途，才選擇革命。我也曾讀過一些被國民黨槍斃的台灣革命志士的傳記資料（如鍾皓東、郭琇琮等），基本上和陳先生所講是一致的。因此，他們這些老左派可以說是在1940、1950年代中國革命洪流之下形成他們的中國信念和社會主義信念的，他們是為中國人被歧視的人格尊嚴而奮鬥的。

　　陳映真是在1950年代大整肅之後的恐怖氣氛之下長大的。他居然可以在青年時期偷讀毛澤東的著作，偷聽大陸廣播，只能說是1960年代的一大異數。因此，他很早就嚮往社會主義中國，他的社會主義更具理想性，而且從未全盤否定文革。

　　我是國民黨正統教育下的產物，理應和戰後成長起來的台灣絕大多數知識分子一樣思考，並走同樣的道路。最終讓我選擇了另一條道路的，是我從小對歷史的熱愛。我讀了不少中國史書，也讀了不少關於中國現實的各種資料，加上很意外的上了大學中文系，讀了不少古代文、史書籍。這樣，自然就形成了我的中國意識和中國感情。因此，我絕對說不出「我不是中國人」這種話，也因此，我在1990年代以後和許許多多的台灣朋友的關係都變得非常緊張，不太能平和地交談。

　　1970年代以後，因為受鄉土文學和黨外運動影響，我開始讀左派（包括外國的和大陸的）寫的各種歷史書籍。經過長期的閱讀，我逐漸形成自己的中國史觀和中國現代史觀，這大約在我參加統聯時就已定型。後來，常常跑大陸，接觸大陸現實，跟大陸

朋友聊天。再後來，在世紀之交，看到大陸的社會轉型基本趨於穩定，中國的再崛起已不容否認。這些對我的史觀當然會有所修正和深化。

如不具備以上所說的中國感情和中國史觀，我一定會和同世代的台灣朋友一樣，不認為自己是中國人。而且，我還發現，我的同世代的外省朋友（在台灣出生、在台灣接受國民黨教育），不論多麼反對民進黨和台獨，也不樂於承認自己是「中國人」。也有一小部分人，認為自己是「文化」上的中國人，但不願意說，自己是現在中國的一分子。他們認為，現在的中國已經不是他心目中的中國了。

根本的關鍵在於：跟我同世代的人（當然也包括所有比我們年齡小的），或者瞧不起中國，或者不承認共產黨統治下的中國。而很明顯，共產黨統治下的中國不可能在可預見的未來「消失」，那麼，他們當然也就不是「中國人」了。用他們的話說，他們護衛的只能是「中華民國」。當我問「中華民國」的國民不也是「中國人」嗎？他們就拒絕回答。

所以，我只能推論說，只有當你相信，共產黨領導下的革命是不得不然的，中華人民共和國是現代中國命運的不得不然的歸趨時，你才會承認你是中國人。一直到現在為止，跟我同世代的台灣人（不論省籍），很少人是這樣想的。

1970年代的陳映真派，有很多人不知道這才是問題的關鍵。即使有人知道了，他們也不能公開說明這一點，而且也不知道如何說明這一點。我現在認為，這是盛極一時的左傾思潮在不到10年間煙消雲散的基本原因。關鍵不在於「左」，關鍵在於，他們不了解「中國之命運」，尤其是「現代中國之命運」。而國民黨在台灣的教育，告訴我們的是剛好相反的說法。他們說，對方是

「共匪」，大陸是被「竊據」了。所有的人，包括台獨派都一直相信這個違背歷史事實的說法。

四

爲說明這個問題，以下我想以已去世的歷史學家黃仁宇爲例子來加以論證。黃仁宇的父親黃震白曾擔任過國民黨重要將領許崇智（蔣介石之前的國民黨軍總司令）的參謀長，黃仁宇本人畢業於中央軍校，曾擔任過鄭洞國將軍（在東北戰場被共產黨俘虜）的幕僚。內戰失敗後，他到美國留學，最後選擇學歷史。黃仁宇在他的自傳《黃河青山》裡說：

> 我如果宣稱自己天生注定成爲當代中國史學家，未免太過狂妄自大。不妨換一種說法：命運獨惠我許多機會，可以站在中間階層，從不同角度觀察內戰的進展。命運同時讓我重述內戰的前奏與後續。在有所領悟之前，我已經得天獨厚，能成爲觀察者，而不是實行者，我應該心存感激。我自然而然會擴大自己的視野，以更深刻的思考，來完成身分的轉換，從國民黨軍官的小角色，到不受拘束的記者，最後到歷史學家。

從這段話就可以體會到，中國的內戰對黃仁宇的深刻影響。由於家世的關係，他一直支持國民黨，雖然他結交了一些令他佩服的共產黨友人（如田漢、廖沫沙、范長江），但他不能接受共產黨的路線。最後，共產黨打贏了，只好漂泊到異國。他無法理解國民黨爲什麼會失敗，選擇歷史這一行，其實就是爲自己尋找

答案，整本自傳的核心，其實就是對中國獨特的歷史命運的解讀，特別是對現代中國史、內戰以及共產黨所領導的道路的解讀。

黃仁宇是從研究明代財政入手，來了解中國歷史的。經過漫長的思索，他終於承認，毛澤東所選擇的道路，是中國唯一可走的道路。他說：

> 黨派的爭吵實際上反映歷史的僵局，內戰勢必不可免，多年後的我們才了解這一點，但交戰當時卻看不清楚。關鍵問題在於土地改革，其他不過是其次。問題在於要不要進行改革，如果將這棘手的問題擱置一旁，我們就永不可能從上而下來重建中國。國民黨軍隊雖然被西方標準視爲落伍，卻已經超越中國村落所能充分支援的最大限度，因此必須重整後者。但這樣的提議說來容易，做起來難，因爲一旦啓動後，就沒有辦法在中間任何時點制止，必須從頭到尾整頓，依人頭爲基準，重新分配所有農地給耕種者……
>
> 毛澤東的革命在本書稱之爲「勞力密集」，一度顯得迂迴曲折、異想天開，甚至連他的黨人也輕視這位未來的黨主席。因此，我們當時忽略其功效，也許不能算是太離譜。內戰爆發後才完全看到他的手法更直接、更有重點，更務實，因此在解決中國問題時比其他所能想像出的方法更完備，更自足。一旦付出代價，就不能否認計劃中的優點……如果不同意上述的話，至少我們可以接受這個明白的事實：透過土地改革，毛澤東和共產黨賦予中國一個全新的下層結構。從此稅可以征收，國家資源比較容易管理，國家行政的中間階層比較容易和被

管理者溝通，不像以前從滿清宮廷派來的大官。在這方面，革命讓中國產生某種新力量和新個性，這是蔣介石政府無法做到的。下層結構還在原型階段，顯然未來需要修正。在此同時，這個驚天動地事件所激起的狂熱——人類有史以來規模最大的財產重分配和集體化——似乎一直持續，直到「文化大革命」為止。這時歷史學家提及上述事件時，可以持肯定的態度，不至於有情緒上的不確定。

　　按黃仁宇的看法，共產黨所進行的這一場有史以來最大規模的革命，是要到1976年才真正結束的（這一點我完全同意）。我跟黃仁宇不同的是，由於我是佃農子弟，因此，在感情上很容易認同這一場以農民為主體的革命。我相信，國民黨所以在台灣實行土地改革，也是為了抵消共產黨的威脅。事實上，為了這一改革，它得罪了台灣所有的地主階級，讓它的統治更加艱難。前面已提到，台灣地主階級出身的中小企業主及三師集團，正是目前台獨勢力的核心。

　　對於共產黨重建新中國以後的作為，黃仁宇是這樣評論的：

　　我們必須承認，在毛澤東的時代，中國出現一些破天荒的大事，其中之一就是消除私人擁有農地的現象。這項措施將中華人民共和國清楚定成共產國家，因為這正是《共產黨宣言》中建議行動名單上的第一項。但這件事可以從不同角度加以探討。首先，馬克思和恩格斯提出這些建議時，是針對「先進國家」。他假設這些國家累積許多資本，因此工業和商業都專注剝削工廠內的勞

工。從土地征收的租金對國家的經濟發展貢獻不大，只不過是不勞而獲的另一種形式，很容易消失。毛澤東時代的中國仍然在累積資本的原始階段，一點也不符合馬克思和恩格斯所設想的狀況。其次，毛的運動顯然提倡平等精神和同情心等傳統價值，比較接近孟子，不太像《共產黨宣言》，公社的結構也遵循國家機構的傳統設計。因為其基礎是便於行政的數學原則，其單純簡樸有利於官僚管理。但從歷史上來看，這樣的安排只會導致沒有分化的最低層農業經濟，無法實施現代化。這個缺點已被發現，因此最近也重新進行調適。第三，中國的土地私有制已廢除三十年，我們必須接受這個歷史的既定事實。我自己從來不曾崇拜毛澤東。但我在美國住了數年後，終於從歷史角度了解這個運動的真實意義。考慮到中國人口過剩、土地稀少、農地不斷分割、過去的農民負債累累等諸多因素後，我實在無法找出更好的解決之道。如果說我還有任何疑慮，我的明代稅制專書和對宋朝的研究就可以讓疑慮煙消雲散。管理龐大的大陸型國家牽涉一些特定要素，並不能完全以西方經驗發展出的標準加以衡量。如果沒有這場改革，也許絕對無法從數字上管理中國。就是因為無法在數字上進行管理，中國一百多年來才會一錯再錯，連在大陸時期的國民黨也不例外。我已經提過，毛澤東是歷史的工具。即使接受土地改革已實施三分之一個世紀的事實，也並非向毛澤東低頭，而是接受地理和歷史的判決。

黃仁宇還對這一時期共產黨對城市企業的管理模式做了一

些分析，並且從全球資本主義的發展趨勢來對中國的前途做了一些推測和建議，在此就不轉述了。

在前面的分析裡，黃仁宇指出了一個非常重要事實，即，「毛澤東時代的中國仍然在累積資本的原始階段」。我認為，新中國的重建，首先要解決的就是，中國現代化原始累積的資金與技術來源問題。由於西方帝國主義對中國革命的敵視和所採取的圍困策略，中國不得不一切靠自己。剛開始還有蘇聯援助，等到中、蘇鬧翻，就眞是孤軍奮鬥了。

應該說，毛澤東和劉少奇、鄧小平的差異在於，劉、鄧更重視現代化，而毛更重視社會正義。從1949年到1976年，路線雖然幾度反覆，但最主要的現代化「奠基」工作從來沒有間斷過。要不然，實在無法解釋，改革開放以後，中國的經濟為什麼發展得這麼快。不管我們怎麼批評共產黨，它在1949-1976年之間為中國重建做作的正面貢獻，是無論怎麼評價都不為過的[1]。

黃仁宇的自傳初稿寫於1980年初，當時大陸已處於改革開放初期。如果他能活到現在，一定會更高興，並且一定會繼續發表他的看法。就我個人而言，到進入21世紀初，特別最近這兩三年，我已完全確認，「中國道路」確實是走出來了。中國社會當然還有很多問題尚待解決，特別是政治體制如何變革尤其令人傷腦筋，但可以斷言，「中國崩潰論」基本上已經沒有人相信了。而且，我還敢斷言，中國以後也不會完全循著西方的道路走，即使

1　這裡所説的「奠基」工作，我原先只想到重建社會組織、建立基礎科學、規劃經濟發展、以及一些基礎建設等等。後來在最近一期的《讀書》雜誌（2007年6月）讀到甘陽的〈中國道路：三十年與六十年〉，發現他有更深入的分析。關心這個問題的人，應該讀這篇文章。

在政治體制上也是如此[2]。

以上大致可以說明，當1980年代台獨論日漸抬頭時，我思考中國問題的一些基本看法。之所以引黃仁宇為證，是因為，我的看法和黃仁宇類似。我們的不同是，黃仁宇是一輩子研究中國歷史、又親歷內戰的人，而我只是一個關心自己國家命運，因而不得不一面閱讀、一面思考的小知識分子，我肯定看得不如他深入。但另一方面，我比他更認同革命道路，他是接受「事實」，我則欣喜中國終於從千辛萬苦的革命中走出自己的道路。應該說，當1980年代以後台灣知識分子完全置大陸於度外時，我花了近20年時間完成了對自己的改造——我從「中華民國」的一個小知識分子轉換身分，成為一個全中國的小知識分子。這一點我有點自豪，並為此感到幸福。

反過來說，跟我同世代或比我年輕的台灣知識分子，完全接受了國民黨統治下的思想觀念。除了「共匪」和「竊據」之外，他們盲目相信胡適自由主義的「科學」與「民主」，盲目相信自由經濟。我認為，他們不只是「自由派」而已，許多人在美國「軟性殖民」（相對於日本的「硬式殖民」）的影響下，紛紛表示自

2　台灣現在所謂的「民主選舉」，一直在利用族群矛盾，把原有的傷痕不斷的重複擴大。如果大陸也實行同樣的制度，以大陸複雜的民情（包括民族雜居、不同方言區的犬牙交錯等等），將只會造成不斷的分裂、內鬥、甚至內戰。台灣的民主，還包括不負責任的亂開支票，不衡量社會資本的胡亂給錢（包括沒有規劃的老人年金，非常不完善的全民健保等等）。又譬如，台灣的政府為了討好每一個縣以及每一個人，在每一個縣都至少設一所大學，讓每一個人家的子弟都有機會上大學，企圖推行美國式的申請制，但又無法廢掉聯考，造成學生、家長、教師、教育行政人員都不勝其苦，而大學生也大量失業。我們應該對所謂的「民主制」有更深入的思考。

己不是中國人，無怪乎陳映真稱之爲「二度皇民化」。

　　1950年代以降台灣和大陸所走的不同的歷史道路，使台灣知識分子走上了這一條不但無法思考中國之命運的道路，甚至最後還想棄絕中國。這正是美國「軟性」統治台灣的後果。

　　最近幾年，我曾經跟一些比較談得來的台灣朋友講，除非你選擇移民，只要你住在台灣，你就不可能不面對你最終是中國人的這一事實。這樣，你不但非常痛苦，而且還會錯失一生中（甚至歷史中）的大好機緣。

　　遠的不說，就說跟我同一世代的大陸朋友，他們基本上屬於老三屆，在文革中都吃過苦頭，當我們正在按部就班的讀大學時，他們許多人在鄉下落戶。我們比他們幸運多了（在他們之前幾代的知識分子的命運就更不用說了）[3]。現在時來運轉，中國出頭了，而我們的台灣朋友卻固執地不想面對中國歷史，固執地相信國民黨和美國教給他們的各種觀念，把中國完全排拒在他們的視野之外，完全不考慮自己也可以是其中的一分子，可以重新思考自己的另一種前景，我實在很難形容他們這樣的一種心態。

　　3年前我開始產生另一個想法：五四以後大家都反封建、反傳統，當時這樣做是合情合理的。但事過90年，中國在浴火中重生了，你又覺得中國的再生能力簡直不可思議，顯然五四時代的

3　黃仁宇說，他「得天獨厚，能成觀察者，而不是實行者，我應該心存感激。」相對於他的留在大陸、支持革命的友人（即實行者）的歷經千辛萬苦、犧牲奉獻，黃仁宇的「感激」其實暗含了「慚愧」的意思，這種感受我完全能體會。海外以及台灣的某些人，常會議論說，某人支持共產黨，在文革中被鬥、自殺，誰叫他選錯了路。這種說法，完全不了解中國人的命運，只會隔岸觀火、幸災樂禍，可謂全無心肝。

人對此有所低估。不過，也沒有關係，正因為反得厲害才可能重新奮起，讓中國重生。但如果有人一路反下去，最後連自己的「中國身分」都要反掉，那只能說是他自己的悲哀。改革開放以後，也有一些大陸知識分子走上這條路，我知道其中有些人是後悔了。我也希望，台灣的知識分子遲早能看出自己的錯誤。

台灣的鄉土文學論戰已過了30年。這30年是我一生中最艱苦、但也最寶貴的30年。最艱苦，因為台灣像我這樣想的人太少了；最寶貴，因為我摸索出自己的歷史觀（中國歷史觀必然孕含了一種更大的歷史觀）。如果要在論戰30週年時談一些自己的看法，我大概只能說這些。如果有人認為離題太遠，太離譜，那就隨他去罷。

2007年6月12日完稿

後記

本文初稿曾讓賀照田、孫歌先看過。賀照田提了一點意見，我按照他的意思改了。孫歌有一段評論，值得一引，「我從小在『革命』氛圍裡長大，看到革命過程中太多負面的東西，倒是比較接近黃仁宇的態度，但我很理解你的感覺，假如我在台灣，我也會這樣感覺。」如果兩岸的知識分子，都能夠像孫歌一樣的「同情」理解對方，那兩岸的事就可以樂觀了。遺憾的是，這只是一種理想。

呂正惠：清華大學退休教授，現任淡江大學中文系教授。著有《元和詩人研究》、《杜甫與六朝詩人》、《抒情傳統與政治現實》、《小說與社會》、《戰後台灣文學經驗》、《殖民地的傷痕》等書。

兩岸史學與史家：

羅志田訪談

王震邦

訪談緣起

　　羅志田，1952年生於中國四川重慶，目前任教於北京大學歷史系。其研究範圍頗為廣泛，初為近現代中美關係史，其後轉向中國近現代學術思想史，兼及文化史等領域，先後發表過多篇論文及專書，研究成果極為豐碩，所著《權勢轉移：近代中國的思想、社會與學術》等書膾炙人口，在兩岸歷史學界流傳至廣，具有高度的影響力。

　　2006年末，羅志田來台於中央研究院近代史研究所進行為期3個月的訪問研究。《思想》編輯委員會假此機緣，邀請本地歷史學者王震邦擔任訪談人，在同年10月於近史所進行了約4小時的訪談。由於篇幅較長，訪談稿經整理後，徵得羅教授同意，略有刪節。

　　羅志田個人的治學經歷相當曲折。少年時期適逢「文化大革命」的狂飆騷亂，下放農村多年，文革結束後，才考上大學，斷續求學，其後留學美國，獲普林斯頓大學博士學位。他們這一代，如今正是大陸學界的中堅領袖。經由羅志田的現身說法，當有助於我們進一步理解當前大陸學界知識生產的歷史背景。

個人經歷與學術生涯

　　王震邦問（以下簡稱王）：能不能請你先說說你走上歷史研究的過程？

　　羅志田答（以下簡稱羅）：其實也沒什麼特殊的過程，只不過考上就去念了。當年我並不是以歷史為第一志願。我的第一志願要求很低，不過是成都師範學校的高師班（即由中等專科學校

所辦的「戴帽大專」），第三志願才是四川大學歷史系。只因分數僥倖考得高一點，按照規定，重點大學先錄取，也就走上了學習歷史的道路，實在也沒有什麼自我選擇的餘地。回想起來，我之所以學習歷史，純屬偶然。

王：以你的年紀，在成長與求學的過程中，正好趕上文化大革命前後10年的大動亂。有沒有受過重大的衝擊？文革的經驗，是否對你以後治學的方向有所影響？

羅：文革開始時，我才13、14歲，年紀還太小，加上我念的學校在城裡，住家在郊區，位置比較偏遠，受到的影響相對較小。當然，最初幾天也免不了參加過一些「革命活動」，但不多久家父就成了「專政對象」，我和「革命活動」自然漸行漸遠；好在我那些「根正苗紅」的革命同學和我私交不錯，所以我才沒有變成「革命活動」的目標，也沒受到什麼直接的傷害。等到1969年，就被下放到農村。在農村待了9年，到文革結束，1977年恢復高考，才考上川大。不過，實際上卻是1978年1月才入學。

王：史家治史，其問題意識或多或少都免不了與其個人經歷有著千絲萬縷的關係。你在下放期間生活於農村中的所見所聞，是否對你此後的治學方向，發生過一些影響？

羅：純就選題而論，關係並不大。我最初的研究範圍是中美關係史，當然和鄉村沒什麼瓜葛。不過，這幾年的農村生活，對我了解中國，尤其是基層的中國社會，確實有很大的助益。這段經歷，讓我認識到許多與書本記載大不相同的實際面向，這不僅止於意識形態的影響，同時也涉及到一些以往讀書人從來未曾了解的問題。近代中國許多知識分子都想靠近民眾，可是他們對中國基層社會廣大群眾的認識，實際上卻非常有限。我印象深刻的一個例證，便是顧頡剛講過的一段軼事。他說，當年他們為提倡

白話文，曾用白話文寫成一段大鼓詞，下鄉唱給老百姓聽，不料，
農民群眾根本聽不懂，最後只好請農村裡傳統唱大鼓詞的作者幫
忙改寫修訂。由此可見，中國農民的生活世界與實際需要，和知
識分子一廂情願的想像，有著相當大的距離。例如，近代中國由
知識分子所主導的鄉村教育，往往都假定農民一定十分歡迎現代
化的農業技術，所以拼命在農村倡導良種、化肥等知識，但是據
我所看過的材料與親身經歷，恐怕當時一般農民大眾並沒有這方
面的要求。農民有著他們特有的心態和思想邏輯，一隻要吃細糧
的良種豬，無論能長多麼大，可以多賣錢，也未必能為農民所接
受，因為他們自身還吃著不少粗糧；讓畜牲比人吃得好，這可不
是他們容易接受的觀念。

　　王：你近年來研究中國思想文化，相當強調近代中國大變局
中新舊中西的相互依存、碰撞、互動與錯位的複雜關係，尤其注
意到像山西舉人劉大鵬*這樣一些以往為學界忽略的內地鄉紳在
思想與心態上的變化，是否也與你的農村經歷有所關聯？

　　羅：這或許沒有多大關係。不過，這幾年我確實比較關注像
林紓、劉大鵬、梁濟等歷史上相對不受注意、一向沒有多少發言
權的人物。這其實也是中國史學固有的傳統，就是古書所謂「興

＊　劉大鵬（1857-1942），字友鳳，號臥虎山人，山西太原赤橋村人。
　　劉為一典型舊式士人，1878年考取秀才，1884年中舉人。此後擔任
　　塾師多年，曾任山西省諮議局議員，民國以後，擔任過縣議會議長、
　　縣教育會副會長等職務。他在1890年開始撰寫日記，持續記了51
　　年，為清末民初中國農村社會的變化，提供了許多詳盡的第一手資
　　料。這批日記，經大陸學者喬志強選輯、標點，編成《退想齋日記》
　　一冊，1990年出版，極受學界重視。除羅志田的研究外，英國學者
　　Henrietta Harrison也撰有研究專書*The Man Awakened from Dreams:
　　One Man's Life in a North China Village, 1857-1942*（2005）。

羅志田近照。

滅國、繼絕世、舉逸民」的傳統。這是一個相當古老的傳統，卻
一直流傳下來。過去中國每一代的人都盡力搜集有關自身的材
料，留待後代修史之用；這是因為大家都相信，即使我這個朝代
滅亡，我也不會在歷史的敘述中消失，後世總會有人根據我所留
材料，為我這個朝代修史。這是前人對後人的一種信任。反過來
說，新的王朝建立後，對於所滅王朝，仍需留給它歷史上的一席
之地。用現在的歷史眼光來看，這種「興滅繼絕」的傳統，便是
對歷史記憶的尊重；無論是一國、一地，乃至一個人，都應該留
下適當的紀錄，讓後世知道這個國或這個人的存在。可是，近代
的中國史學表現出非常強烈的趨新、進步或「革命」的意識型態
與思想傾向，歷史學界所重視的是往往只是魯迅、傅斯年與毛澤
東這樣的趨新者與革命人物，對於林紓、劉大鵬這些「落伍」的
另類人物，往往視而不見，不予處理。其實，這種做法不但背離
了中國史學的固有傳統，也無法比較週全地認識近代中國的全

貌。沒有這些另類的「他人」作爲對照，我們也很難眞正了解魯
迅、傅斯年與毛澤東這些人的歷史意義。所以，無論你是否喜歡
這些「他人」，還是要盡量去了解他們。

　　我的農村經驗雖然對我的研究工作沒有直接影響，可是對我
之認識到這些問題，特別是對像劉大鵬這樣人物的理解，卻有相
當的助益。據我所見，中國農村對知識的尊重，自古已然，甚至
在文革期間，也沒有怎麼動搖此一傳統。在城市中，經過文革的
衝擊，斯文掃地，知識分子與知識的尊嚴完全被打倒，這也爲改
革開放後逐利之風的氾濫埋下了發展的伏筆。反觀農村社會，或
許到現在還是遠比城裡人更尊敬知識與文化；有學問、有文化，
甚至只要認得字、會算帳的人，在農村裡往往很受尊重。像劉大
鵬這樣的讀書人，在他們的時代中，其實代表了我們一向所忽視
的更大的社會群體，他比一些我們所關注的近代人物，更能反映
當時社會的面貌。

　　另外我有一點看法，或許也與我對農村的了解有關。我覺
得，過去對中國近代思想史的研究，把王韜、鄭觀應這些人抬得
太高。其實，以當時的社會心理而言，像王韜、鄭觀應這樣的買
辦商人，並不會太受尊重，恐怕跟翰林出身、提出與他們類似觀
念的馮桂芬所受到的重視程度，根本不能相提並論。當然，此後
王韜辦報、鄭觀應創辦實業，在晚清追求富強的時代風氣中，的
確也發揮過一定影響。但是，我們現在對他們的強調似乎太過，
而對另一部分人，則注意得太少。像林紓，他在晚清所譯西方小
說，便產生過極大影響。近代許多名人的回憶中都提到，他們在
少年時讀到林譯小說，爲他們打開一個新的世界。但是，對這樣
重要的人物，史學界卻很少認眞研究。

　　林紓、劉大鵬代表著近代中國相當廣大的一批因科舉制度廢

除而改變人生道路的士人。這就不免牽涉到對廢除科舉之功過利
弊的歷史評價問題。早在1960年代，日本學者市古宙三便提出過
一種說法，認為科舉廢除後，中國士人反而有更多向上變動的機
會；當時美國學者Mary Wright已對此說加以批評。然而，最近
大陸學界卻有幾位學者，不約而同地提出類似的思路，都強調晚
清廢科舉、興學堂給讀書人帶來許多新的機會。我以為，這種說
法未免失之片面。正如陳寅恪所曾指出的，世亂之際，士人階層
不免兩極分化，一部分人傾向趨新，另一部分人則執守舊軌。在
新的情勢下，趨新者流自然容易獲得上升的機會。科舉廢除、學
堂代興，當然不能說沒有帶給讀書人一些新機會；但是，這些新
的機會實在數量太少，而且，更重要的是，它不能給人以希望。
傳統科舉制度下，雖然真正能夠中式任官的人比例極低，但它的
優點正在於人人都有機會，不問貧富貴賤，個人平步青雲的可能
性永遠存在。但是，新式學校制度卻抹煞了這種可能性。晚清學
堂創辦伊始，便有年齡上的限制，經濟上的要求也遠比科舉制度
嚴苛，因而寒門子弟藉讀書一途改變自身命運的機會，也就更加
渺茫。我們不能只看到那些因新學而獲得上升機會的少數讀書
人，而無視於數量更大的，因制度變革而淪於悲傷與絕望之境的
士人。

　　一味只強調科舉廢除之好處的說法，事實上是把一件打擊多
數人的事情說成提供新機會的事情；這就像是不讓你吃肉，卻說
是提供了你不致於膽固醇過高的機會，實在有些想像力太過豐
富。文革時我的家鄉有個順口溜說，「美蘇人民受壓迫，惟有我
們最過得」（這要用四川話念才有味道，「過得」大致就是日子
過得好的意思）。現在大陸史學研究中有些「創新點」就頗類此，
就好像說過去窮苦人過著最健康的好日子，因為史書上常說他們

「吃糠咽菜」，那可都是現在「小資」以上層次的人才吃的營養健康食品。我想，當年面臨科舉廢除的一般士子，聽到今日這類「創新」研究的見解，大概也會和貧下中農聽說自己的健康狀況忒好有同樣的反應。

王：你進川大歷史系之後，接著又到美國留學，在這段求學生涯中，你怎樣逐漸形成對近代中國社會、文化與思想之變化的特定看法？其間是否也受到過美國之中國研究學界一些當道的主流理論模式的影響？

羅：其實我當初對這些問題，並沒有什麼明確的自覺，也沒有太強的專業觀念。那個時候，中國社會才剛剛脫離文革，大家都不知道未來可能產生什麼樣的變化，因而也沒有太強的專業意識。我早年的學術文章，幾乎每一篇都是迫於別人的要求而寫，當時自己也沒有以後要專門研究歷史的抱負，仍然是東看西看，涉獵得很駁雜。

我最初研究的主要是美國史。老師顧學稼，是從柏克萊留學回來的。他勸我說，中國人不能完全只做美國史，因為你做得再好，也趕不上美國人。更何況經過文革的動盪，中國大陸當時學習外國史的條件極差，連基本材料都付之闕如，即使你再有興趣，也是事倍功半。不如退而求其次，改做中美關係史。這樣的話，至少還有一半的機會可以跟美國人一較長短。像這樣肯為學生著想的老師，現在已經很少見了。

所以，我在顧老師的指導下，便選定美國與東亞或美中關係，作為自己學習的核心課題。不過，我臨畢業那年，顧老師赴美國講學，我改從李世平老師做中國現代史。其實我所研究的課題並未改變，只不過是從美中關係轉為中美關係，但這麼一來，我的專業就換成中國現代史了。等到大學畢業，我被分配到四川

師範學院（後改名爲四川師範大學）當助教，正好世界史的課程缺老師，一報到，學校便要我教世界史，我雖然告訴校方我的專業是中國現代史，也沒法改變他們的決定。如此一來，我在四川師大前後便教了5年世界近代史。後來到美國留學期間，又擔任過西洋史上下段的TA。這樣，從上古到1970年代的西洋史，大概都教過或任過助教，因而對外國史知識也還能有相當程度的了解。

我在1986年底赴美留學，先是進新墨西哥大學，讀的是美國外交史。1989年我轉往普林斯頓大學歷史系就讀時仍是美國史，可是不久我想追隨的Arthur Stanley Link教授退休了，另一位美國現代史的教授則剛剛出任文理學院院長，系裡告訴我，一兩年內恐怕沒有老師指導我。不得已，只好轉攻中國史。其實我一向對中國古代文化深感興趣，在四川師大教書的後一兩年，本來便打算轉治先秦史，只因突然得到出國的機會，轉行的計畫也只得作罷。有一次，我給劉子健先生寫信時談到我對先秦史的興趣，他告誡我不可隨便轉行，我後來把自己寫過的兩篇先秦史的小考證文章寄給他看，劉先生看了以後，大感意外，說沒想到你還會做考證，大可轉行（我猜他很可能以爲中國大陸早已不存在考證一類事了）。當然，我最終還是沒有轉成。不過，我對文化思想的議題，興趣始終不減。到了美國後，先後也修過一些美國文化史與美國思想史的相關課程。

王：從你治學的歷程，我覺得一個史家的養成，或許還是要先在比較廣闊的知識世界中悠遊沈潛，如果一開始便一頭鑽進相對狹隘的專業領域，去而不返，反而不足稱爲治史之正途。不知道你在這個摸索過程中，有過怎樣的自我感覺或自得？

羅：現在回想起來，這樣廣泛涉獵的學習歷程，當然是有幫

助的。不過，當初倒也不是刻意爲之，最主要的原因，或許還是那時年輕氣盛。其實，像我這一輩，由於間隔了十餘年的斷層，與台灣同年齡的朋友相較，在學術上要晚了整整一代。我們上研究所時，比起一般同學，也總要大上十多歲。這種情形，好處也許是治學之初，對社會、人生已有比較深入的了解；這對學文科的人來說，可能不失爲一項正面的助益。另一方面，我們當時年紀雖然較長，多少都還存有理想主義式的反叛心理——我甚至認爲，現在的青年學生，比起我們這批快要退休的人都還要現實，更懂得計較實際利害。當初正因這種反叛心理，我們這一輩的朋友往往不屑拘泥在狹隘的專業知識範圍，反而喜歡大量涉獵非專業的事物。像我的同學葛小佳，就是一個相當突出的例證。他的本科領域是明清史，碩士念的是台灣史，博士讀的是社會學，現在則專研心理學，並且已有相當大的成就。當然，也有人批評他無定性，學一項不做一項。但是，他自己則認爲，這樣相對寬廣的知識背景，事實上對他助益極大；由於有著歷史學和社會學的訓練，他在心理學研究上的眼光與見識，便非一般只受過心理學專業訓練的同行所能企及。

回想起來，我們那樣的學習態度，實在當不上「悠遊沈潛」的美名，我們也並沒有那麼從容瀟灑的意態。事實上，我們當時所作所爲，只是一種不自覺的選擇，也就是故意不做本身專業領域內的東西。這樣做的好處，是知識範圍比較廣闊，什麼東西都知道一點皮毛，有時也能收到觸類旁通的效果。比如我研究五四時期的胡適，便受益於外交史的訓練，而注意到當時訪華的杜威向美國國務院所提有關中國學生運動的報告，這些收在美國軍事情報秘檔中的史料，一般研究思想史的學者往往注意不到，因而也忽略了五四運動中一個比較隱晦的面向。壞處則是章法太亂，

缺乏一個治學的中心。史學界的同行，通常都會有一個明確的研究範圍，如某人是研究抗日戰爭、某人是專攻秦漢史等等，我個人則始終沒有清楚的定位。有些人將我歸類為思想史家，其實我做的也並非純粹的思想史。別的學生曾向我的學生提出過質疑說：「你們的羅老師究竟在做什麼？做了這麼多年，不就只說了『新的不新，舊的也不舊』這句話嗎？」仔細想來，的確也是除了這句話外，就沒有什麼了。

王：我們都知道，做一名稱職的史家，一定要有充分的背景知識，才能具備敏銳的眼光，對史實發掘也才能深入。你是否對此早有自覺？

羅：自覺與否，實在說不上。不過，我這種習性，或許與求學期間老師的指導有關。我赴美留學後，最初研究的對象，主要是外交檔案，也就是密集的、大量的閱讀檔案。我在新墨西哥大學待了兩年，碩士論文只寫成兩章，還缺三章沒寫完，就在1989年轉學到普林斯頓。到了普林斯頓，我把這兩章拿給系上研究東亞史的著名學者Marius B. Jansen看，他認為這是一篇博士論文的規模，要我把已寫成的兩章稍做修改，先將碩士學位拿到。我也就聽從他的指示，把那兩章改一改，拿到了碩士學位。當時指導我的老師Arthur Waldron還是助教授，按照學校規定，不能單獨擔任主科的指導教授，我便商得Jansen老師的同意，請他共同擔任我的主科指導教授。Jansen老師也有意想拓展我的學術視野。他認為我雖在檔案上用力甚深，掌握的資料也很豐富，不過，治學的眼界仍不夠恢宏。檔案研究如果陷得太深，做得太窄，固然有助於釐清問題的細節，卻不免會忽略掉歷史過程中宏觀性的面向，尤其是忽略掉那些非政治、非軍事，與所謂常規之國家利益表面上似乎沒有直接關係，其實卻對一國之外交政策發揮著重大

影響的因素。爲此，他也刻意迫使我開展自己的閱讀範圍。當時，我們這群學生都叫他做「明治天皇」，上他的課，每個學期要讀上幾十本書，平均每個星期總要讀兩三本，寫一篇綜合報告，學期末還要再交一篇論文，簡直就像拼命一樣，壓力非常沈重。不過，Jansen老師確實是有意識地把我從專做檔案的狹隘視野，扭轉到更多樣、更開闊的知識天地，這倒也正合我本來就喜歡東摸西摸的癖性。

兩岸史學與世變

王：自20世紀初年梁啓超提倡「史學革命」以降，中國現代史學的發展，在相當大的程度上，始終追隨著西方的學術潮流。即使1949年後兩岸隔絕，各自發展出極爲不同的問題意識與課題選擇，基本上仍都受到西方不同理論典範的宰制。例如，台灣史學界在美國的影響下，長期以來一直是以「現代化」理論作爲研治中國近代史的主要指針；而大陸史學則一貫遵循著馬列主義唯物史觀的圭臬。這種由特定歷史條件所形塑出的知識生產模式，是否對當前兩岸的歷史學研究，仍然發揮著一定的影響與限制？我們應該怎樣去評估這種歷史遺產的功過得失？

羅：台灣史學界的情況，我不敢妄下論斷。至於大陸學界，舊有學術典範的無形影響，應當還是相當有力的。不過，在表面上，反而並不容易發現這種影響的存在。目前，大陸上大部分學者，甚至包括一些歷史唯物論者，都早已不再唯馬列是瞻，不但少有人讀馬列的著作，一般學術論文也鮮見對馬列的引述。我自己倒還一直要求學生一定要閱讀馬克思的《路易‧波拿巴的霧月十八》一書，也算是少有的例外罷。雖然如此，這種影響其實仍

然十分深遠。例如，大陸的中國近代史研究有所謂「三大高潮」的說法。我曾經寫過一篇小文章，對「三大高潮」說的形成過程，提出一些疑問。熟悉中國馬克思主義近代史研究的人都知道「兩個過程」（即半殖民地、半封建過程）和「三大高潮」的提法，而毛澤東在論述「兩個過程」中從鴉片戰爭一路數下來，臚舉了近代史上許多重大事件。按理，基於對「偉大領袖」的尊崇，史學界應該拿這段話來指導近代史的研究方向，對鴉片戰爭、中法戰爭、甲午戰爭等等不在「高潮」之列的近代史大事，都要全面而認真的加以研究才是。而「三大高潮」的提法顯然和毛澤東那段話不太合拍。按照馬克思主義的定性，近代中國是一個「半封建半殖民地」的社會，而太平天國、戊戌變法與辛亥革命等所謂「三大高潮」，固然和外國有點關係，主要卻都偏重於「半封建」這個面；反倒是鴉片戰爭、中法戰爭、甲午戰爭等事件都和帝國主義侵略此一主題息息相關。不去研究這些事件，難免就沖淡了近代中國「半殖民地」的歷史特性。我想，「三大高潮」的提法，絕對不是刻意要去違反毛澤東關於「兩個過程」的論斷。它究竟是怎樣形成的，我們已無法確知；不過，它出現之後，便產生了極大的效應，且其影響一直持續至今，以致像鴉片戰爭與甲午戰爭這兩個中國近代史上最具象徵性與轉折性的關鍵事件，便少有人從事深入的研究。由此可見，這種歷史遺產的潛在影響實在不容輕忽。更特別的是，這樣偏頗的發展方向，似乎並非來自某種預定之意識型態方面的決策，我個人也從來沒看到過任何資料，足以證明有上級領導制訂政策，明白規定學者只研究這三個課題而不研究其他課題，或是要大家多研究「半封建」而少研究「半殖民地」。其實，帝國主義侵略本來就是近代中國的一項重要主題，即使純粹從馬克思主義或歷史唯物論的理論立場出發，帝國

主義的侵略，也仍有毋庸置疑的重大意義。大陸史學界所以會走上這條值得檢討的路徑，或許還是要歸因於學術體制的無形影響罷。

可惜的是，直到現在，大陸史學界依舊沒有多少人願意努力來矯正這個偏向。即使那些以「填補空白」爲標榜的學者，也不太樂於去研究甲午戰爭及其導致的社會、思想變化，而寧可把力氣花在性別、小地方的國家與社會之關係等熱門議題上。這也反映了你所說的，近代中國史學往往一味追隨西方學術潮流的習氣。我自己也被一些人視爲倡導新文化史的人，但我認爲，不分古代近代，中國歷史基本是以政治史爲發展主脈；沒有政治史的基礎，很難對其他專門史有較深入的認識。我的學生即使選擇了思想史或文化史的研究題目，我都會要求他們去修一些政治史或外交史的課程。但是，近年大陸史學界內有意識型態與學術體制的羈絆，長期忽視了許多重要的政治史議題，對外又極力倣效西方學術新潮，競相投身於類似新文化史這樣的時興領域，其實又僅得其皮毛。在這內外兩股力量裡應外合，交相作用之下，近代中國史上一些非常重要、亟待深究的問題，始終乏人問津。不少學界同行私下討論時，常常感嘆說，中國近代史上的問題，幾乎都已經做完，今後不知該怎樣指導學生了。他們似乎沒想到，其實還有無以數計的大題目，還等著有心人去開拓。總之，大陸史學的發展，受到上述內外兩種因素的影響，出現了如此奇特的變化。依我估計，這種情形，短期內恐怕也還沒有扭轉的可能。

王：你所說的，大陸史學界普遍流行的「題目已經做完」的感嘆，其實在台灣史學界也不乏類似的聲音。這種說法或許隱伏著一項根本預設，也就是只把搜集材料當作史學研究的唯一能事，從而輕忽了對歷史意義的詮釋。這種思想上的貧乏，是否代

表著當前兩岸史學界嚴重的內在危機？

羅：說是「普遍流行」，也許稍嫌過火，不過，我的確聽過不少人有過這樣的感慨。至於說這代表了史學界的「思想貧乏」，恐怕也太過苛刻。但你所說的「題目已經做完」的說法背後隱伏著的基本預設，卻是一個很需要反思的重要問題。許多人雖然未必把搜集材料當作史學研究的唯一能事，但他們似乎以為現存材料所反映的歷史意義應該有一種「正確的」詮釋，也只能有一種「正確的」詮釋；任何題目的這一詮釋產生出來之後，那就真是史學之能事已畢了。這種觀念好些人未必說出來，甚至也不一定認真思考過，但其實已經作為一種眾皆認可的觀念而接受了。中國古代修史方面其實也暗存類似觀念，通常都以為一個朝代的「正史」若修得好，就不必怎樣修改，學人想要修改的都是那些被認為不成功的史著；19世紀的西方在科學主義影響下也有類似的樂觀見解，章學誠所說的「傳人適如其人，述事適如其事」到20世紀前期也還是西方實證史學認為可以達到的目標。傅斯年、陳寅恪等人當年強調「新材料」推動「新史學」之時，也隱隱約約帶有相近的觀念在。好在陳先生還曾指出，以新眼光從舊材料中讀出新意思，舊材料也就成了新材料；而表面反對「疏通」的傅先生其實主張「疏通致遠者為達」，並明言「以自己之精靈為力量以運用材料者為通，為材料所用者為陋」。現在其實越來越多的史家已經沒有以前那麼樂觀，章學誠的說法反映出的「求真」仍然是很多人追求的目標，但已沒有太多人接受這樣的觀念，即特定史料只允許一種可以一次性達成的「真相」。至少我感覺現在史學界給詮釋的空間比以前更大，越來越多的人逐漸感到以前一些權威的史著和見解也都還有再詮釋的餘地。

我覺得，大陸學界所以會有「題目已經做完」的感受，大概

是由兩種因素造成。一方面，是應該追隨繼承、並且進一步發揚擴大的東西，未能繼續追隨。例如，在近代史研究上，許多人依然受到舊有學術典範的束縛，認為所謂「三大高潮」既已研究得十分透徹，自然沒有什麼新鮮題目可做，卻沒想到，不屬這三大高潮的歷史事件，還有許多值得進一步探究的空間。在此，問題並不在「追隨」，而恰恰出在「不追隨」。另一方面，大陸史學界又太過強調「追隨」外面的東西。目前大陸有句時髦話，叫「與國際接軌」，許多學術機構也都以此作為努力的目標。既然要跟國際接軌，當然事事都應該追逐西方學術主流。比如，「現代化」的議題在大陸本來受到相當多人的關注，可是，目前國外學術界早已揚棄「現代化」的理論，轉而標舉「現代性」，於是，大陸學界「現代化」研究的身價大跌，因為，如果你繼續談「現代化」，便顯得無法與國際學界對話，只有改提「現代性」，才能和國際接得上軌。這種過分重視「追隨」的風氣，我個人以為很值得反省。趨時尚新，固然有其積極效用；但是，一味隨波逐流，卻也不免於局限，甚或走上「歧途」。當前大陸所追隨之西方新潮所關懷的核心問題，追根究柢，多數是從非中國的歷史環境中產生出來的，有著特定的基本預設、方法論與認識取向。注意這些問題，當然可以對中國本身發揮一些刺激與提醒的作用；沒有他山之石的借鑑，我們或許也不容易發展出突破陳規的新思路。但是，這些問題未必與中國自身所存在的迫切問題相一致。兩套問題輕重緩急的程度，可能也有著極大的軒輊與差異。如果無視中國自身的特殊狀況，盲目追隨西方所重視的議題，或許未蒙其利，先受其害，反而可能更背離了所研究的對象。

總之，中國在不同的歷史條件下，自有其由具體現實所逼出的大問題，不應該完全捨己求人、學步邯鄲，但求「與國際接軌」。

然而，當前大陸學界卻出現了兩極分化的奇特現象：一部分人是拼命想跟國際接軌；還有一部分人則故步自封，目不斜視，只管一己研究的狹隘範圍，全然無視於外界的動靜。平心而論，前者固然失之太過，後者也未免有所闕漏。其實，中外社會所關懷的基本問題，自有彼此契合會通之處。譬如，傳統中國文化一貫重視「夷夏之防」與「男女之防」這兩項人倫規範，而這兩項人倫大防所涉及到的，也就是近年來在西方學界最熱門、最受關注的「族群」與「性別」的議題。但是有些學者只顧趨時騖新，卻完全忘了中國本有的思想資源。如此一來，中國兩千餘年來處理所謂「族群」與「性別」問題長期積累的大量歷史材料，縱使已涉及許多具有現實意義的重要面向，而且輕易即可藉此與國際學界進行深入對話，卻都被學者棄若敝屣，不屑一顧，實在深可惋惜。

王：當一個社會越來越開放的時候，人文學科相對而言，應該會有一個更大的空間，透過新觀念的不斷輸入與反覆論辯，或發展出新的議題，或藉以解決切身的現實問題。那麼，大陸史學界，包括社會科學界，這些年來，在改革開放的大潮之下，究竟摸索出怎樣的一條路？我們雖能感覺到大概的方向，卻始終弄不清它的來龍去脈，也看不出明確的未來展望。你的看法如何？

羅：這是一個大問題，應該請教育部長來回答才是。我個人覺得，改革開放以後的新形勢，似乎是對大陸的自然科學，尤其是應用科學，構成比較強烈的衝擊。經由與海外的頻繁交流與聯絡，許多年輕學者在研究的題目、方向與研究方法上，確實都有明顯的改變。至於文科方面，這種情形主要表現在社會科學上。不過，社會科學中比較理論性的社會學與經濟學等領域，也還沒有那麼顯著的變化，倒是較具應用性的管理學，受到外在的影響則相當大。這固然是因為中國本來並沒有這門學科，同時也多少

反映了社會心理的急遽變化。據說，某大學的計畫經濟系，有一天突然換了名稱，改做「市場經濟系」，可全系老師仍是原班人馬，毫無更張，大概也只能靠教授和學生一起摸著石頭過河罷。

當然，目前大陸並不是沒有人關懷這類現實問題，的確也仍有一部分人以「知識分子」自許，不願只做專業學者。不過，中國社會的整體發展藍圖，恐怕還是在「黨的領導」之下，基本上不是民間力量所能置喙。即使那些矢志要做知識分子的人士，大都也只能向當道者提供一些建議。其中，自然有少部分人直接參與到政府的決策機構，或成為政府「智庫」的成員。我想，這些人多少能發揮一些作用，不至於像我這樣，毫無影響可言了。

王：你和學生在平日的交往與互動過程中，是不是多少會感受到社會性議題在史學界內部所造成的衝擊？是否可以舉些例子來說明一下？

羅：一般來說，這種情形並不明顯。因為凡是願意來跟我念書的學生，大概都已經有了思想準備，知道這段求知過程會很辛苦、很忙碌，自然沒有太多時間去關心外界的事務。不過，外在世界的急遽變化，當然也不可能不對學生發生相當影響。譬如，他們在選擇研究課題時，多少會不自覺地向某些方向傾斜，比較會注意那些時興的、受社會歡迎的題目。對於這種偏向，我倒也不抱成見，只要能找到足夠的研究材料，並且符合我前面所說，具有一定的發展性，合乎碩士論文或博士論文所要求的特定規模，我大體都會給予支援。

目前，大陸有一些經常在媒體上露面的學者，喜歡對自己專業領域之外的問題大發議論，年輕人耳濡目染，不免造成錯誤印象，以為他們代表了當前學術發展的大方向。因此，我只能經常要求學生多讀一些嚴肅的專業學術刊物，增廣見聞，培養健全的

判斷力。當然，外在力量除了對學術的專業性造成混淆之外，還有許多其他方面的影響。現在的學生所處的環境，跟我們當年很不一樣，面臨著更多元的刺激和誘惑，有些學校，如北大，就很鼓勵學生學習各式各樣、五花八門的東西，以致學生所擁有的知識，層面看起來很寬廣，卻都談不上深入。

這裡牽涉到一個重大問題，就是高等教育中學術研究的基本方法訓練，究竟應該定位在哪一個階段。現在大陸各大學對這種訓練到底應該放在大學本科、還是研究所，仍然沒有明確的定位，以致老師、學生都無所適從，甚至造成相當大的混亂。比如，曾經有一位想請我指導的研究生，其論文連註釋格式這樣最基本的工夫也不符合學術規範，竟然也能通過論文答辯。我當時就很不客氣地指責他以前的指導教授太不負責。其實，這種現象也不能完全怪罪指導老師，最大的癥結，恐怕還是上面所說的學術訓練定位不清。現在許多學校也注意到這個問題，努力想要加以解決，不過，它們卻都把注意力集中於碩士生與博士生這兩個層級之間，並且越來越著重於博士生的培育。原先，大陸由於研究生教育的發展起步較晚，一向很重視碩士這個階段，要求也相當嚴格；現在，研究生人數大量增加，學校當局也仿傚外國辦法，明顯地想把碩士這個層級逐漸淡化，把重心擺在博士生的訓練上。這樣一來，一方面大學本科對學生學術研究基本能力的培養，不甚注意；另一方面，研究所教育又只強調博士，輕忽了碩士階段的訓練，自不免造成一些怪異的現象：一個研究生或許既聰明又好學，卻可能完全不懂學術研究的基本規範。我就碰到過這樣的學生，都已經拿到碩士學位了，寫作學術論文的基本規則，卻還得從頭訓練。再一追究，才知道他的老師根本沒教過他這些東西；而這位老師卻以為這些粗淺的東西，每個大學畢業的學生都

應該已經知道了，當然不必再教。

王：從你有關追隨與不追隨的談話引申開來，我覺得，兩岸
史學界或許可以對以下兩個問題做進一步的反省與思索。首先，
是如何確立中國學術文化之主體性的問題。正如你所說，一方
面，中國自有其獨特的問題；另一方面，中國歷史的問題，又有
許多是與西方學界所關懷的對象交疊相通。因此，怎樣從中國歷
史的實際發展脈絡中，提煉出真正有意義的重要問題，而在解決
這些問題時，既能由西方的各種理論學說，汲取支援性的思想與
方法資源，同時，又能透過對中國所積累之豐富材料的重新發掘
與詮釋，反過來對當今世界學界普遍關注的議題，提出一套開創
性的嶄新見解與認識，或許是我們目前為中國史學重新定位時，
不能忽略的工作。第二個問題則是，兩岸史學界所走過的道路，
似乎也有再作檢討的必要。前面談到，過去數十年間，兩岸的近
代史學者，分別遵循著現代化理論與馬列主義唯物史觀的理論典
範，各自發展出一套不同的問題意識與研究方法。今天，除了應
該對這段時期學術成果的功過得失，給予公正的評斷外，我認
為，更要緊的任務，乃是借鑑前人的經驗與教訓，來協助我們從
自身的立足點，形構出不同於前人的提問視角，從而對整個中國
近代史的發展，獲致比較清楚而全面的再認識。對這兩個問題，
你的看法如何？

羅：基本上，我完全同意你的觀點。我們研究歷史，一定要
先回到歷史本身，從中產生問題，再謀求解決之道，才是比較健
全可行的治學途徑。追隨時流，亦步亦趨，即使做得再漂亮，終
究難以超越其所追隨模倣的對象，樹立自身的獨特貢獻。處當今
之世，學習西方、注重新理，誠屬必要；不過，無論如何，我們
仍然需要——甚至應該鼓勵——至少一部分人回到據史料以重

建史事的基本取徑。尤其重要的是，萬萬不能因爲追隨得太急切，以致把自身傳統中一些基本的、常識性的東西，忘得一乾二淨。我常常對學生說，我們現在最缺乏的，或許正是當年一般三家村學究所普遍擁有的基本知識。這種不足之處，往往遮蔽了我們對過去歷史的認識與了解。許多人做學問，喜歡標榜所謂「問題意識」，殊不知這種「問題意識」其實是後世研究者所有，與歷史中的當事者未必相干。我們與歷史人物相比，知識的豐富程度，當然遠遠超過他們；甚至我們共同具備的最粗淺、最基本的東西，也往往非他們所能有。這種時代的差距與斷裂，不免常常會把我們導入錯誤的方向，忘掉了我們自己習以爲常的思考方式，實際上已與古人大相逕庭。因此，要是我們只用自己的觀點來解釋歷史，乍看之下，似乎言之成理，但若起古人於地下，恐怕這些古人根本無法從我們所書寫的過去中看到他們自己。爲了接近前人的思想與知識世界，我經常鼓勵年輕學生不要把注意力只放在那些知名的大人物身上，要多看一點沒沒無聞的三家村學究平素閱讀的東西，以了解一般古人關心的事物與思考的方式。

近十餘年來，學界一些人大力提倡大眾文化，重視社會基層的研究，這當然是很大的進步，但其走向似乎也稍嫌過火了。其實，遲至19世紀末期，乃至20世紀初期，中國始終是一個典型的以知識菁英爲主導的社會；這批菁英是基層民眾在思想、行爲、倫理等各方面的表率，如果不先對這群人稍有基本認識，即使深入基層，恐怕也無法認清中國、解決問題。晚清時期，中國知識界發生急遽變化，張之洞便曾指出，由於報章雜誌的鼓吹，許多士人逐漸接受了諸如民族、國家、國民等新觀念。不過，他認爲，這樣的開通作用只是針對所謂「一孔之士」；除這批人外，仍有許多讀書人並不囿於一孔，始終還是以「天下之士」自居。

姑不論他們所知道的世界範圍有多寬、具體的地理認識有多廣，他們所關懷、所思考的對象，就是「天下」。這樣的讀書人長久影響著中國鄉村社會，也許就產生出具有天下國家觀念的中國農民。梁啟超說過，要「了解整個的中國，非以分區敘述為基礎不可」；故深入基層當然是極為必要的工作，對於縣一級和縣級以下中國基層社會的歷史，我們的確也認識得非常不夠。不過，如果只注意基層，而忽略了基層與上層之間有機的聯繫，仍不足以掌握中國歷史的全貌。縱使要深入基層發掘，首先也還是要注意農村社會裡像劉大鵬那樣的人物。劉大鵬只是一名舉人，讀書範圍相當狹隘，連《三國志》一書都是考上舉人之後才開始閱讀，遑論當時北京與中國之外浩瀚無邊的知識世界。然而，他依然是一個具有天下國家之廣闊關懷的讀書人。他雖然僻居鄉野，看到倫常崩壞，便知道天下即將大亂；看到科舉廢除，便以為不出10年，國家將會淪亡。換言之，他所思所言，都是以天下國家為依歸。像他這樣的讀書人，對農村社會有著極大的影響，我們要理解中國基層，便不能把眼光只放在一般平民身上。事實上，平民百姓由於知識上的限制，所能留下的文字材料十分有限，就算把圖像、傳說、戲曲、物質文化等非文字性的相關材料全部彙集起來，也很難真正了解他們內心的想法。反倒像劉大鵬這樣的讀書人，既有表述的意願，又有表述的能力，才有辦法留下較豐富的資料。我們今天要認識中國基層社會歷史，往往要以他們為中介。

王：像劉大鵬這樣的農村知識分子，其知識範圍的擴大與變化，與近代中國資訊傳播的發展息息相關。這種資訊傳播的路徑，大體是由沿海擴及內地、從城市逐漸滲入農村，中間存在著極大的落差。不知你對近代中國資訊傳播與知識變化這樣的課題，有沒有進一步研究的打算？

羅：近代中國的資訊傳播，在京師、沿海城市與內地鄉村之間，的確有著明顯的差距。至於差距究竟有多大，很難確切評估。我以前研究劉大鵬時，注意到他所讀報紙與實際發行日期之間的時間差。起初，他所讀報紙往往是半個月之前的舊聞；到後來，大概只差上個兩三天，跟沿海城市的地域差別，並沒有我們想像中那樣大。不過，劉大鵬居住在山西的政治商業中心，當然不能代表內地農村所有的讀書人；越深入中國腹地，這種差異性可能會越大。

近代中國的資訊傳播，是一個非常有意思的重要課題。舉例來說，在中國社會，謠言是一條常見的傳播管道，發生過很大的作用。晚清時期，湖南本地人把這種口耳相傳的謠言叫做「土電報」；當時，有關京城裡皇帝、太后所作所為的訊息，常常就是靠這種「土電報」來傳遞，許多人也是據此來做重要決定。這種謠言，看似捕風捉影，日後卻往往被證明是有相當的事實根據，確實值得歷史學者加以重視。但是，它傳播速度的快慢，我目前還無法下一斷語。另一方面，這種古老的傳播方式，當然和晚清所出現的新式傳播媒介不同，不過，從「土電報」這個名稱，卻可以看出，當時人是以新的辭彙來對舊東西重加命名，適足反映像「電報」這樣的新事物，已在當時人心中留下了深刻的印象。像這一類同時牽涉到技術與思想兩方面之變化的重要歷史現象，到目前為止，學術界還沒有人進行過系統性的大規模研究。至於部分枝節性的研究，則已有了一定成績。像郵政史的研究，便可以告訴我們很多東西，諸如一封信的投遞，要經過怎樣的路途、花費多少時間等等；再如新聞史研究，也重建了許多重要期刊報紙的相關史實。只可惜一般歷史學者往往劃地自限，只關心自己的專業範圍，不太注意其他領域的研究情況，以致無法充分

吸納新知，擴大學術眼界。這並不是一種可喜的現象。

學術與政治

王：近年來大陸史學界動員大批學者，進行了兩項規模非常龐大的學術工作，一是上古史的斷代工程，一是重修清史。可見國家力量的介入與資源的配置，對於學術研究，確有莫大影響，甚至可以主導其發展的方向。你個人對此有何評論與期望？

羅：大陸史學界這兩大工作中，上古史斷代工程已經結束。這項計畫，當然並不是那麼成功，多少也表現出某種意識型態的傾向性。不過，與此類似的傾向性，其實長期以來一直存在於歷史學界，其中尤以考古學門表現得最為明顯。如果考古發掘出來的文物，其年代標定可早可晚，並不那麼明確時，從事研究的學者，一般都會將其年代往前挪，而不會往後擺。客觀而論，我們只能說，斷代工程只不過更加強了這種既有的傾向性，似乎不宜倒果為因，認為有人刻意要透過這項工作來導引學術研究的意識型態取向。至於目前仍在積極展開的清史重修工程，我實在不便置評。當初，我也曾被邀請去申請參與這項工作，也算通過了相關的審查；不過，我在學習和理解這些審查人提出的意見方面進度太慢，以至於主辦單位終於不能等待我對計劃的修訂，改請更有資格的學者擔綱了。所以，如果我現在發表任何負面的評論，不免會被當做是酸葡萄心理在作祟。話雖如此，我還是對這項工程，抱著相當期望。假如這項工作在進行過程中，能夠順便整理出大量史料，嘉惠學界，未嘗不是功德一件。但是，這些史料最好能依其原貌，全部呈現，千萬不要經過重新編選的人為加工。我記得，當年劉大鵬的《退想齋日記》出版時，編者在〈前言〉

中說，他們在編輯過程中，把許多「封建」的部分都刪掉了。可是，像劉大鵬這樣的舊式讀書人怎麼可能不「封建」？他當然不可能有太多超越時代限制的進步思想。把這些「封建」的東西刪除，日記中最有價值的部分也就不見了。當然，我們目前還無法確定編者所說的，究竟是眞話，還是爲表明特定立場所交代的門面話。或許要等到日後有人把日記原件完全整理出來後，才能解決此一公案罷。由於這件事情的教訓，我非常期盼在清史纂修的過程中，能夠發掘出大量史料，同時，這些史料也要不經篩選，盡可能保留其本來面貌。要是眞能如此，不管修成的《清史》品質好壞，這項工程一定都能對提升清史研究，發揮極大的助益。

王：自1989年以降，大陸知識界很明顯地經歷了一番重大轉折。1980年代盛極一時的文化熱，在1990年代很快便被學術史研究所取代，當時風行一時的陳寅恪熱潮，便是一個著例。這其中所反映出的學術與政治關係的曲折調整是怎樣？你自己所從事的學術思想史研究，是否也受到此一轉折的影響？

羅：1990年代所謂「學術史研究」，不完全是其名稱所指謂的。1990年代初創刊的《學人》雜誌，一開始就以討論「學術史」作爲一個重要的議題，但那裡討論的常常並非總體或具體的「學術的歷史」，而是試圖區別於「以政治爲中心的歷史」，卻又與政治若即若離的「學術史」，帶有明顯的「中國特色」，倒眞是反映出你所說的學術與政治的某種關係。後來上海的復旦大學開過一次「重寫學術史」的討論會，會議創辦者其實就是認爲過去的史著不夠「學術」，如今要以學術的方式「重寫歷史」，但其所取的題目體現出更早討論的繼續，即「學術史」不過是一種區別於「不夠學術的歷史」和「受政治影響的歷史」的泛稱而已。在大陸的一些學校裡，也把學術論著前面對既往研究文獻的述評

稱做「學術史」，由此你也可以知道「學術史」指謂的寬泛程度。所有這些都說明一點，就是真正「學術的歷史」這一領域的研究，其實沒有得到太多的關注，實際從事的人也不算太多。

至於「陳寅恪熱」，的確是一個異數，因為連一些做得不錯的專業學者，也曾撰文說陳寅恪的文字冗長拖遝而難以卒讀，但一段時間裡似乎連販夫走卒都知道陳寅恪，而且可以說上幾句。這大概與《陳寅恪的最後二十年》那本書的流行有關。那本書賣得很好，所以陳先生的名字很多人都耳熟能詳了。不過，大陸的買書人有時比較喜歡與世風俱進，據說沙特的《存在與虛無》也曾短期內賣出10萬本，這在世界上恐怕都少見，但我們到現在也沒看出沙特思想對中國有多大影響。有趣的是，熱衷於「說陳寅恪」的似以外行為主，很多談的人自己並不研究學術史，也不研究陳先生特別擅長的中古一段歷史，甚至根本不研究歷史。其談論情形大概也近似「學術史」，總把陳先生說得像是個政治人物，一天到晚關心思考的都是政治。我的看法，陳先生當然具有傳統士大夫那種希望「澄清天下」的心態，也始終關注著世局的演變，但他的自我定位恐怕更多是個學者。治學就要心靜，尤其陳先生是主張「肆力於學，謝絕人事」的，他把在大學裡「與學生談話及閱改文卷」以及參加教務會議等都視為「擾其心、亂其思、費其時」的「應酬及雜務」；最了解他的傅斯年就說，陳先生在清華「關門閉戶，拒人於千里之外」，故「文章源源而至」。這樣的一個學者，無論多麼關心世事，似也不至於到終日究心於政治的程度吧。我知道王先生自己就在研究陳寅恪，很希望早日看到大著的出版。

我個人從事學術思想史的研究，在時間上與你所說的「轉折」確實有些重合，但我自己並未感到什麼影響。前面說過，我對思

想史一直有興趣，我在普大修的一個副科就是跟余英時師念的中國思想史。不過，大陸1950年代以後的思想史受蘇俄哲學史的影響很大，其中一個重要的變化是幾乎看不見經學等傳統學術的影響；而海外的思想史大概接續了從梁啓超到錢穆那兩本《近三百年學術思想史》的傳統，往往是把思想和學術結合起來思考。在普大念書時我曾對王汎森兄的兩本著作寫書評，特別強調從章太炎到《古史辨》的近代思想演變中經學的重要作用。據說當時北京的一個學術圈子還討論過這篇書評，可能就是因爲經學這名詞本身在大陸已經久違了。我自己治學一向沒有多少章法，所以不知不覺也就涉入學術思想史的研究了。但我同時也還在繼續進行政治史和中外關係史的研究，有時也偶爾客串一下其他方面的歷史。我比較接受蒙文通先生關於「事不孤起，必有其鄰」的主張，就像傅斯年所說的，歷史上的人與事和同時代周遭的關聯或超過其與既往的聯繫，故寫思想史應該不「與當時的別的史分離。」

王：隨著專業化與學院化的進展，近代中國史學似乎日益與一般社會大眾的生活脫節。因而，在台灣一直存在著要求「歷史大眾化」的強烈呼聲（如黃仁宇《萬曆十五年》一書所造成的衝擊與反省）；同樣地，近年來大陸社會似乎也出現了類似的現象。例如，前幾年大量的歷史劇的出現，以及最近如易中天等學者所從事的「歷史通俗化」的努力，都可以放在同樣的社會脈絡來理解。你對這種「歷史大眾化」的風潮的看法如何？在當前兩岸的文化社會生活中，「歷史」究應該扮演怎樣的角色？它能發揮怎樣的作用？

羅：基本上，「歷史大眾化」的風潮讓我很受鼓舞。現在西方大學歷史系一個日益發展的分支就是所謂「公眾史學」（public history），已經成爲不少博士的就業方向，所以大學的教育，包

括研究所階段的史學訓練，也不能不有所因應。實際上公眾對往昔的興趣和需求始終是存在的，近年大量的歷史劇出現，正是回應著大眾希望了解歷史的需求。要知道，史學可能是所有學科中最需要講故事也最適合於講故事的。我們的歷史著作寫出來不能讓老百姓喜歡，責任應該在歷史研究者本身。不少史學研究者對電視中的歷史劇的「失眞」表示不滿，有時甚至到挑剔的程度，我以爲大可不必。電視劇就是電視劇，你不能要求它像嚴肅的著作一樣精準；況且我們很多史學著作不僅沒有什麼「可讀性」，實在也並不怎麼精準。更重要的是，就像聞一多所說：「數千年來的祖宗，我們聽見過他們的名字；他們生平的梗概，我們彷彿也知道一點；但是他們的容貌、聲音，他們的性情、思想」等等，「我們全是茫然。我們要追念，追念的對象在哪裡？要仰慕，仰慕的目標是什麼？要崇拜，向誰施禮？」由於「看不見祖宗的肖像，便將夢魂中迷離恍惚的，捕風捉影，摹擬出來，聊當瞻拜的對象。」這是一個很重要的見解。一方面，往昔的追憶需要一個可知可見的具象，否則難以寄託；另一方面，很多時候我們仰慕和崇拜的憑藉其實只是一個想像的摹擬物。民眾本有這方面的需求，若歷史學者自己不能重建出接近原初狀態並且形神兼具的「祖宗肖像」，提供給老百姓去追念、仰慕、崇拜、甚或批判，反而去質疑歷史劇創作者的想像力，似乎有些本末倒置；何況那些原本就是藝術作品，所要發揮的正是「比興」方面的能力呀。

　　至於易中天等學者所從事的「歷史通俗化」的努力（我把「易中天」視爲一個現象，不必針對個人），我覺得也要以平常心看待。知識和學術本來就有普及和提高兩面，這是當年新文化運動時陳獨秀和胡適就爭論過的題目。一部分定位在「提高」的學術論著，恐怕就是只寫給少數專家看的，我自己的大部分作品就是

如此；另一部分意在「普及」的作品主要寫給公眾看，也是極為正常的。只要「普及者」守住「通俗化」的陣腳，把一些學院研究的見解以更加通俗的表述方式「普及」到非學院讀者範圍中去，不僅無可厚非，還應該鼓勵；若超出「普及」的程度，把「通俗化」理解為可以臆說甚至杜撰，恐怕就有些過限了。

現在的問題是，你所說的「易中天等學者」，是否願意接受他們所從事的是「歷史通俗化」的努力。我的印象好像至少其中一些人，堅持他們從事的根本就是嚴正的「學術」努力，而不是什麼「通俗化」。而且，網上流傳一篇〈勸君莫談陳寅恪〉，署名也是易中天。由於網路是虛擬的，所以我不敢肯定這是否確為易先生的作品。若真是，就不免有些缺乏包容的氣度，甚或有些托大（似乎他比別人更了解陳寅恪）。這也是目前大陸學界一個不小的問題，即一些未必被同行認可的學者卻在指點其他人怎樣做學問，而校園中的年輕人可能弄不清楚，反以為這些人的學問真不錯。我非常贊成而且鼓勵學術「普及」或「通俗化」的做法，但希望在大學教書而從事「普及」或「通俗化」的努力者坦承其所做就是如此，不必做著這樣的事又堅稱自己還在從事「提高」的努力。

關於你問題的最後部分，我想在當前兩岸的文化社會生活中，「歷史」可以發揮很重要的作用。我們已生活在一個空間意義與往昔大不相同的時代：一方面是同居一幢樓可能老死不相往來，另一方面是千里之外的異地之人卻常常見面聊天（不只是打電話或用e-mail聯絡而已）。今日社交圈子的變化頻仍已成常態，聚在一起吃飯喝茶的小社群幾年間可能大不相同。電腦的頻繁換代提示著人的「一代」似乎也日漸縮短，大學畢業班的學生與大一新生之間有時便似有「代溝」存在。在這樣一個隨時可能出現

大大小小新社群的時代，群體認同其實也在迅速轉變。很多時候，社交範圍的變化未必是個人主動的，有些交往是我們非常願意或努力追求的，也有不少時候我們確實面臨著要與不熟悉甚至不願意交往的人「共處」的局面。各種社會行為和社會群體之間不得不相互接觸和適應的社會過程，反映出了一個新的社會需求，那就是要「學會共處」。

我想，要避免魯迅所說的人人都「互相抱怨著過活」這一大家都極不愉快的狀態，特別需要對非我的「他人」（the other）予以更多的尊重。在這方面，史學的訓練有著特別的適應性。西人曾說「過去就是外國」，其實也可以說「過去就是他人」。据曾鞏的看法，古之所謂良史，「其智必足以通難知之意，其文必足以發難顯之情」；其方法即如蒙文通所說，必先於古代語言辭彙有所體會，方能辨識古人的思想。史學研究者長期致力於認識和理解異時代的「他人」和「他人之事」，同樣的取向完全可以轉用於共時性的環境之中。今後的社會變動可能還會更劇烈，嘗試學習與不習慣的社會行為「共處」，或與觀念不同的群體「共處」，恐怕是兩岸文化社會生活中不得不經之路，而長期與「他人」交往的史學可以提供很多借鑑。

王震邦：中正大學歷史學博士，曾在中正大學台灣人文研究中心作博士後研究，現任職玄奘大學，專研陳寅恪論學思想及清末民意傾向。曾任職聯合報系，從事採寫工作二十五年，多屬文化及兩岸事務。

天空已不再：
紀念蘇珊·桑塔格

貝嶺

　　1926年12月31日，流亡中的俄羅斯女詩人茨維塔耶娃[1]在她寄居的巴黎近郊貝爾德爾寓所，給剛剛過世的詩人里爾克[2]寫下了最後的一封信，一封他永遠也收不到的悼亡信，信是這樣開始的：「這一年是以你的去世作為結束嗎？是結束？是開端！你自身便是最新的一年。（親愛的，我知道，你讀我的信早於我給你寫信。）──萊納，我在哭泣，你從我的眼中湧瀉而出！」[3]

1　茨維塔耶娃（Marina Tsvetaeva, 1892-1941），俄國女詩人。18歲出版第一本詩集，19歲嫁給同輩詩人艾弗隆（Sergei Efron）。她歷經俄國共產主義革命的殘暴與動亂，1922年，她往捷克、巴黎過著流亡生活。茨維塔耶娃一家返國後，女兒、丈夫被捕。她面對暴政下生命的困厄，上吊自盡。

2　里爾克（1875-1926），德語詩人。著有詩集《給奧費斯的十四行詩》、《杜英諾悲歌》等。對19世紀末及20世紀西方詩歌以及歐洲頹廢派文學，有著深厚的影響。

3　《三詩人書簡》（*Letters: Summer 1926.* Boris Pasternak, Marina Tsvetayeva, Rainer Maria Rilke）此書的英譯本由桑塔格寫序。中譯節選本由北京中央編譯出版社出版（劉文飛譯）。

這一年是以妳的去世作為結束嗎？

2004年12月28日。

那一天我棲居臺北，孤處。那一天我心緒不寧，無由地，不，懷著未知的預感。那一天的天空陰沉，我在淡水河邊迷濛的夜風雨中。

第二天早晨，我打開電腦，上網，進入信箱，一封從美國發來的信件，我在瞬間被重擊：「貝嶺：你的朋友蘇珊‧桑塔格於今天，12月28日去世⋯⋯」

往事，猶如狂暴的大海。我被噩耗籠罩。你的生命，眾多的生命（兩天前，東南亞海嘯[4]以浩劫，將大片的死亡降臨）。深夜，我在記事本上寫下：「今晨，我被告知：蘇珊‧桑塔格走了。我震驚、難以置信，孤處並回憶。」

12月28日。為什麼是這一天？這一天也是我的生日。

她罹患血癌，她躺在西雅圖的醫院病床上已逾半年，她曾戰勝過不同的癌症，我以為，這次她也一定會的，可她，卻在這一天走了。

她是我真正的患難之交、我的恩人（2000年8月，她奔走呼籲，將我從北京的獄中救出）、文學和思想上的導師（這4年來，她對我的流亡生涯和寫作不遺餘力地提供幫助和指教）、如母親般不假辭色的嚴格要求者（我那時時的墮性、愚鈍和生命中的雜質）。

她走了，她確實走了。

我再也無法聽到她那感性、磁性，時而從容，時而匆忙的聲

4　2004年12月26日，印尼蘇門答臘島北部海底發生強烈地震，並引發了大海嘯，在東南亞地區造成巨大傷亡。

2000年9月貝嶺在蘇珊家。

音了。此時，那個曾經撥過無數次的電話號碼——仍然可以撥通——彷彿蘇珊猶在。

此刻，是在此刻。我才真正意識到，我再也不能去拜訪她、打電話給她，求教於她、求助於她。聆聽，和她討論、甚至爭辯，聽她脫口而出的：「Listen! Listen!」是的，我再也不能listen（聽著）了。

她捍衛文學的品質與趣味，嚴苛地審視流行，拒絕粗野和庸俗。她是性情中人，也是熱情之花。她睿智，美與智慧集於一身。她是人類經驗和人類精神永不疲倦的探索者，是直面國家黑暗、權力黑暗和人性黑暗的鬥士。她是真正的世界公民，她的介入超越國家、地域、文化、政治、意識型態和種族。

她是和疾病抗爭的真正勇士，她後半生和癌症奮戰，先是乳癌，後是子宮癌，最後是血癌。多少摧毀生命的病症，多少無法

想像的疼痛，她都獨自面對著，她都獨自面對了。她眞是堅強之人，她從不在我面前流露病痛之苦，從不談論自己的癌症。即使，我們見面時——她大病初癒，她也不談。她悲憫他人，她關愛世人。但是，難道她自己不需要他人的悲憫、安慰和關愛嗎？

也許，我不是她眞正的親人，也許，我是晚輩。

我痛悔，爲什麼等到她走了，才提筆去寫她。爲什麼等到她走了，才去讀她的那本新書。去讀她所有的書呢？

一生中，我抱憾終生的事情不只一椿，但最不可原諒的，就是在她患血癌之時，未能執意飛去西雅圖探望她。2004年10月，我得知她獲得瑞典皇家北極星勳章[5]，以表彰她在人類生活中傑出的精神貢獻。我寫信恭賀，卻收到蘇珊助理安妮的回覆：「蘇珊病得很重，無法給你回信，她罹患急性骨髓性血癌，在西雅圖醫院已治療6個月了，接下去……」。我震驚，一種不祥的預感，我即刻回信，期望能在10天後的臺灣之行途中，轉經西雅圖去探望她。可是，她在病床上囑託助理回信，給我熱情的問候。她勸阻了我，讓我放心，等著她康復，她說她不久就會回紐約的。她要我12月下旬從臺灣回來後，再去紐約和她見面。

遲鈍的我，竟被她一貫的樂觀和鬥志說服了。

我在哀悼。而哀悼也是追憶，具有多重意義的回憶。因爲有太多的追悔並置於記憶中。正如已逝的德希達[6]在紀念保羅‧德曼的悼文中所說：「喚起記憶即喚起責任」[7]。

5　瑞典皇家北極星勳章始於1700年，該獎專門授予爲增進瑞典與他國友誼做出傑出貢獻的外國人，由瑞典國王頒發。

6　雅克‧德希達（1930-2004），法國解構主義哲學家，是當代哲學界最具影響力的人物。他破壞普遍認同的哲學原則之基礎，駁斥哲學的方法和概念，使哲學與文學及其它書寫形式互文化。

　　此刻，這篇獻給她亡靈的文字，這篇生者緬懷逝者，追憶逝者在生者人生中給予的教誨，並將繼續教誨著生者的文字，是生者被喚醒的責任——按逝者生前對你的期望去做，讓逝者的精神在你身上再生。

　　取悅於她，一個偉大的心靈。

　　傲慢、生前不討多數人喜歡、卻也讓少數人熱愛的俄羅斯詩人布羅茨基[8]，曾謙遜地談起，自己用英文寫作，純粹是為了更親近20世紀最偉大的心靈——那位將他從暴政中營救出來的英國詩人奧登，是「討喜一個偉大的影子」（To please a shadow）。

　　而我所能做的，將是，也只能是：少些愧對——她那直言不諱的鞭策她那給予我的教誨。

一

我和她的緣分是命定的嗎？

　　1992年，最初的流亡歲月。在獲得了1萬美元的創刊贊助、一間居住和編務合一的房間、每個月200美元生活費的情形下，我和石濤開始籌創《傾向》文學人文雜誌。我冒昧地給她寫了第一封信，附上《傾向》創刊計劃，請她支持並名列刊物的編輯顧問。她很快回信，欣然應允。她在信中特別更正了我稱她為「作

（續）

7　保羅‧德曼（1919-1983），美國解構主義理論家。引自德希達著作中譯本《多義的記憶：為保羅‧德曼而作》（北京：中央編譯出版社，1999年，蔣梓驊譯）頁1，第6行。

8　布羅茨基（1940-1996），前蘇聯流亡詩人，1986年獲諾貝爾文學獎。出版有詩集《言辭片段》、《烏朗尼亞》，文集《悲傷與理智》、《文明的孩子》、《小於一》等。

家」（writer）和「批評家」（critic）的說法，而稱自己為「小說家」（fiction writer）和「散文家」[9]（essayist）。

我想，我們的交往就從這時開始。

隨後，因著讀到班雅明[10]作品的震撼，亦有感於中文世界對於班雅明所知甚少，我們決定在《傾向》創刊號上製作班雅明專輯，為此，由石濤經英文轉譯了班雅明的作品《單向街》[11]，同時，經蘇珊首肯，翻譯並全文刊發了她在為紀念班雅明而寫下的長文〈在土星的星象下〉[12]。這篇長文過去是、現在仍然是我理解班雅明，並從中汲取能量的最好摹本。而班雅明和他的作品，也成為我和桑塔格長年友誼中最重要的精神紐帶。

雖然我定時向她通報《傾向》各期的編目，但遲至1996年，她邀我去她家一敘，我們才第一次見面。

那是個春天的下午，我擔心自己的英文應付不了這初次的會面，故請了一位年輕的學者，現在哈佛大學任教的田曉菲小姐去

9　在英文中，essay是一種具有豐富內涵的特殊文體，在中文似沒有完全對應的譯名，一般被譯為散文、隨筆、雜文。我用「文論」、「思想性散文」，在桑塔格著作的譯者中，程巍譯為「論文」，陳耀成譯為「文章」。

10　班雅明（1892-1940），德國哲學家、文學家。1933年希特勒上台後，班雅明流亡法國，1940年德軍攻陷巴黎，他在逃亡途中，因不堪顛沛，於法、西邊界服毒自殺。

11　《單向街》（又譯《單行道》），最早的中譯節選是由石濤從英文轉譯的，首刊於《傾向》創刊號（1993年）〈本雅明專輯〉。德文中譯亦見《班雅明作品選》（台北：允晨出版社，2003，李士勛譯）。

12　〈在土星的星象下〉是蘇珊·桑塔格為英譯版《班雅明文選》寫的序，中譯最早刊於1993年《傾向》創刊號。此文亦收錄在蘇珊·桑塔格中譯文集《在土星的標誌下》（*Under the Sign of Saturn*, Farrar, Strauss and Giroux, 2002）（上海：上海譯文出版社，2006，姚君偉譯）。

助譯。我倆在曼哈頓下城紅線地鐵站拾級而上，一路對著地址，找到桑塔格位於切爾西區23街那棟岩石般凝重的大廈，門衛致電，允入，乘狹小的電梯直升而上，她黑衣黑褲，候在門前，她身材高大、熱情溫暖，有著先前從照片中看到的美。

這是我的「朝聖之行」嗎？那一年她63歲。

進入她那頗為寬敞的頂層公寓，沿廊的牆上掛著數十幅18世紀義大利建築家、藝術家皮拉內西[13]的鏡框版畫，醒目搶眼。她將我們引入用來會客的廚房，廚房盡頭有扇敞開的門，門外，有環繞著整個頂層公寓的超長弧形陽臺，氣派、視野遼闊。從陽臺上，既可以俯視陽光下閃爍著水光的哈德遜河，也可遙望映襯著高樓巨廈的曼哈頓天際。我們在長餐桌前坐下，她一邊煮著咖啡，一邊問我們介意不介意她抽煙。隨後，她為我們端上咖啡，坐下，下意識地將一條腿擱在另一張椅子上，點煙，喝著咖啡，座椅稍微後仰，她笑容燦然、急切地問著中國和我所做的一切，偶爾，透過繚繞的煙霧，她的目光對你犀利地一瞥，親切中帶著一種威懾。那次，我們談到她1973年去中國訪問的情形，她糾正了我以為她是在中國出生的印象，形容自己是「中國製造」，但出生於美國。她談起她強烈的中國情結、以及想再去中國的願望，談起她父親在中國天津過世的細節。我問她近年來的寫作及手頭正在做的事，她談到自己正在寫的長篇小說，談到她的劇本、文論、書評、短篇小說，這幾乎涵蓋了除詩以外所有的文學體裁。她知道我寫詩，她說她也寫詩，但不滿意，她對我說：「大概我寫作中唯一所缺的主要的文學形式是詩歌。我覺得我的詩不

---

13 皮拉內西（Giovanni Battista Piranesi, 1720-1778），義大利版畫家、
 建築家。桑塔格收藏其數十幅版畫。

夠好。」（對詩的絕高標準嗎？——此時，她透出不服輸的神情——故從未讓自己的詩作面世。）

在那一次會面時，她對《傾向》的理念和品質表示完全認同，她始終支持《傾向》這份雖處在流亡狀態、卻想在中國確立自身思想和文學關懷的中文刊物。同時，她也懷著更多的憂慮，注視著我那已經開始的，試圖回到祖國定居，試圖將這份刊物帶到中國去的努力。

她不斷地為我擔心，每次從中國返美，我總會打電話向她報平安，我習慣直呼她「蘇珊」，告訴她，我在祖國一次次「有驚有險」的遭遇。只要我去紐約，只要她在紐約，我們總會設法見面，她總是建議去紐約的中國城吃飯。然而，更多的時候，我寧願到她家裡去，一起喝咖啡交談，看她的藏書和畫，或倚在頂樓陽臺上遙看哈德遜河。

見面時，她打量我的氣色和神態，為我擔心，而我總是告訴她，中國已越來越容忍像我這樣的異類，容忍這份文學思想性刊物。如她在文章中所說：「當他帶著雜誌回到中國，在上海、北京的學生和文學圈子裡散發的時候，我總是擔憂。但是如同以前一樣，上一次我們在紐約聊天時，他向我保證這本雜誌的存在被中國當局所容忍，他不會有任何危險。……」[14]

不只一次，總是在下午，我和蘇珊坐在她家寓所廚房的長椅上，她倚著餐桌，一邊抽煙一邊和我侃侃而談，她旁引博證、滔滔不絕。她的淵博常常讓我跟不上她的思緒，她的淵博又使她能

14　〈向中國傳遞思想之罪〉（"The Crime of Carrying Ideas to China", *New York Times*, August 19, 2000），中譯見傾向出版社網站http://www.qingxiang.org/cl/clsontag331.htm。

夠聽懂我那辭不達意、連比帶劃、時態錯亂的「貝式」英語中想表達的深意。我總是提問、總想請教她我所不知道的，總想聽她談她熟悉、並有過深刻闡述的那些偉大作家，談班雅明、談羅蘭‧巴特，談俄羅斯詩歌和俄羅斯詩人阿赫瑪托娃[15]、茨維塔耶娃、曼傑利斯塔姆[16]，談她的摯友布羅茨基。當然，我也告訴她我讀了她的哪些書，問她前些年在前南斯拉夫地區的經歷，特別是在塞拉耶佛內戰炮火中執導貝克特[17]經典劇作《等待果陀》的情形。

她見解獨到、直截了當。對我而言，聽她談比她問我更重要，因為這是聆聽一位偉大作家表達見解的時刻。而她，又總是問我她想了解的。正如她在同一篇文章中所說：「我們認識的時候，貝嶺想談論羅蘭‧巴特和班雅明，以及有關我在塞拉耶佛的日子，而我則想談文學、電影和獨立表達在今日中國的可能性。」

她同意了《傾向》雜誌為她做專輯的要求，也定下了訪談的時間。

在《傾向》上多面向地介譯她和她的作品，這是一件大事。蘇珊親自為她的專輯選稿，我則照單全收。她提供了幾乎全部的

---

15 阿赫瑪托娃（Anna Andreevna Akhmatova, 1888-1966），俄國女詩人，被譽為「俄羅斯詩壇的月亮」。著有詩集《夜晚》、《念珠集》、《白雁群》及長詩《安魂曲》等。她歷經俄國共產主義革命的動亂與二次戰爭的殘酷。在蘇聯時期，阿赫瑪托娃的作品長期被禁。

16 曼傑利斯塔姆（Osip Mandelstam, 1891-1938），俄國詩人。出生於波蘭華沙，在彼得堡長大，1913年出版第一本詩集《石頭》，著有隨筆集《時代的喧囂》、《第四散文》等。1928年受被史達林政權流放西伯利亞。1937年回到莫斯科，隔年再度被補送至集中營，年底被處決。

17 貝克特（1906-1989），長居法國愛爾蘭劇作家，1969年獲諾貝爾文學獎。《等待果陀》為其經典劇作，另著有小說《馬洛伊》、《馬洛納之死》、《無名的人》等。

專輯文稿，包括她當時尚未完成的長篇小說《在美國》[18]的第一章〈零〉、她描述少女時代拜訪托瑪斯·曼[19]的回憶錄〈朝聖之行〉[20]、《疾病的隱喻》[21]和《論攝影》[22]中的選章、短篇小說〈我們現在的生活方式〉及《巴黎評論》上的那篇著名訪談。

二

蘇珊是個嚴苛認眞的人。我把訪談的提問傳眞給她，她讀後回覆我：「這些問題太淺顯，不夠水準」我只得再做功課，爲此，我請《傾向》的另一位編輯，在耶魯讀文學博士的楊小濱和我一起準備。

1997年8月的那個下午，小濱載著我，從離紐約市約兩個小時車程的康州耶魯大學開車直奔紐約蘇珊的家。爲了準時，我們一路沒少闖紅燈。蘇珊應門，小濱的一臉書生氣，讓蘇珊以爲來

18　《在美國》（*In America*, Farrar, Strauss and Giroux, 2000）是蘇珊·桑塔格生前出版的最後一部長篇小說，曾獲得2000年美國國家書卷獎。中譯《在美國》（台北：時報出版，，2005，何穎怡譯）。

19　托瑪斯·曼（1875-1955），德國小說家，著有長篇小說《布登勃魯克家族》、《魔山》等。1929年獲諾貝爾文學獎。因對法西斯主義及希特勒政權大加撻伐，而被開除國籍，流亡瑞士、美國等地。

20　〈朝聖之行〉（*Pilgrimage*）是關於托瑪斯·曼的回憶錄（"Pilgrimage" by Susan Sontag, *The New Yorker*, December 1987）中譯見《傾向》第10期（1997）。

21　中譯文集《疾病的隱喻》（*Illness as Metaphor and AIDS and Its Metaphors*, Doubleday Books, 1990）（台北：大田出版社，2000，刁筱華譯）、（上海：上海譯文出版社，2003，程巍譯）。

22　中譯文集《論攝影》（*On Photography*, Farrar, Strauss and Giroux, 2001）（台北：唐山出版社，1997，黃翰荻譯）（湖南：湖南美術出版社，1999，艾紅華、毛建雄譯）。

了個大四學生，她一邊爲我們準備咖啡，一邊說，這個夏天她留在紐約，是爲了專心寫作長篇小說《在美國》。一如以往，我們圍坐在廚房長桌上，我拿出錄音機，訪談隨即開始。

　　訪談是在蘇珊的雄辯、也是在我們的爭辯中完成的。我們涉及的內容廣泛，但聚焦於共同關心的問題：知識分子在歷史中的角色、對「先鋒派文學和先鋒派作家」的認知、傳統和創新的關係、所謂的後現代主義思潮、納粹政權、共產主義和資本主義對歐洲和中國究竟有些怎樣的歷史影響等等。最後，我們再回到老話題，關於她的寫作、關於班雅明和羅蘭·巴特，以及前些年被廣泛報道的她在塞拉耶佛內戰前線的日子。整個訪談中，她敏銳、直率、概念清晰，表達見解時一針見血。那天，圍繞著「知識分子」問題，我和她爭辯，力陳知識分子的異議精神，甚至搬出哈維爾[23]的事蹟和見解佐證。可她批評我過於美化了知識分子在20世紀的角色，她列舉知識分子在近代史上的種種蠢行和劣跡，告訴我：「大多數知識分子和大眾一樣，是隨大流的。在前蘇聯70年的統治中，大多數知識分子都是蘇維埃政權的支持者。或許最優秀的知識分子不是支持者，但那只是極少數。要不然怎麼會有作家協會、藝術家協會、音樂家協會之類的組織呢？甚至連詩人巴斯特納克[24]和作曲家蕭斯塔柯維奇[25]都曾爲那一政權背

23　哈維爾（1936- ），捷克劇作家與思想家。劇作《通知書》（1965）與《愈來愈難集中精神》（1968）曾獲得紐約外百老匯的奧比獎（OBIE）。他是捷克「七七憲章」運動發起人，1979年，被以「顛覆共和國罪」判刑入獄。1989年，導致捷克斯洛伐克共產黨政權下台的「天鵝絨革命」，他是靈魂人物。曾任捷克斯洛伐克聯邦共和國總統（1990-1992）、捷克共和國總統（1993-2003）。
24　巴斯特納克（1890-1960），俄羅斯詩人、作家。著有詩集《雲中的雙子星座》、長篇小說《齊瓦哥醫生》及回憶錄《安全證》等。

書。」她批評我：「你把知識分子和反對派活動劃等號，對知識
分子來說是過獎了。在上一世紀和這一即將結束的世紀，知識
分子支持了種族主義、帝國主義、階級和性別歧視等最卑鄙的思
想。甚至就連他們所支持的可能被我們認爲是進步的思想，在不
同的情形下也會起本質的變化。」[26]無疑，蘇珊嚴苛地審視著知
識分子在歷史中的所作所爲。她反應敏捷、思路清晰、觸類旁通。
我辯不過她，只能「聽訓」。

　　現在看來，是她說對了。

　　蘇珊絕對雄辯，甚至強勢。她痛斥那些站著說話不腰疼的懦
夫文人。所以，訪談裡才有那些尖銳的回答。她厭惡那些自稱爲
後現代主義的東西，也一一拆解那些後現代主義的理論把戲，她
認爲：「人們所說的『後現代』的東西，是虛無主義的。我們的
文化和政治有一種新的野蠻和粗俗，它對意義和眞理有著摧毀的
作用，而後現代主義就是授予這種野蠻和粗俗以合法身分的一種
思潮。他們說，世間根本沒有一種叫做意義和眞理的東西。顯然，
我對這一點是不同意的。……當我聽到所有這些以『後』字開頭

(續)───────────────

　　1958年獲諾貝爾文學獎，因蘇聯當局告以「若出國領獎將不能返國」
　　而婉拒受獎。
25　蕭斯塔柯維奇（1906-1975），前蘇聯作曲家。《列寧格勒第七交
　　響曲》曾被譽爲歌頌蘇聯英勇抗擊德國法西斯的偉大作品。然而在
　　史達林的肅清運動中，他的罪名一應俱全。在西方輿論看來，他是
　　史達林體制內的御用藝術家。直到1978年，美國出版了他的回憶
　　錄，才展現其複雜的內心世界。
26　原標題爲「與蘇珊‧桑塔格對話」，首刊於《傾向》第10期，後改
　　爲〈文學‧作家‧人──與蘇珊‧桑塔格對話〉，收錄於《蘇珊‧
　　桑塔格文選》（麥田出版社，2005）頁70-101。

的詞時，我問自己的第一個問題就是，人們是從甚麼時候開始，變得這麼喜歡用標新立異的方法來描述現實的呢？」[27]

後來，她曾更清楚地指出：「後現代主義一詞起源於建築。它有非常具體的意義。當後現代主義這個術語越過建築領域，在所有藝術中使用起來的時候，它便被濫用了。」[28]她這樣評價執意要以「先鋒派」自居的文學與作家：「他們充其量是一群無知的粗野文人。……所謂的先鋒派作家完全是可以被讀者理解的。也許他們把是否理解的問題與是否擁有眾多讀者的問題搞混了。實質問題在於：他們是否真正優秀？……越來越多的所謂先鋒派，不過是時尚文化、商業文化和廣告文化的一個分支。……我們不需要文學來顯示無知、野蠻，我們已經有電視在這樣做了。」[29]

她重申：「在我看來，『先鋒派』這個詞的用途，已遠遠超過了它所應有的範圍。這個詞意味著藝術是不斷進步的，就像一次軍事行動，其中一部分人先行動，最後其他人趕上來。可是，藝術不是不斷進步的，它不是那樣進行的，因此，我一點兒也不覺得自己跟先鋒派有甚麼關聯。我不把我寫的東西叫做先鋒派文學。我也不把當代產生的任何我敬佩的作家的作品稱做先鋒派作品。」[30]

對當代法國思想家布希亞[31]，她不假辭色、無情抨擊。對話

---

27 同註26。
28 引自〈反後現代主義及其他──蘇珊‧桑塔格訪談錄〉，收錄於《蘇珊‧桑塔格文選》，頁109，第3-10行。
29 同註26。
30 同註26。
31 布希亞（Jean Baudrillard, 1929-2007），法國社會學家和哲學家，

中，她犀利回駁布希亞對她的嘲諷，稱他爲：「當代最狡黠的虛
無主義思想家。他從未去過波士尼亞，也從未經歷過任何戰爭。
他對政治完全一無所知。除了他自己的那些惡毒的想像之外，他
對我在塞拉耶佛所做的一切一無所知。」

　　布希亞何等人物，他的刻薄和洞見在歐洲知識界誰人不知？
他以歐洲知識分子對美式文明及美國知識分子慣有的的輕篾，認
爲蘇珊在作秀、甚至以爲觸到了痛處。布希亞或許睿智，但他低
估了蘇珊的勇氣。蘇珊不是一個只在紙上用文字介入的文化名
人，而是一個在危險的環境、在災難的現場，甚至在槍林彈雨中
眞正出沒的文化戰士。那天的訪談中，小濱「哪壺不開提哪壺」
地一再引用布希亞對蘇珊陰冷的說法，引起蘇珊的憤怒，她重
申：「布希亞對我的攻擊中最惡毒之處，就是他全憑想像，說我
是『屈尊』，其實正是他流露出自己那種典型的歐洲人對東歐塞
拉耶佛人的『屈尊』態度。他猜想我準是覺得自己是在帶給塞拉
耶佛人一些他們過去不懂的東西。可是，就在一個沒電、沒水、
沒暖氣、沒食物，且每時每刻都在槍林彈雨下、有著生命危險的
這樣一個城市裡，在敵人的包圍下，卻有一個劇院。點著蠟燭的
小型劇院，是人們可得的少有的娛樂形式之一（當時沒有電視，
沒有夜生活，沒有體育活動，也不再有歌劇了。）貝克特在前南
斯拉夫是人人皆知的。他們之所以選擇《等待果陀》，原因是他
們熟悉這個劇目。……1993年夏天《等待果陀》的上演，絕不是
在匆忙中所做的一個姿態。我是在決定了要去塞拉耶佛住一段時

（續）───────────────────────
　　　對符碼、擬像及擬像物、消費社會等議題有諸多探討，也積極介入
　　　當代政治。主要著作的中譯本有《象徵交換與死亡》、《沉默大眾》、
　　　《物體系》、《消費社會》、《符號的政治經濟學批判》、《酷回
　　　憶》、《擬仿物與擬像》。

間（不是一天，也不是一週，有時候是好幾個月）以後，搞了好幾個不同的項目。《等待果陀》只是其中的一個。後來，我在塞拉耶佛出出進進有3年。」

當小濱試圖用「旁觀者」的觀感猜測她在塞拉耶佛的出出進進時，她譏誚地反詰：「旁觀者？哪兒冒出來的旁觀者？巴黎的小咖啡店裡冒出來的，還是麻州劍橋公寓裡冒出來的？假如去過塞拉耶佛，或去過任何一個人們在忍受著同樣痛苦的地方，就不會產生這種玩世不恭或天眞的問題。如果有人看到路上的行人摔倒了，並扶起他來，你會想到他們的關係是救世主和被救者的關係嗎？這種花裡忽哨的言辭，正是當今那種使人們猶疑於慷慨行爲的思潮的一部分。誰也不是救世主，也不是被救者。一個民族成爲不公正的犧牲品，你把自己的生命搭進去，以表示你是他們的同盟者。」

這是一場激盪思想的訪談。蘇珊的目光儡人，她的思維素質、她的思考所擲出的思想力量，令我迄今難忘。當然，我也領教了蘇珊的伶牙利齒，「一個好戰的唯美主義者」[32]式的伶牙利齒。

後來，我們又對問題做了補充，然後寄給蘇珊，她校訂了她的回答。這一訪談，在1997年的《傾向》第10期上全文刊發，同時，也在海外、臺灣和香港的報刊上刊出。中國重要的文化雜誌《天涯》，也在審查刪除了訪談中剖析專制控制對中國的影響等

---

32 參見桑塔格中譯文集《反對闡釋》（*Against Interpretation and other Essays*, Farrar, Strauss and Giroux, 2001）（上海：上海譯文出版社，2003，程巍譯）第355頁第17行。

敏感內容後，予以刊載。儘管如此，此訪談在中國思想界仍舊影響廣泛。

三

正如魯西迪[33]在撰文悼念桑塔格時所說：「她特別強調，迫切需要反對美國的文化偏狹和對外國作品和思想的漠視。她是其他國家的新作家和翻譯文學的非凡推廣者……」在某種意義上，蘇珊的去世標誌著美國文學和世界文學之間強韌紐帶的一次斷裂，在美國的文化生態中，似乎再也看不到像她那樣對世界其他語種文學如此關注、傾全力推介的文學大家了。

蘇珊也是一位全職的讀者和好書的引介者，如她在評論西班牙小說家塞萬提斯劃時代的偉大小說《堂・吉訶德》時所說：「作者首先是位讀者；一位狂暴的讀者；一位無賴的讀者；一位自認為能做得更好的魯莽讀者。」[34]

這是一條必經之路，一場青春的執狂，一種互為因果的命運循環。我也是一位文字的嗜讀者，經由過量的閱讀，才成為了一位作者和編者。我那無書的、精神和物質雙重貧瘠的少年時代，都市中的人們常拿讀過的內部報紙《參考消息》[35]來擦拭身體的

---

33 魯西迪（Salman Rushdie, 1947- ），英籍印度裔作家，1988年，因長篇小說《魔鬼詩篇》，遭伊斯蘭教什葉派領袖何梅尼（1900-1989）下達全球追殺令，歷經長達10年躲避追殺的隱居之後，現定居美國。

34 引自桑塔格中譯文集《重點所在》（*Where the Stress Falls*, Farrar, Strauss and Giroux, 2001）（上海：上海譯文出版社，2006，陶洁、黃燦然譯）第135頁。

35 《參考消息》為中國大陸的一份內部發行報紙，在文化大革命期間，是少數中國人獲得國外訊息的唯一來源，但僅限於政府官員及

排泄物（在那個時代，人們買不起衛生紙），印有「毛主席」、「共產黨」等相關字樣的報紙是不敢用來擦穢物的。我，一個「閱讀缺乏症」患者，因難以讀到書，只能狂熱地搜尋一切有字的紙張，而每天能偷讀到《參考消息》是我最大的狂喜，儘管上面所報導的國外消息都經過篩選甚至篡改，但畢竟是「天外」之訊，是眺望世界的唯一窗口。在她拜訪托瑪斯‧曼的那個年齡，我卻在荒蕪的樓群間，追逐隨風滾動的、沾有糞便的《參考消息》碎片或紙團，撿起來，展開，以無比的飢渴——貪婪地研讀。

蘇珊也是一位典型的紐約人，有著波西米亞人的瀟灑和行動型知識分子的率性。我們一起吃飯的時候，她偶爾會帶上位年輕的友人。在紐約，一文不名的年輕人大都自信且充滿活力，是這一城市真正的魅力所在。對自以為是個「人物」的名人，他們不太當回事。我發現，他們跟她在一起時並不拘謹，輕鬆地說話，甚至不時爭辯。他們不是她在大學或書店裡遇到的崇拜者，而是紐約城中非常有性格的年輕作家或藝術家。而我，也總是「擅自」引介年輕友人與她認識。有兩次，我逕帶友人去她家，她雖意外，但從未對我表示不滿。

不是那些依附於大學，勢利、裝腔作勢、營營於職稱或學術地位，從一個大學跳到另一個大學升爬的兩棲型作家。也不是那種大腹便便、行動遲緩、以教書、撰寫論文為生的詰屈聱牙型學者。蘇珊不是，她不是在大學圍牆內抨擊時弊的學院知識分子，她的志業不是教書授業。她說：「我目睹學術生涯毀掉了我這一代最好的作家。」[36]她矢志站在體制之外。30歲之後，她拒絕了

（續）────────────
　　公教人員才可訂閱。
36 引用〈虛構的藝術──蘇珊‧桑塔格訪談〉，刊於1995年的第137

多所大學請她回去當教授的邀請。在〈三十年之後〉[37]一文中，
她這樣回顧她的這一人生抉擇：「我一生中根本性的變化，是我
決意不以學究的身分來苟且此生，這可從我移居紐約的行為中體
現出來：我寧願在大學世界那誘人的、磚石建築包圍的安穩生活
之外另起爐灶。」

　　作為一個不受俸於大學、研究機構、報刊媒體的體制外自由
知識分子，她特立獨行，以文字為生、以天下為己任。她深知影
像、電視及大眾傳媒的影響力，也善用它。她拍電影、紀錄片，
也執導戲劇，近十多年來，她的文章被同時譯為不同的語言，在
許多國家的報刊上同步刊出，以求更廣大的影響力。

　　我們後來繼續探討過「自由知識分子」這一現象，我高度認
同蘇珊所說：「自由知識分子是瀕於滅絕的物種，在資本主義社
會裡，他們衰亡的速度不一定比在共產主義制度下慢多少。」[38]
我以我在中國及在歐美的經歷為證，她也認同我的看法：「自由
知識分子必須非常頑強，因為在體制外，他們孤絕，甚至生計艱
難，而流亡中的知識分子，則難上加難。必須更具鬥志，不屈不
撓。要置死地而後生。他們只有超越這一分工精細的世界給他們
帶來的逆境，才能在學者充斥的學院世界之外生存下來，才能有
真正的影響力。」

（續）───────

　　　期《巴黎評論》。中譯首刊於《傾向》第10期。亦可參見《蘇珊·
　　　桑塔格文選》，頁39-40。

37　《反對闡釋》頁354，第6-8行。

38　見〈在土星的星象下〉一文。中譯最早刊於1993年《傾向》創刊號。
　　　此文亦收錄在蘇珊·桑塔格中譯文集《在土星的標誌下》（*Under the
　　　Sign of Saturn,* Farrar, Strauss and Giroux, 2002）（上海譯文出版社，
　　　2006，姚君偉譯）。

如同里爾克的那句忠告：「有何勝利可言，挺住就是一切！」
而蘇珊，是這一族類真正的榜樣。

她是個性勝利的典範。在公眾場合出現時，她一身黑衣，甚
至身縞玄衣，典雅中不失新異，熱情中透著威嚴。她是少數在穿
著、談吐、品味、相貌上同時烙下鮮明個人印記的作家。我認識
或見識過不少文學天才、名文人、大學者、文化權貴，或自以為
是者（後三類曾被我稱之為「文化資產階級」，一次，當我用生
硬的英文說出cultural capitalism時，曾引得蘇珊大笑，然後建議
我用cultural bourgeoisie來描述），他們或許著述等身、才華洋溢、
談吐不俗，可他們的穿著與他們的文化趣味沒法交集，甚至乏善
可陳。他們的衣著毫無個性，無品味、泛眾化，已然是服裝全球
化的標誌。許多人身材臃腫，美感盡失。

而蘇珊是個特例，你不得不承認，你甚至不得不認，她或坐
或站，只要出現，引人注目而難以遁形。她舉手投足，一動一靜，
都是一個亮點，甚至成為焦點。

四

2000年初春，我從中國回波士頓小住。一天傍晚，我在哈佛
校園內蹓躂，留意著告示欄內的廣告，竟意外看到蘇珊將來哈佛
為她剛出版的長篇小說《在美國》做巡迴朗誦的大幅海報，我驚
喜，高興她終於完成了這部長篇小說。我注意到，海報中列出的
蘇珊簡歷上，除了小說家、批評家、導演之外，還有兩個讓我印
象深刻的頭銜：前美國筆會主席和人權工作者。哈佛是她的母
校，早年她在這裡讀過研究生，哈佛曾授予她榮譽博士學位。1985
年，她也在哈佛大學羅巴戲劇中心執導了米蘭‧昆德拉劇作《雅

克與他的主人》[39]的世界首演。這是一場溫馨的朗誦會，由哈佛大學研究生院為蘇珊主辦。那天，聽眾幾乎坐滿了大廳，女性似乎居多，一種舊地重逢般的親切，有些聽眾看起來與她年齡相仿（是她當年讀書時的同窗嗎？）。哈佛的學子、學者和它周邊的居民們，用迎她返家的方式，感受著她的這部小說。我坐在後面的角落，靜心聆聽她的朗誦。我有些內疚，因為我已很久未致電她了。多年來，我居無定所，像一個波西米亞人，先後在臺北、布拉格、柏林、巴黎、香港、廣州和北京間漂泊，彷彿有一種預感，需要提前揮霍掉我的自由。

蘇珊知道我常回中國，但並不清楚我的確切行蹤，更不會想到我會在這裡出現。她那天的穿戴令我「驚艷」，因為非常古典、考究，和我們在紐約見面時的黑衣黑褲完全兩樣。她著蘇格蘭呢裙裝，外披典雅的英式羊毛披肩，臉上薄施脂粉，具舞臺扮相。蘇珊唸著她的新書，朗誦抑揚頓挫，音調厚重低沉，其間穿插有腔有調的古英語，有聲有色。我聽懂了一些，好像是在描繪她小說中半虛構的女主角，那位移居美國的波蘭女演員瑪琳娜‧紮蘭斯卡（Marina Zalenska）的命運：「很顯然我不是做農民的料。你是嗎？瑪琳娜！你是實用主義者、永遠被束縛於耕耘和收穫嗎？……勞作真如俄國作家所說可以淨化靈魂嗎？原以為我們來尋找自由和自我陶冶，但卻陷入日復一日的農業勞動。……只有不停地移動才能得到這個國家所能給予的最大好處，就像打獵一樣。打獵不僅僅是娛樂，而是需要，不僅僅是實際的也是精神

---

39 《雅克與他的主人——向狄德羅致敬的三幕劇》是米蘭‧昆德拉（1929- ）唯一出版的劇作。該劇以雅克和他的主人為主軸，鋪陳三則情史。

的，是一種特殊的自由體驗。……」[40]

接著，蘇珊又唸起《在美國》結尾中那位遠離祖國前往倫敦的美國演員愛德溫・布思[41]的長篇獨白：「文字的天堂對我們意味著什麼？對美國意味著什麼？民主對於美好而高尚的藝術有何用？……天哪，我們所從事的職業多麼腐敗。我們自以為堅持美與真理，其實我們不過是在傳播虛榮和謊言。……我不喜歡喜劇結尾。一點也不喜歡。因為它們不存在。最後一幕應該是反高潮，如同生活一樣，你認為呢？……我十分厭惡空洞的重複。但我也討厭即興創作。演員不應該憑空『編造』。」[42]最後，是蘇珊那感性的聲音：「瑪琳娜坐下，凝視鏡子。她當然是因為太快樂而哭了……除非快樂的人生永不可得，而人類可以獲得的最高生命形式是英雄式的。快樂以多種形式出現；能夠為藝術而活，是一種榮幸，一種賜福。」[43]

抒情，但宿命般。朗誦嘎然而止。

終於，我明白了，蘇珊已全然進入角色，她的虛構，她的自畫像，她的心血，她這部寫了十多年的小說。此刻，她已化身為書中的女主角，那位19世紀末在美國的波蘭女演員。蘇珊的穿著，瑪琳娜的穿著。「每個婚姻，每個公社，都是失敗的烏托邦。烏托邦不是一種空間，而是一種時間，是那些使你不想身在別處的短暫時光。」[44]這一刻，這瑪琳娜的獨白，彷彿再現。

---

40 *In America*, p. 204. 明迪中譯。

41 愛德溫・布思（Edwin Booth, 1833-1893），19世紀美國最著名的戲劇演員。後因其弟刺殺了美國總統林肯，故移居英國演出舞臺劇。

42 *In America*, p. 376. 明迪中譯。

43 *In America*, p. 15. 明迪中譯。

44 *In America*, p. 144. 明迪中譯。

　　蘇珊不僅完成出了這部歷史小說，甚至，她經由小說中的人物、場景和時空，放逐著隱喻和象徵。

　　朗誦結束後，我在一旁等候，看著她為排隊買書的聽眾一一簽名，她與那些似是熟人的聽眾寒暄問候、和藹交談，我是一個旁聽生。等大部分的人都離去後，我走過去，出現在她面前，和她握手。她意外，才意識到我一直在場，她劈頭責問：「為什麼不跟我聯絡？什麼時候回來的？」看得出，她對我的出現非常高興，像是久無音訊的友人突然現身。我告訴她，我剛從北京回來，我已在北京租房定居。她問我在中國的一切，是否安全？我說，這一年，已沒有日夜「監護」我的「便衣」，我的感覺是更「自由」了。

　　閱讀，那是我和她冥冥之中延續交談的唯一方式，共同的星象，乃至氣質──憂鬱，使得我們相知。25年前，她寫下紀念班雅明的長文〈在土星的星象下〉，以心靈感應，用精準、細膩的筆觸，幾乎是白描，勾勒出一位偉大文人的影像：「在他的大多數照片裏，班雅明右手托腮向下望著。我見過的最早的一張攝於1927年，他那時35歲，烏黑鬈曲的頭髮壓住前額，飽滿的嘴唇上一抹小鬍子，年輕甚至很漂亮。他低著頭，罩在上衣裡的肩膀聳在耳際。他的拇指托住下顎，彎曲的食指和中指夾著香煙，擋住了他的下巴。他從眼鏡後面向照片的左下角望著，目光柔和，一個近視者白日夢般的凝視。」

　　蘇珊在文中對班雅明傾注了最深的理解。那次訪談中，我問起那篇長文，將她寫下的這一段用中文唸給她聽，讓她傾聽中文的語感，她感嘆著承認：「我是在把散文的寫法推到其極限，因為我實在是想寫小說。大概也就是在那個時候，我認識到我所能寫的最好的散文已經寫完了，可是我還沒有把我所能寫的最好的

小說寫出來呢。」也正是在那次訪談中，她坦誠告白：〈在土星的星象下〉「是意指憂鬱情緒的，指他的、也指我的憂鬱型氣質。」然後，她感慨地說：「我所有的作品都置於憂傷……土星的標誌下。」，雖然她「期望不是永遠如此」。

她是真正的前衛，她貢獻思想、觀念、審美，乃至趣味。她甚至不經意中引領了品味和時尚。她有著探究者沈於發現的好奇心。是的，作為一個經典意義上的知識分子。無疑，她的美學觀使她毫不妥協地反對浪漫和多愁善感。但她感情豐富，她的文字，偶也難免善感多愁。可她節制，她為這一世界上所有已失或易逝的精神和偉大生命深情哀挽。她將豐富的感性轉化為深刻的剖析，她的憂慮，因著她與生俱來的熱情而成就為一種偉大的情感。

然而，直到癌症再次降臨，直到死亡逼進，她都在土星的星象下。她那揪心的擔憂，她那無倦的悲憫。她那深深的，對於這個世界（惡咄咄逼人的世界）永恆的憂慮。

五

那次訪談中，我問她想不想再訪中國，她的回答令我動容：「我當然希望再次去中國。但是，只應在我覺得中國之行對我自己從精神上或人生上，或對其他人，如對被流放在國外的中國人有利的情況下成行。否則我是不會去的。比如我覺得我應該理解的東西，我的中國之行應該幫助我理解得更好，等等。我不想僅作為一個旅遊者去中國。那對我來說是不道德的。」

我後來才發現，蘇珊一生重諾，重道德承諾，對世人，對自己，也對我。

　　這之後，我開始說服她，讓我來籌劃她的中國之行，甚至建議她再訪臺灣。她認同我的意見，以一個藝術家的身分完全自主地再訪中國。蘇珊甚至願意，在北大那樣的大學教一個學期的書，用更多的時間了解中國。

　　我們開始討論她再訪中國的路線及要見到的人和事物。我建議蘇珊至少用一個月的時間重訪中國，我參照她早年寫的〈中國旅行的計畫〉[45]中的夢幻願景設計她的旅行路線。我期望她能看到真正的民間社會、聽到異端的聲音、觸及充滿生命力的藝術文化，看看在全面引進了資本主義式的經濟型態後，整個中國的畸形變化。而她，則是關心此行能對中國的社會和文化發展、對我這些年來的文學和思想性工作有什麼幫助。

　　依她所願，我們應在香港會合，她可在已回歸中國的香港逗留些時日。我想引荐譯過她不少作品的詩人黃燦然給她，她可以和梁文道、張隆溪、董橋、馬家輝等學者文人座談，可以乘船去南丫島感受本土香港、去藝穗會[46]酒吧聽詩朗誦，看香港「進念·二十面體」劇團[47]推出的年度劇作。

　　之後，就像她二十多年前那樣，「越過橫跨在香港與中國之間深圳河上的羅湖橋」，從羅湖海關進入中國的深圳，經由這個新生的城市，坐火車到廣州，在廣州火車站，可目睹人海般的外

45　〈中國旅行的計畫〉（Project For a Trip to China），參見桑塔格短篇小說集《我等之輩》（I, etcetera）（台北：探索文化出版，1999）。

46　「藝穗會」為香港藝術團體，位於香港的市中心中環地區。於1983年12月開始用於香港藝穗節活動，1987年起，正式成為藝術創作及文化交流專用場地。

47　「進念·二十面體」，為香港藝術劇團。1982年成立，已推出原創劇場作品超過100齣，曾獲邀至歐、亞、美等地三十多個城市進行交流演出，是香港的國際級實驗劇團。

省民工。隨後，可去看廣州現代舞團的現代舞、參訪廣州藝術家
的工作室。接下來，蘇珊可乘約需二十多個小時的京廣線特快列
車，由車窗細看從南到北的中國大地，想像她父母親當年在中國
居住和旅行的情景。

　　我希望她能在2000年10月前後，秋天——這最好的季節——
成行。中國有無盡的苦難，也有很多充滿創意、活力、生命力的
事物。中國的知識分子、異議人士、作家、藝術家們期待她的到
來。在北京，我可以爲她安排更多「離經叛道」的活動，可前往
信訪站[48]接觸上訪民眾，去被強迫拆遷的舊城胡同和市民交談，
和異議知識分子探討中國的政治和社會問題。去圓明園廢墟，走
北大後門一條街，在「雕刻時光」咖啡館看地下紀錄片，同時和
民間的紀錄片製片人、電影導演、作家「侃大山」，走訪北京通
州的藝術家村落，到萬聖書店、風入松書店、三聯書店覽書，逛
齊家園舊貨市場，看不能公演的被禁電影，和京城的藝術策展
人、攝影家、文化人在三里屯酒吧一條街聚會，還有後海的清末
民居四合院、琉璃廠、雍和宮、國子監、北海、德勝門、紫禁城
前門宣武門古觀象臺大柵欄，老舍茶館、京戲、河北梆子，突發
性的行爲藝術和現代藝術展，安排在中國社科院、北大、清華和
學者們對話及演講等。蘇珊以極大的興趣傾聽我預設的這些行
程，並唸著：「時間！時間！時間！我該怎樣排出時間。」

　　我確信，蘇珊的重訪能對二十多年來中國發生的變化，對專
制統治和資本主義經濟已融爲一體的中國社會，有深入的觀察和

48　信訪站是中國政府設立的特別機構，各地民眾在地方上的冤情，可
　　在信訪站向中央政府的信訪站辦公人員陳述並請求調查。

剖析，甚至，對中國的社會改革和異議知識分子的可能作為，給予建設性的意見。

　　我知道蘇珊在1970年代初曾去過臺灣，也在臺大外文系作過專題講演，可那時的臺灣還是威權下的「戒嚴」時代。她曾和我談起侯孝賢，她對侯孝賢電影中一個個靜態長鏡頭下慢節奏的鄉土臺灣印象深刻，她執迷著於《悲情城市》、《戀戀風塵》、《戲夢人生》等電影中的懸念，那種真實、寫實般的質感生活。她激賞侯孝賢電影中獨有的固定攝影機視角、縱深構圖，以及由此呈現的內在蘊力。而我，深被侯孝賢電影中由小窺大的宏觀視野，精心打磨的細緻所吸引，驚嘆他1990年代電影中那種令人窒息、悠久、啄人的靜。

　　蘇珊對楊德昌的電影完全入迷。2000年秋天，楊德昌執導的電影《一一》正在紐約公演，她真是著迷，我們見面時，她興致勃勃地告訴我（但願我沒記錯！），她幾天內連看了四遍《一一》，她說楊德昌的導演技巧和電影語言使她傾倒，建議我一定要去看。為此，我去看了《一一》，我承認《一一》確實不凡，也造就楊德昌特有的電影風格，它以極專業的電影分鏡頭手法敘事，將故事一段一段地單獨展開，而精準無比的交叉剪輯手法又將每一段故事有機地結合，同時適度地使用電影中最常用的蒙太奇，使故事平行交錯，以強烈的空間感和揪人的緊湊，讓故事情節明晰清楚地凸顯出來，形成一種立體並置發生的視覺效果。但我認為，《一一》的風格、節奏和技法太像日本電影。我理解，她如此忘我地一看再看，因為蘇珊執導過多部電影，內行是看門道的。

　　看盡天下的好電影，是她一生從未衰竭的嗜好。她對20世紀的經典影片、對電影這一偉大藝術的起源、流派、風格、技巧如數家珍般地熟悉。她是我見過的、在電影這一行當上最博學的

人。假如可能，她可以每天看兩場好電影——如同閱盡天下的好書。蘇珊說過一段讓我難忘的話：「一本書的定義，是它值得再讀一次。而我只要讀我還會再讀的書。」[49]我以爲，這段話完全可以挪用到她對電影的認知上：一部電影的定義是它值得再看一次，而我只要看我還會再看的電影。

可惜，我是外行，我完全不懂電影，不懂執導電影的技巧，我不敢和蘇珊往下深談。

2002年，當時的臺北市文化局局長龍應台請我代邀蘇珊訪問臺灣，我們曾設想過蘇珊可能的訪臺行程。我告訴蘇珊，是爲了了解中華文化和本土臺灣源遠流長、相互影響的近代歷史，再訪臺灣是值得的。她可實地感受臺灣被撕裂的統獨意識型態，觀「雲門舞集」在國家劇院的季節公演，去牯嶺街看小劇場劇作，夜訪誠品敦南店，在光點影院看臺灣電影，和侯孝賢、楊德昌在官邸沙龍談電影，去牯嶺街看小劇場劇作。她可和龍應台擺龍門陣，去永康街和文人墨客沽酒小聚，與施淑李昂、朱天文朱天心相對論小說，會陳映眞、陳芳明、南方朔、李敏勇，傾聽完全南轅北轍的臺灣文化史觀，甚至，奔宜蘭看黃春明排歌仔戲、訪臺南臺灣國家文學館、下花蓮高雄領略東南臺灣的風光。

我也建議蘇珊儘量少住外國人寄生的豪華酒店，甚至可住臺北國際藝術村、鄉間的民宿，或普通的市區旅館，我說那樣可體驗眞正的本地生活，她欣然認同。

---

49 引自〈虛構的藝術──蘇珊‧桑塔格訪談〉。可參見《蘇珊‧桑塔格文選》，頁68，第1至第2行。類似的見解亦可參見《重點所在》，頁317。

　　後來，我出事並被遣送出境，我知道我做她嚮導的中國之行已暫無可能，但我仍舊建議蘇珊去中國。我告訴她：中國之行的一切都已籌備好了，沿途都有希望見到你的友人們安排接待，我在美國仍可協助落實一切。我每說一次，每一次，蘇珊都堅定地謝絕，她說她理解我的想法，但她選擇和我站在一起，她一次次地向我重申那個不僅是基於情誼，而且是基於道德的理由：「如果中國政府不讓你回去，我就不會去中國，什麼時候你能回中國了，我再去。」

　　但是，我一直在說服她，一直確信——當今中國的政治、社會和文化變化中，需要她親身觀察後的思考，她應該再去中國。知識分子、藝術家和作家期待著她的到來。在那裡，有一些重要的位置需要她的加入。

　　直到2001年末，那針對美國的911恐怖襲擊發生後，我才暫時放棄這一勸說。

貝嶺：詩人、評論家、文學編輯。2000年夏天，因出版文學刊物在北京入獄，在桑塔格、米沃什、鈞特・葛拉斯、葛蒂瑪、亞瑟・米勒與謝默斯・希尼等國際作家營救下，由中美兩國政府協議，出獄赴美。

托洛茨基與野蘭花：
我的自述[*]

羅逖（Richard Rorty）
單德興譯

　　哲學家羅逖（Richard Rorty, 1931-2007）去世，寰宇各
界多有評論紀念的文字。本刊由於截稿時間緊迫，未能
及時邀約專稿。幸而編委單德興先生曾在前次羅逖來台
訪問時，在《中外文學》259期（1993年12月）客串編輯
「羅逖專輯」；其中由單先生迻譯的〈托洛茨基與野蘭
花：我的自述〉一文，堪稱對於羅逖其人及其思想最為
親近而簡明真實的呈現。經商得單先生以及《中外文學》
的同意，本刊重新刊登這篇文章，並由單先生撰文，説
明13年前羅逖訪台的緣由、旁及他的個人印象，供讀者
參考玩味。——編者

---

[*] 本文原名"Trotsky and the Wild Orchids"，收錄於《野蘭花與托洛茨基：
來自美國大學的訊息》（*Wild Orchids and Trotsky: Messages from
American Universities*, Ed. Mark Edmundson 〔New York: Penguin,
1993〕, pp. 31-50），獲作者授權中譯，刊登於《中外文學》22卷7期（1993
年12月），頁12-28。

最佳的知識立場（intellectual position）就是與左右兩派維持等距——如果此說屬實，那麼我的表現甚佳。保守的文化戰士經常提到我，說我屬於那些主張相對主義的、非理性的、解構的、嘲諷的、嬉皮笑臉的知識分子，而這些人的作品正在削弱年輕人的道德質地。柯索迪（Neal Kozody）在以警示道德衰微病徵聞名的自由世界委員會的月報上撰文，斥責我「玩世不恭、虛無的觀點」，並說，「對羅逖而言，美國學生只是愚蠢無知還不夠；他更要積極動員他們走向愚蠢無知。」懷疑「無神論者會是美國好公民」的神學家紐豪思（Richard Neuhaus）說，我所提倡的「反諷者的語彙（ironist vocabulary）既不能爲民主政治的公民提供一種公共語言，又不能知性地對抗民主政治的敵人，也不能把支持民主政治的理由傳遞給下一代。」而我對於布倫《美國心靈的封閉》（Allan Bloom, *The Closing of the American Mind*）一書的批評，也使得晚近被布希總統任命爲美國國家人文委員會委員的曼思菲爾德（Harvey Mansfield）說，我已經「放棄了美國」，並說我「甚至連杜威都要貶抑」（曼思菲爾德晚近曾把杜威描述成一個「中型的惡人」）。

然而，從左派立場發言的渥林（Sheldon Wolin）卻看到我和布倫有許多相似之處：他說，我們兩人都是知識界的勢利之徒，只關心自己所屬的有閒的、有文化教養的菁英分子，對於黑人或美國社會摒棄一旁的其他團體都不置一詞。英國首要的馬克思派思想家伊格敦（Terry Eagleton）回應渥林的看法說，「在羅逖的理想社會裡，知識分子將是『反諷者』（ironists），對自己的信仰抱持著一種恰如其分的漫不經心的、置身事外的態度，但對於一般群眾來說，那種自我反諷（self-ironizing）或許是顛覆性太強的武器了，所以群眾將繼續向國旗致敬，而且，嚴肅看待生命。」德國

《明鏡雜誌》說，我「嘗試使雅痞的退化看起來像是好的。」德希達在美國的首要門徒之一卡樂（Jonathan Culler）說，我對於實用主義（pragmatism）的看法「似乎完全適合雷根時代。」柏恩斯坦（Richard Bernstein）說，我的看法「無異於舊式冷戰時期自由主義的意識型態的辯詞，只不過套上了流行的『後現代』論述。」左派最喜歡加在我身上的字眼就是「自足自滿」（complacent），右派則最喜歡說我「不負責任」（irresponsible）。

左派的敵視部分可由下列事實來解釋：大多數像我一樣那麼推崇尼采、海德格和德希達的人——這些人不是把自己歸類為「後現代主義者」，就是（像我一樣）發覺自己不由分說地被人如此歸類——參與了亞德禮（Jonathan Yardley）所謂的「競說美國壞話」（America Sucks Sweepstakes）。參與這個事件的人競相以更精妙、更尖酸刻薄的方式來描繪美國。他們把我們的國家視為體現了富有的後啟蒙時代西方所出現的一切毛病；他們把我們視為生活在傅柯所稱的「規訓的社會」——由一種「自由派的個人主義」的奇異氣氛所主宰的社會，此社會產生了種族歧視、性別歧視、消費主義以及共和黨總統。相反地，我對美國的看法和惠特曼（Walt Whitman）、杜威很相似，把美國視為開向不可限量的民主遠景。我認為我們的國家儘管在過去和現在存在著暴戾和罪惡，儘管繼續願意推選笨伯和壞蛋高居要職，卻依然是到目前為止所創造的最好的一種社會。在左派的眼中，在「政治正確」方面所犯的錯誤莫此為甚。

右派的敵視大抵可用下列事實來解釋：右派思想家認為只**偏好**民主社會是不夠的，還得相信民主社會是客觀的善（Objectively Good），相信這類社會的典章制度都奠基於理性的第一原則（Rational First Principles）。尤其是像我這類教哲學的人，人們期

盼你告訴年輕人說，他們的社會不只是目前為止所設計出的較好的社會之一，而且是體現真理和理性的社會。拒說這類事情就被認為是「違反行規」——背棄了職業和道德責任。我自己的哲學觀點——我和尼采、杜威所共有的觀點——不容許我這麼說。「客觀的價值」和「客觀的真理」這類觀念對我用處不大。我認為所謂的「後現代主義者」對於傳統哲學有關「理性」說法的批評，大多正確。因此，我的哲學觀點觸犯右派的程度，正如我的政治偏好觸犯了左派。

被激怒的雙方有時告訴我說，我的看法古怪得不值一提。他們懷疑：只要能引人注意，任何事我都說得出口；懷疑我是藉著跟所有人唱反調來自娛。這種說法很傷人。因此，下文中我試著談談自己如何到達現有的立場——我如何進入哲學，然後發現無法運用哲學來達到我原本內心想要達到的目的。也許這小小的自傳能澄清：即使我對於哲學和政治的關係之觀點古怪，但我採取這些觀點的理由卻非不值一提。

我12歲時，父母親書架上最醒目的就是兩本用紅皮包裝的書：《為托洛茨基辯護》（*The Case of Leon Trotsky*）和《無罪》（*Not Guilty*）。這些是杜威調查委員會對莫斯科審判的報告。我讀這兩本書時，從未像讀克拉夫特—埃賓的《性精神變態》（Richard von Krafft-Ebing, *Psychopathia Sexualis*）那樣全神貫注，但我心目中的這兩本書卻類似其他小孩心目中的家用聖經：這些書散發著救贖的真理和道德的光輝。我對自己說，如果我真是個「好」男孩，就不只該讀杜威委員會的報告，也該讀托洛茨基的《俄國革命史》——此書我多次翻閱，卻從未能終卷。因為在1940年代，俄國革命和爾後史達林的背叛革命，對我來說就像400年

前早熟的路德教派小信徒眼中的道成肉身以及天主教徒對此教理的背叛。

我父親差點伴隨杜威到墨西哥擔任杜威主持的調查團的公關人員。1932年我父母親和美國共產黨決裂後，遭到《每日工人報》歸為「托派」，而他們多少也接受了這種說法。1940年托洛茨基遇刺時，他的一位秘書法蘭克（John Frank）希望格別烏不會想到要來我們居住的德拉瓦河畔的遙遠小村莊找他。法蘭克以化名在我們平溪村的家中作客數月。我被警告不許透露他的真實身分，即使我懷疑我的小學同學中有誰會對我一些不慎洩密之處感興趣。

我在成長過程中知道，所有的高尚人士如果不是托派，至少是社會主義者。我也知道史達林不但對托洛茨基發出了暗殺令，也對基洛夫（Kirov）、埃爾里希（Ehrlich）、歐特（Alter）和崔思卡（Carlo Tresca）發出了暗殺令（在紐約街頭遭到刺殺的崔思卡曾是我家的朋友）。我知道窮人總是會被壓迫，直到資本主義被推翻為止。在我12歲那年冬天為人義務跑腿，從父母親工作的地方——格拉姆西公園旁的工人防衛聯盟（Worker's Defense League）的辦公室——帶著新聞稿經過街角到湯瑪斯的家（Norman Thomas，社會主義黨的總統候選人）以及第125街藍多夫（A. Phillip Randolph）的火車搬運工人工會的辦公室。在地鐵上，我閱讀自己攜帶的那些報紙。它們告訴我許多有關工廠老闆對工會組織人員、地主對佃農、白人火車司機工會對黑人蒸汽機車助手的所作所為（由於柴油引擎逐漸取代燒煤的蒸汽引擎，所以白人現在想要那些工作）。因此，12歲時，我就知道為人之要，乃在盡其一生與社會不義奮戰。

但是我也有一己的、古怪的、勢利的、無法傳達的興趣。我

早年的這些興趣是在西藏。我曾送給剛登基的達賴喇嘛一項禮物，並奉上對於同屬8歲大的出名小孩的溫暖祝賀之意。幾年之後，父母親開始把他們的時間分配在紐約藝術家和文人匯集的雀兒喜大飯店和紐澤西州西北山區，我這些興趣就轉移到了蘭花。在那些山區有40種左右的野蘭花，而我終於發現了17種。野蘭花並不尋常，很難尋獲。我是周遭唯一知道這些野蘭花的生長地點、拉丁學名、開花時節的人，並以此十分自豪。當我在紐約時，會到第42街的公共圖書館重讀一本19世紀有關美國東部蘭花的植物學的書。

我不很確定爲什麼那些蘭花如此重要，但我相信它們很重要。我確信我們高貴的、純種的、貞潔的北美野蘭花在道德上勝過在花店展示的那些招搖的、雜種的熱帶蘭。我也相信，蘭花是在進化過程中最晚近、最複雜的植物這項事實具有深意。現在回想起來，我懷疑這當中包含了許多已經昇華的性意識（蘭花是一種惡名昭彰的性感之花），而且我想知道所有關於蘭花知識的這種欲望，和我想了解《性精神變態》那本書中所有艱澀字眼的欲望相關。

然而，我不安地覺知，這種玄想——這種對於社會無用的花朵的興趣——有些可疑。我是個聰明、傲慢、孤僻的獨子，因此有很多空閒時間，我讀了《享樂主義者馬力阿斯》(*Marius the Epicurean*)的片段，也讀了馬克思派對於沛德(Walter Pater)美學思想的批評的片段。我害怕我所哨的《文學與革命》的作者托洛茨基會不贊許我對蘭花的興趣。

15歲時，我逃離了經常在中學操場痛揍我的那些惡棍（當時我認定一旦資本主義被推翻，那些惡棍總也會消逝），轉赴芝加哥大學所稱的哈欽思學院("Hutchins College"，這個機構因爲李

伯林[A. J. Liebling]把它說成是「自兒童十字軍[Childrens' Crusade]以來最大的青少年精神病患的聚集」而永遠留在人們的記憶中）。如果說我內心有任何計畫的話，那就是要調和托洛茨基與蘭花。我要找到某種知識的或美學的架構，能讓我「在單一視境中掌握真實與正義」("hold reality and justice in a single vision")──這是我在葉慈的作品中偶爾發現的令人驚撼的詞句。所謂「真實」，我多少意味著華滋華斯式的時刻，在平溪村周圍的森林中（尤其是面對著某些珊瑚根莖蘭和更小的黃色歐洲杓蘭時），我感覺某種神奇的東西、某種具有無法磨滅的重要性的事情、某種**真正地**真實的東西觸動了我。所謂「正義」，我意味著湯瑪斯和托洛茨基兩人所代表的──使弱者從強者的凌虐下解放。我要找到一種方式，能既是知識上、精神上的勢利之徒，也是全人類的朋友──既是孤僻的隱士，也是正義的鬥士。我當時很困惑，但有充分理由確信在芝加哥會找到成人如何達到我內心目標的訣竅。

我於1946年到芝加哥時，發覺哈欽思和他的朋友艾德勒（Mortimer Adler）、麥克奇昂[1]已經把芝加哥大學籠罩在一股新亞里斯多德派的神秘氣氛中。他們最常嘲笑的對象就是杜威的實用主義。那個實用主義是我父母親的朋友胡克（Sidney Hook）的哲學，也是其他大多數放棄了辯證唯物論的紐約知識分子的非正式哲學。

但是根據哈欽思和艾德勒的說法，實用主義是庸俗的、「相

1　Richard McKeon，也就是波西格《禪與摩托車維修藝術》（Robert M. Pirsig, *Zen and the Art of Motorcycle Maintenance*，譯按：即《萬里任禪遊》）一書中的惡人。

對主義的」、自我矛盾的。他們一再指出，杜威沒有絕對的主張。
杜威「成長本身是唯一的道德目的」的說法，會讓人沒有成長的
判準，因而無法駁斥希特勒的說法：德國在他的統治下「成長」
了。能發揮作用的就是真理——這種說法把探求真理化約成了探
求權力。只有訴諸某種永恆的、絕對的、美好的事物——如聖多
瑪斯的神或亞里斯多德所描述的人類的本性——才能讓人回應
納粹，證明選擇社會的民主政治、棄絕法西斯主義是正確的。

　　這種對於穩定的絕對（stable absolutes）的探求，是新多瑪斯
派和施特勞斯（Leo Strauss）所共有的——施特勞斯吸引了芝加哥
大學裡最好的學生，包括我的同班同學布倫在內。芝加哥大學的
教師中點綴著一些學問大得驚人的教授，這些人為了逃避希特勒
而來到美國，其中以施特勞斯最受敬重。他們似乎全都同意，需
要比杜威更深邃、更有分量的東西，才能解釋為什麼寧死也不願
成為納粹分子。對年方15歲的我而言，這些聽起來很受用。因為
這些道德的和哲學的絕對，聽來有點像我所喜愛的蘭花——神
秘、幽渺，唯有少數得天獨厚的人才知道。進一步說，因為杜威
是我成長環境中所有人的英雄，所以恥笑杜威是表現青少年叛逆
的一種方便的形式。唯一的問題就是：這種恥笑應該採取宗教的
或哲學的形式，以及如何把它與為社會正義奮鬥結合。

　　就像在芝加哥大學的許多同班同學一樣，我能背誦許多艾略
特的詩文。艾略特主張唯有具有使命感的基督徒（也許只有英國
天主教徒）才能克服對一己執念的不健康執著，而以適當的謙遜
來服務同屬人類的芸芸大眾。這種主張吸引了我。但是在誦念總
懺悔文（General Confession）時，我的自尊使我無法相信這種說
法，而逐漸放棄走向宗教的笨拙嘗試。因此，我就投靠絕對主義
式的哲學。

　　我在15歲那年夏天讀遍柏拉圖的作品，並使自己相信蘇格拉底是對的——美德就是知識。那種宣稱對我來說很中聽，因為我懷疑自己的道德性格，懷疑自己唯一的才華可能只是在知識方面。此外，蘇格拉底**非對不可**，因為只有那時才能在單一視境中掌握真實和正義。只有在蘇格拉底是對的情況下，才能希望既像最好的基督徒一樣善良（就像《卡拉馬助夫兄弟》裡的阿留莎[Alyosha]，我當時——甚至到現在——依然拿不定主意是該羨慕他還是輕視他），也像施特勞斯和他的學生一樣博學、聰明。因此我決定主修哲學。我心裡盤算，如果我成為哲學家，也許可以達到柏拉圖的「分界線」的頂端——在那個「超越假設」的地方，真理的陽光映照著智者和善者的純淨靈魂：一個點綴著超凡脫俗的蘭花的樂土。當時在我看來，顯然任何有頭腦的人都真正想要到達那種境界。同樣清楚的是，柏拉圖主義具有宗教的一切好處，卻不需要基督教所要求的謙遜，而那種謙遜是我顯然做不到的。

　　為了所有這些理由，我很想要成為某種的柏拉圖主義者。我從15歲到20歲全力以赴，但並未成功。我從未能推想出柏拉圖式哲學家的目標是在於達到提供無懈可擊的論辯能力——這種論辯能力使他能說服所遇到的每個人來接受他所相信的（這是伊凡·卡拉馬助夫專長的事物）——還是在於一種無法傳達的、一己的幸福（伊凡的兄弟阿留莎似乎擁有這種事物）。第一個目標就是獲致能說服他人的全然的論辯能力——比方說，有能力說服那些惡棍不該揍人，或有能力說服富有的資本家必須把他們的權力讓給合作的、平等的全體國民。第二個目標就是進入一種所有的懷疑都已止息的境界，而不再希望論辯。這兩個目標看起來都很

好，但我不知如何兜攏它們。

在我擔心柏拉圖主義之內──以及杜威所稱的「追求確定」（the quest for certainty）的任何形式之內──的這種緊張狀態的同時，我也擔心著一個熟悉的問題：是否可能在任何重要議題的任何可爭辯的立場中，達到一個非循環性的證明。我讀的哲學家愈多，似乎就愈清楚看出他們中的每一位都能把自己的觀點帶回到第一原則，而他們這些第一原則和對手的第一原則是無法並容的，也看出他們中沒有一位能達到那種「超越假設」的寓言般境界。似乎並沒有中立的立足點可以評估這些非此即彼的第一原則。但是，如果沒有這種立足點，那麼整個「理性確定」（rational certainty）的觀念，以及整個蘇格拉底─柏拉圖式以理性取代感性的觀念，似乎就沒有多大意義了。

終於，我決定哲學真理的考驗在於整體的和諧，而不在於從普遍承認的真理獲致的演繹性，因而不再擔心這些循環論辯。但這幫助不大。因為和諧一事就是避免矛盾，而聖多瑪斯的忠告──「遇到矛盾時就加以區別」──使得這事做來很容易。就我當時所見，哲學才華一事大抵是盡其所需地衍生區別，以掙脫辯證困境。更通俗的說法就是，當你陷入這種困境時，就以哲學才華來重新描述鄰近的知識領域，致使對手所用的術語看來似乎無關宏旨、左右其辭或索然無味。結果我發現自己具有這種重新描述的本領。然而，發展這種技術會不會使我具有智慧或美德，我卻愈來愈不確定。

自從那個初始的幻滅之後（幻滅的高潮是在我離開芝加哥到耶魯攻讀哲學博士學位），我已經花了40年的時間尋找一個和諧、具說服力的方式來明確陳述我的憂慮：哲學到底有何益處？我的起點是發現了黑格爾的《精神現象學》。根據我的讀法，那

本書說的是：即使哲學只是以較前一位哲學家更高明的方式來重新描述，但理性的手段甚至在這種競爭也用得上。它能以此為更自由、更美好、更公平的社會編織出觀念結構。如果哲學在最好的情況下只能是黑格爾所稱的「在思想中掌握其時代」(its time held in thought)，但那可能也夠了。因為藉著如此來掌握一個人的時間，也許可能做到馬克思所要做到的事——改變世界。因此，即使沒有像柏拉圖意義中的「了解世界」(understanding the world)這回事——從時間和歷史之外的一個位置來了解——我的才華和哲學研究也許仍然有社會的功用。

在我讀過黑格爾之後有很長一段時間，一直認為我所屬的人類最偉大的兩項成就便是《精神現象學》和《追憶似水年華》——後者在我離開平溪村時取代了野蘭花的地位。普魯斯特能把知識的勢利和社會的勢利氣息編織入貢布雷周圍的山楂樹，他祖母無私的愛，奧黛特對斯萬、絮比安對夏呂斯如蘭花般的擁抱，以及他遭逢的所有其他事物——恰如其分地描寫這一切，而不覺得需要藉助宗教信仰或哲學理論來把它們捆綁到一塊——這在我看來似乎和黑格爾的能力一樣驚人(黑格爾能把自己接連投入經驗主義、希臘悲劇、斯多亞學派、基督教、牛頓物理學，而在離開前一項之後又能立刻急切地投入另一個完全不同的事物)。就是這種黑格爾和普魯斯特所共有的對於時間性的投注(commitment to temporality)——在他們的作品中特別反柏拉圖的成分——看來是如此的美妙。他們兩人似乎都能把自己遭遇的每件事編織入一個敘事，既不問那個敘事是否有道德教訓，也不問由永恆的角度來看那個敘事的面貌如何。

年輕的黑格爾願意停止探尋永恆，而只做自己的時代之

子——在我斷定這是對柏拉圖的幻滅之適當反應後20年左右，我發現自己被帶回到杜威。如今在我看來，杜威這位哲學家學會了黑格爾所要教導（有關如何來迴避確定和永恆）的一切，同時藉著嚴肅看待達爾文而使自己對於泛神論免疫。重新發現杜威恰好與我第一次遭遇德希達同時（後者多虧我在普林斯頓的同事艾瑞克[Jonathan Arac]的引介）。德希達帶領我回到海德格，而杜威、維根斯坦和海德格對於笛卡兒思想的批判彼此相似之處令我驚訝。突然，所有事情開始聚攏。我認為我看到了一條路來結合對笛卡兒傳統的批判以及傅柯、哈金（Ian Hacking）、麥金太爾（Alasdair MacIntyre）之流類似黑格爾式的歷史主義。我認為我能把這一切，納入類似海德格式對於柏拉圖主義中的緊張狀態的說法。

這個小小頓悟的結果就是《哲學和自然之鏡》（1979）。這本書雖然不為大多數同行的哲學教授所喜歡，卻在非哲學家之間得到相當的好評，給了我前所未有的自信。但是，《哲學和自然之鏡》對於我青少年時期的野心作用不大。它所處理的課題——心—身的問題、語言哲學中有關真理與意義的爭論、孔恩的科學哲學——距離托洛茨基和蘭花都很遙遠。我與杜威言歸於好；我發表我自己歷史主義式的反柏拉圖思想；我終於想出現在分析哲學中一些活動的方向和價值。我整理出自己閱讀過的大多數哲學家。但是，我並沒有談到最初使我開始閱讀哲學家的那些問題中的任何一個。我並未更接近30年前我到大學想要獲得的那種單一視境。

在試著思索什麼地方出了差錯時，我逐漸斷定，要在單一視境中掌握真實和正義這整個觀念是錯誤的——正是由於對這種視境的追求，使得柏拉圖誤入歧途。更精確地說，我斷定只有宗

教——只有一種對於代理父母（surrogate parent，此種人不像任何
真正的父母，居然能平衡地體現愛、權柄和正義）的不涉爭議的
信仰——才能做到柏拉圖所要做的事。既然我無法想像自己信仰
宗教，而實際上也愈來愈俗不可耐，我斷定，藉著成為哲學家來
達到單一視境的這個希望是自欺的無神論者的出路。所以我決定
試著寫一本書討論：如果放棄柏拉圖式在單一視境中掌握真實和
正義的嘗試，那麼知識生活又會是什麼模樣？

那本書——《偶然、反諷和休戚與共》（1989）——主張，不
需要把個人心目中類似托洛茨基的事物和個人心目中類似我的
野蘭花的事物編織在一塊。相反地，把個人對別人的責任連接上
自己全心全意所喜愛的稀奇古怪的事或人（或者，如果你喜歡的
話，自己執迷的事或人）——這種誘惑應該放棄。在某些幸運兒
身上，這兩者會碰巧結合——就像對基督徒來說，對神的愛和對
其他人類的愛是不可分的；或對托派來說，他們只會被正義的想
法所打動。但是二者未必要結合，也不該太努力嘗試把二者編織
到一塊。因此，比方說，當沙特斥責康德自欺的尋求確定時，在
我看來是對的；但當他斥責普魯斯特是個沒用的資產階級廢物，
認為普魯斯特的人生和寫作與唯一真正重要的事（推翻資本主義
的奮鬥）同樣無關時，在我看來是錯的。

其實，普魯斯特的人生和作品與那種奮鬥無關。但用那個理
由來輕視普魯斯特是愚蠢的，其牛頭不對馬嘴，就像薩佛納羅拉
（Savonarola）輕視自己稱為「浮華玩物」的藝術品一樣。這種沙
特式或薩佛納羅拉式的一意孤行，是對於心靈純淨的探求——試
圖意想單一事物——走了味。這種嘗試把自己視為更巨大事物
（偉大的運動、理性、善、神聖）的化身，而不接受自己的有限。
後者的意義之一就是接受這個事實：對你最重要的事可能對大多

數人而言意義並不那麼重大。你有相似於我的蘭花之類的事物，可能在其他人看來只是古怪、只是個人的癖好。但那並不是理由讓你羞於、貶低、試著拋棄你的華滋華斯式的時刻、愛人、家庭、寵物、最喜歡的詩行、奇怪的宗教信仰。普遍性並沒有什麼神聖之處，使得共有的事物自然優於非共有的事物。你能使所有人同意的事物（普遍性）未必就自然優於你無法使人同意的事物（個別性）。

這意味著：你對別人負有義務（不欺負人，加入他們推翻暴君，解衣推食）的這個事實，並不表示你與別人共有的事物就比其他事物來得重要。因此，我在《偶然》一書中論證：當你知覺到這種道德義務時，你和別人共有的不是「理性」、「人性」、「上帝的父性」、「道德律的知識」或其他事物，而是同情他人痛苦的能力。沒有特殊的理由去期盼你對那種痛苦的敏感，以及你個人的私好，能擺入一個整體的宏偉說法中並適得其所（這個宏偉的說法能解釋萬事萬物如何和諧一致）。簡言之，希望獲得我到大學時所希望獲得的那種單一視境，實在沒有大太的道理。

有關我如何到達目前所持的觀點就說到這裡。前面說過，大多數人發現這些觀點可憎。我的《偶然》一書得到一些好評，但惡評的數量遠多於此，它們批評此書無足輕重、混淆不清、不負責任。左右兩派對我批評的要點，和1930、1940年代多瑪斯學派、施特勞斯學派、馬克思學派對杜威的批評很相似。杜威當時的想法和我現在一樣，認為在我們對痛苦中的人所感受的道德責任感的背後，並沒有什麼比某個偶然的歷史現象更巨大、恆久、可靠的事物——而這種道德感的逐漸擴大，就是不管別人是否跟自己一樣屬於相同的家庭、部族、宗教、民族／國家或才智，他們的

痛苦都是關係重大的。杜威認爲，這種觀念無法被科學、宗教或哲學證明爲眞——至少如果「證明爲眞」意味著「不管任何人的背景如何，都能明顯看出。」這只能讓那些及時接受教化而進入我們自己特定的、晚近的、歷史偶然性的生活形式的人們明顯看出。

隨著這個杜威式說法而來的，就是把人類視爲他們的時空之子，其可塑性沒有任何重大的形上學或生理學的限制。這意味著道德責任感與制約有關，而不是與見識有關。這也意味著把見識（在任何領域中，不管是物理學或倫理學）視爲瞥見存在於人類需要和欲望之外的事物，這種觀念是無法使之和諧一致的。就像威廉・詹姆士所說的：「人類這種蛇的蹤跡遍佈一切。」更精確地說，我們的良心和美學品味同屬我們成長的文化環境的產物。我們這類高雅的、自由主義的、人道的人（代表了我和我的評論者所屬的道德社會），比起我們所奮戰的惡棍來說，只是更幸運，而不是更有見識。

這種觀點經常被斥爲「文化相對主義」（cultural relativism）。但是，如果相對主義意味著每個道德觀跟其他道德觀都一樣好，這種觀點就不是相對主義。我堅信，**我們的**道德觀比任何與之相競的道德觀都好得多，即使有很多人你將永遠無法使他們轉而接受我們的道德觀。一種（錯誤的）說法是：在我們和納粹分子之間沒什麼好選擇的。另一種（正確的）說法是：沒有一個中立的、共同的基礎，能讓一個哲學的納粹分子和我據此以爭辯出我們之間的差異。那個納粹分子和我，將永遠攻擊對方是在重要問題上左右其詞、兜圈子。

蘇格拉底和柏拉圖主張，如果我們夠努力的話，應該發現有些信仰爲**每個人**直覺發現是可取的，而且其中又有些道德信仰，

當其意涵被清楚實現時，會使得我們不但具有知識，又具有美德。對於像站在施特勞斯同一邊的布倫和站在馬克思同一邊的伊格敦之類的思想家而言，**必須**有這種信仰——這種堅定不移的軸心，來決定下列問題的答案：「哪個道德的或政治的選擇是**客觀地**成立？」而對於像我這樣的杜威式實用主義者而言，歷史和人類學都足以顯示並沒有堅定不移的軸心，尋求客觀性只不過是盡可能地達到互爲主體性的同意（intersubjective agreement）。

自從我上大學以來——或者說，自從黑格爾上神學院以來——哲學上有關客觀性與互爲主體性之辯改變不大。今天我們哲學家談論「道德語言」而不談「道德經驗」，談論「脈絡的指涉理論」而不談「主體與客體之間的關係」。但這只是表面上的泡沫。我之所以轉離在芝加哥所吸收的有關反杜威的觀點，其原因和杜威轉離在二十來歲時所擁抱的福音派基督教及新黑格爾派泛神論的原因很相似，和當初帶領黑格爾轉離康德的理由也很相似（黑格爾斷定神和道德律必須時間化、歷史化才能相信）。我認爲自己和20歲時相比，儘管這40年間我讀書、辯論，但對於我們需要「絕對」的辯論則未必具有更多的見識。這些書和辯論，只不過是讓我以更具體的方式向不同的讀者明白說出我對柏拉圖的幻滅——我相信，哲學在面對納粹和其他惡棍時沒有幫助。

目前美國正在進行著兩場文化戰爭。第一場就是我的同事杭特（James Davison Hunter）在他那本包羅廣泛、資料豐富的《文化戰爭：定義美國之爭》（*Culture Wars: The Struggle to Define America*）一書中所詳細描繪的。這場戰爭事關重大，它將決定我

們的國家是否繼續遵循權利法案、南方重建修正案[2]、政府無償贈與土地的大學的興建、婦女投票權、新政、「布朗控告教育委員會案」[3]、社區大學的興建、金恩的民權運動、女性主義運動、同性戀權利運動所定下的軌跡。遵循此軌跡，意味著美國將繼續作爲增進容忍和平等的楷模。但此軌跡只有在美國人的平均實質所得繼續提高的情況下才有可能維持。因此，可能在1973年便開始結束了：這不但結束了提升經濟的期盼，也結束了從新政所冒現的政治共識。美國政治的未來，可能也只是一連串對於霍頓污點[4]逐漸俗麗、逐漸成功的變調。劉易士的《這裡不能發生》(It Can't Happen Here) 可能成爲逐漸受人稱道的描述。我跟杭特不一樣，在這第一種的文化戰爭中——杭特所稱的「進步派」(progressivist)與「正統派」(orthodox)之間的戰爭——並不覺得需要對雙方保持公正嚴明的態度。在我看來，認爲把同性戀者趕出軍隊就能提升傳統家庭價值的「正統派」，和1933年投票支持希特勒的人，是同樣誠實、高雅、受騙、悲慘。在我看來，「進步派」定義了我所關切的唯一的美國。

　　第二場文化戰爭就是在像《批評探索》(Critical Inquiry)、《雜膾》(Salmagundi)這類定價高、流通量低的雜誌上所進行的戰爭。交戰的雙方，一方把現代的自由主義社會視爲有著致命的缺點(這些人被輕易地以「後現代主義者」一詞概括)，另一方(包

　2　譯按：美國內戰後禁止奴隸制度和賦予黑人平等權利的憲法修正案。

　3　譯按：Brown v. Board of Education, 聯邦最高法院要求黑人學童與白人學童合校的裁決。

　4　譯按：1988年美國總統大選時，共和黨攻擊民主黨候選人因寬貸黑人霍頓(Willie Horton)以致他再犯下強暴罪行.

括像我這樣典型的左派民主黨教授）則把我們的社會視爲有幸的話，可藉著其中的科技和民主制度合力促進平等、減低痛苦。這場戰爭不是很重要。儘管保守派專欄作家故做驚慌地看到，有個很大的共犯結構（其中包含後現代主義者和實用主義者），要把人文學科政治化並使年輕人腐化，但這場戰爭只不過是杭特所稱的「進步主義者」階層內的一個小小爭辯。

站在「後現代主義者」這一邊的人傾向於認同杭士基（Noam Chomsky）的看法，把美國視爲由腐敗的菁英分子所經營管理的國家，目標在於藉著剝削第三世界來富裕自己。從那個角度來看，我們的國家與其說是有落入法西斯主義的危險，不如說我們的國家一向是個準法西斯式的國家。這些人的典型看法是：除非我們能擺脫「人文主義」、「自由主義的個人主義」、「科技主義」，否則一切都不會改變。像我這樣的人看來，這些主義都沒錯，而啓蒙時代以來的政治傳承和道德傳承也沒錯──啓蒙時代的最小公分母包括小密爾和馬克思、托洛茨基和惠特曼、詹姆斯和哈維爾。典型的情況是，我們杜威派對美國之愛甚至到了濫情的地步──願意承認美國在任何時刻都可能落入法西斯主義，但對其過去感到自豪，對其未來審愼樂觀。

在這第二場小的、高品味的文化戰爭中，大多數我方人士有鑑於中歐和東歐的國有化企業與中央計畫經濟的歷史，已經放棄了社會主義。我們願意承認，福利國家的資本主義是我們所能希望的最好的了。我們中大多數原先在成長過程中是托派，現在卻不得不承認過去70年來列寧和托洛茨基對人類是禍害多於利益，而被列寧擠到一旁的倒楣的社會民主分子克倫斯基（A. F. Kerensky）則遭到不公的評斷。但我們自認依然忠於社會主義運動中一切良好的事物。然而，另一方人士依然堅持，除非有某種

全面的革命，否則沒有事情會改變。自認是後馬克思主義者的後現代主義者依然要保持某種心靈的純淨，而這種純淨是當初列寧唯恐聽多了貝多芬的音樂後可能會喪失的。

在那場重要戰爭中的正統派和那場不重要戰爭中的後現代主義派的眼中，我都是不可靠的——因為我認為正統派在哲學上是錯誤的，在政治上是危險的；後現代主義派在哲學上是正確的，但在政治上卻是愚蠢的。與正統派和後現代主義派不同的是，我認為不太能藉由發現哲學家的政治觀或其與政治無關，而來判斷他對於真理、客觀性、單一視境的可能性等看法的價值。因此，我不認為杜威是位熱切的社會民主黨員這個事實，就有利於他的實用主義的真理觀，也不認為海德格是個納粹分子這個事實，就不利於他對柏拉圖客觀性觀點的批評，也不認為德希達最具影響力的美國盟友德·曼（Paul de Man）年輕時寫了幾篇反猶太人的文章這個事實，就不利於德希達對語言意義的觀點。藉著指涉一位作者的政治效用（political utility）而能評估其哲學觀點——這種想法在我看來是糟糕的柏拉圖—施特勞斯式觀念的翻版，他們認為除非哲學家成為國王或國王成為哲學家，否則我們就不能有正義。

正統派和後現代主義派，都依然要在人們的政治和他們對巨大的理論（神學的、形上學的、認識論的、後設哲學的）議題之間建立起緊密的關係。一些後現代主義者起初把我對德希達的熱好，視為我在政治上必然站在他們那一邊，後來發現我的政治觀很像韓福瑞（Hubert Humphrey），而認定我背叛了他們。正統派傾向於認為像後現代主義派和我這種人，既不相信神也不相信任何合適的替代者，一定覺得一切事都被允許、一切人都可為所欲為。所以他們告訴我們說，當我們在提出自己的道德觀或政治觀

時，不是前後矛盾就是自我欺騙。

我把我的批評者中這些幾乎一致的意見，視爲顯示了大多數的人──即使許多據說已經解放的後現代主義者──依然像是渴盼我15歲時所想要的東西：在單一視境中掌握眞實和正義。更精確地說，他們要把自己的道德責任感和政治責任感，結合上對於我們命運的終極決定物的掌握。他們要把愛、權柄、正義視爲在事物本性、人類靈魂、語言結構或**某個地方**的深處結合。他們要某種的保證，保證他們的知識明辨或美學敏感，以及這些明辨或敏感有時所提供的那些特別的驚喜時刻，與他們的道德信念有著某種關聯。他們依然認爲，美德和知識是以某種方式連接的──認爲在哲學事物上的正確對於正確行動來說是重要的。

我並不主張**沒有**這種關聯，也不主張哲學在社會上無用。如果沒有柏拉圖，基督徒會更難推銷他們的觀念：神眞正要求於我們的是博愛。如果沒有康德，19世紀會將更難調和基督教倫理與達爾文對人類遺傳的說法。如果沒有達爾文，惠特曼和杜威會更難使美國人擺脫他們是神之選民的信仰，讓他們開始自立。如果沒有杜威和胡克，1930年代美國知識界的左派分子會像法國和拉丁美洲一樣，被馬克思分子所蠱惑。觀念的確具有結果。

但是，「觀念具有結果」這個事實，並不意味我們哲學家、我們這些觀念專家，就處於關鍵的地位。我們並不是在這裡提供一些原則、基礎、深刻的理論式診斷或一個綜合的視境。別人問我（唉，我經常被人問起）：你認爲當代哲學的「任務」或「重責大任」是什麼？我張口結舌。我頂多結結巴巴地說，我們哲學教授是對某一個知識傳統有一點熟悉的人，就像化學家有點熟悉把不同物質混在一塊會有什麼結果。我們能根據自己對於過去實驗結果所知提供一些忠告：當你試著綜合或分開某些觀念時會有什

麼結果。藉此也許可以幫助你在思想中掌握自己的時代。但是，
如果你要肯定自己全心全意所愛的事物是宇宙結構的中心，或你
的道德責任感是「理性的、客觀的」，而不「只是」你被教養的
結果，那就不該來找我們這種人。

19世紀美國實用主義者皮爾思（C. S. Peirce）指出，「每個角
落都有哲學的廉價成衣銷售店」提供那種肯定；現在情況依然如
此。但那是有代價的。其代價就是不得不背離思想史，背離米蘭・
昆德拉所稱的「迷人的想像領域，在那裡無人擁有真理，每人都
有權利被了解……小說的智慧。」你要冒著喪失有限感和容忍的
危險——這些有限感和容忍來自了解存在過許許多多的綜合式
視境，而自己在其中選擇時，論辯卻幫不上什麼忙。儘管我相當
早就對柏拉圖主義幻滅了，但我很高興那些年都花在閱讀哲學書
上。因為我學到的某件事情，現在看來依然很重要：懷疑原先引
導我閱讀那些書的這種知識上的勢利之心。如果我沒有閱讀那些
書籍，可能就從未能停止尋找德希達所稱的「在遊戲範圍之外一
個全然的現存」（a full presence beyond the reach of play），停止尋
找一個光明耀眼的綜合式視境。

現在我很確定，尋找那種現存和那種視境是個餿主意。主要
的麻煩在於你可能會成功地找到，而你的成功也許會讓你想像，
除了同屬人類所具有的容忍和高尚之外，你還有其他東西可以依
賴。杜威夢想中的民主社會裡沒有人那麼想像。那個社會裡的每
個人都認為：真正重要的是人類的休戚與共（human solidarity），
而不是知道某些不只屬於人類的事物。這種充分民主、充分世俗
的社會，現已真正逐漸接近，在我看來這是我們人類最偉大的成
就。相形之下，甚至黑格爾和普魯思特的書都是可有可無、如蘭

花般的額外之物了。

羅逖（1931-2007）：美國哲學家，長期任教於普林斯頓大學哲學系；後轉任維吉尼亞大學人文學教授，又轉任史丹佛大學比較文學教授。羅逖著作浩繁，文筆流暢犀利，影響廣及當代思想的多個方面。他也是一位重要的公共知識分子，繼承了父母輩的二次戰前美國激進主義精神，在美國當代政治論述中有一定的代表性。

羅遜訪台始末：
一個思想傳播的個案記述

單德興

　　接到羅遜病逝的消息時，我正在哈佛大學短期研究，距離初識羅遜和初訪哈佛剛好15年。本期《思想》重刊的〈托洛茨基與野蘭花：我的自述〉一文，原是配合1994年1月羅遜唯一一次訪問台灣時所翻譯、出版的。

　　初次聆聽羅遜發表〈托洛茨基與野蘭花〉，是在1992年的達特茅斯學院，當時「批評與理論學院」正在此地舉行為期6週的年度夏令營（現已移至康乃爾大學），禮聘名師帶領學員研習。我參加的是錢博思（Ross Chambers）的文化研究組，其他3組的導師羅遜、賽菊克（Eve Sedgwick）和格林布雷特（Stephen Greenblatt）分別是哲學、酷兒理論和新歷史主義的大師。主要活動除了分組課程，就是演講，除了四位導師之外，另請名師短期停留兩週（如解構批評家米樂〔J. Hillis Miller〕）或專程發表演講。面對來自海內外不同領域的名師、年輕學者和研究生——其中不乏自視甚高或力求表現之人——演講者的壓力甚大，即使名人也不免怯場，其中一位甚至差點臨陣脫逃，遭到營主任李法帖（Michael Riffaterre）在演講前的介紹中當眾爆料，好不尷尬。

　　這些演講者中令人印象最深刻的就是羅遜，光是〈托洛茨基與野蘭花：我的自述〉這個題目就引人好奇——這兩者究竟有什麼關

203 ෴

係？羅逖為何選擇在這個場合講這個題目？其他演講者主要是理論的探討或文本的解讀，有時相當迂迴、深奧，羅逖則現身說法，披露自己的學思歷程，宛如以個人的生平為文本，解讀並說明為何會成為今日的自己，「如何抵達現有的立場」。他神色自若，聲音宏亮，聽眾則個個聚精會神，專心聆聽，不時報以掌聲或笑聲。演講中他提到能背誦不少艾略特的詩文時，還當場背了一長段，令人訝異於他的文學素養與驚人的記憶力（他晚年於史丹佛大學擔任哲學與比較文學榮譽教授）。回想在「批評與理論學院」的那段時光，記憶最深的卻是他那場「充滿人性」的演講。而他左派的家庭背景以及從小就對政治、正義的關懷與介入，讓我體認到他的確有「本錢」批評當時熱衷於探討學術政治的風潮，因為在他看來，這些多屬學院中的言論，並未涉及更廣大、切身的人與事。雖然我不是他那組的學員，但也趁研習之便與他會面，邀請訪問台灣，他也欣然同意，於是我返台之後便積極連繫。

為了發揮學術交流與思想傳播的最大效益，我透過中研院歐美所為當時擔任維吉尼亞大學人文講座教授的他，申請到「國科會邀請講席」，安排行程，並與《中外文學》接洽出版專輯事宜，獲得總編輯廖咸浩大力支持。由於羅逖心胸開闊，涉獵甚廣，影響不限於單一學門，我請他挑選個人較具代表性且接近《中外文學》性質的作品（特別指名要〈托洛茨基與野蘭花〉），並為專輯撰寫序言，引介各文及說明彼此的相關性，也邀約國內學者撰寫相關論文。這些文章由咸浩找人翻譯，我為了「偷懶」，把理論性的文章推給其他人（大都是後起之秀的博士生），自己選擇了印象深刻、敘事性較強的〈托〉文和羅逖的專輯序言，在期限前交稿，以為了了一件差事。沒想到咸浩為了慎重起見，要我校訂所有譯稿，於是只得破例熬夜一字一句對照原文校訂，過程雖然辛苦，但更體會到羅逖涉獵

之廣闊、關懷之深切、文字之精準、立論之嚴謹。有趣的是，從譯文中不僅可以看出譯者對內容的了解及中、英文駕馭能力，連個性、才華也都無所遁形，這種「譯如其人」的領會是我始料未及的收穫。

專輯中唯一的國內學者論文就是何春蕤的〈與解構對話：羅逖的實用主義策略〉，其他全為譯文，除了我譯的〈序言〉和〈托〉文之外，依序為邱彥彬譯的〈實用主義對理性與文化的觀點〉、蔡秀枝譯的〈女性主義與實用主義〉、蕭立君譯的〈解構〉和卓世盟譯的〈評艾可〉，前面並刊出「羅逖教授訪華學術活動行程」，羅智成設計的封面採用了羅逖的照片。1993年12月專輯出版，次年1月初他來訪時，我親往接機，當面奉上並拍照留念。

羅逖的學術成就非我能輕易置喙，但我與他接觸的最深感受卻是像〈托洛茨基與野蘭花〉那樣「充滿人性」的一面。羅逖不苟言笑，與人對話時神情專注、肅穆，容易讓人感覺有些距離，但我在連絡過程中發現，他其實外冷內熱，這點由他在往返信件中署名"Dick"便透露出。更讓人貼心的是，以這麼一位大師級學者的身分地位，非但不擺架子，不提條件，反而對我的建議或轉達的請求全力配合，從未拒絕。最明顯的例子就是，在確定來台的起迄日期之後，接著要安排細部行程。不少單位知道他要來訪，紛紛表達邀約之意，也有媒體希望能採訪，我都盡量代為轉達，他也善體人意，沒有任何異議，以致短短10天行程中就有6場演講。我安排國外學者的活動從未如此密集，每次想起都覺得過意不去，甚至自覺有「剝削」之嫌。

結果他抵達下榻的飯店，剛卸下行李就接受報社委託的訪問，時年60歲的他不顧長程旅途勞頓，接連回答了不少問題，臨別前我請他好好休息，並稱道他的好體力，他說待會就垮了（用的是"collapse"一字）。來訪期間，《自立早報》於1月2日刊出卡維波的

〈分析哲學的邊緣戰鬥者——羅逖速寫〉，《中國時報》〈開卷〉
也於1月4日刊出蔡振興和楊明蒼採訪、整理的〈美國本土哲學捍衛
戰士——羅逖與實用主義〉，在正式演講上場之前，便在媒體上搶
得先機。《中外文學》的專輯獲得不同學門人士的重視，不久便銷
售一空。

　　由於他的主要身分為哲學家，對當代文化現象也有深入的觀
察，所以6場演講中有4場與哲學相關，3場是在台大哲學系的「以希
望取代知識：哲學之實用主義傳統」系列演講會，題目分別為「不
涉及與實在界對應之真理論」、「不涉及實體或本質之形上學」和
「不涉及原則之倫理學」，一場是在中正大學的「心靈哲學」。另
外兩場則與文學及文化相關，名為「『現代主義』與『後現代主義』：
兩個可疑的觀念」系列研討會，分別是在中研院歐美所的「『後現
代主義』：有這回事嗎？」，以及在台大外文系的「『現代性』與
『文學現代主義』的理念」。他的演講內容深入，回答問題則條理
分明，中肯而坦率。

　　他在台期間主要由我和歐美所哲學同仁何志青接待，除了演講
和餐宴，其實所剩時間不多。往往在一天活動結束後，我們詢問次
日上午要不要陪他去任何地方，他都婉謝，只說自己要去辦點事（run
some errands）。我印象中他唯一的要求就是賞鳥，那是來訪之前就
在email中提出的：他說自己喜歡賞鳥，希望我能協助安排。我在《自
立早報》副刊編輯顧秀賢的引介下與中研院內的瞿宛文連絡，幾個
人花了半天去到深坑的溪邊，透過望遠鏡觀賞河床石頭上的野鳥，
這是我第一次賞鳥，感受到另一種親近自然與生命的方式。羅逖後
來住進中研院活動中心的客房，自幼就喜歡徜徉於大自然的他往往
一早就獨自到後山散步，還曾不小心滑了一跤，我聽了趕忙詢問，
他若無其事地要我放心。

　　記得是在台大外文系演講結束之後，一行人陪他到新生南路的桂冠出版社，在書架上找到了他的《哲學和自然之鏡》中譯本，他對此書中譯毫無印象，我們就向女店員說作者本尊到此，當場取得一本贈書，作爲紀念。有次陪他到書林書店，他特地找出人人文庫經典系列的納博科夫《幽冥的火》（Vladimir Nabokov, *Pale Fire*），問我有沒有這本書，我說沒有，他便買下，簽名送我留念。原來這本形式與內容奇特的「長篇小說」有他的緒論，而人人文庫找他爲這本奇書撰寫緒論，也是慧眼獨具。

　　10天的行程轉眼即逝。他回去之後，我們仍偶爾連繫，志青則繼續與他接洽系列演講稿由中研院歐美所出版的事宜，先逐篇於《歐美研究》季刊發表，1999年 *Hope in Place of Knowledge: The Pragmatics Tradition in Philosophy* 專書出版，爲羅逖的台灣之行劃下完美的句點。

　　羅逖在台灣的演講題目中出現許多的 "without"，他也提倡「反諷者」的角色，好像採取相當負面、否定、虛無、不負責任或玩世不恭的態度，〈托〉文伊始也提到左右兩派對他的種種誤解與攻詰。然而在我與他的接觸中發現，他不僅溫文爾雅，處世認眞，而且很爲人設想，毫無上述那些負面的聯想。「批評與理論」學院中他帶領的那組學員希望能增加上課時數，他一口答應；台灣學術社群希望能從他的短期訪問中獲得最大的效益，一再增加演講場次，媒體希望採訪，他也全力配合。志青曾問他爲何要如此奔波，他回答：「爲了提倡美國的實用主義。」因此，在我個人看來，他所謂的「反諷者」一方面有其學理上的堅實論證，另一方面也類似薩依德（Edward W. Said）筆下的「流亡者」，宣示其立場與角色，尤其是面對主流知識或權勢時的態度或姿勢，而在日常生活中則樂於助人，爲自己的理念而努力不懈，這些都與他的家世與學思歷程有關。

　　他的台灣行留下了《中外文學》的中文專輯和中研院的期刊論文及專書，也在聽眾心目中留下了大師的身影與風範。我有機緣居中連繫，陪同接待，更體會到他望之儼然、即之也溫、與人爲善的作風。聽講、翻譯與校訂讓我感到他論學、理念與理想的一面，陪同賞鳥則感受到他熱愛自然的一面，這不僅彷彿〈托洛茨基與野蘭花〉一文給人的印象，或許也算是另一種意義的哲學與自然之鏡吧！

2007年6月25日

於哈佛旅次

單德興：現任中央研究院歐美研究所研究員暨靜宜大學英文系兼任講座教授，曾任中華民國英美文學學會理事長。著有《銘刻與再現：華裔美國文學與文化論集》、《反動與重演：美國文學史與文化批評》，譯有《知識分子論》、《格理弗遊記》、《權力、政治與文化：薩依德訪談集》等。研究領域包括美國文學史、華美文學、比較文學、文化研究、翻譯研究。

思想狀況

活在香港：
一個人的移民史

周保松

一

我移民香港，22年了。

我是1985年6月30日跨過羅湖橋的。跨過去的時候，並沒想過後來種種。現在回過頭來，又顯得有點欲說無從。昔日的日記相片書信還在，多年來塵封不動。外面正是10年回歸大慶，我卻獨坐一室，茫然地整理個人的移民史。

1980年代至今，有近百萬新移民從中國來港。這百萬人一離開羅湖，便好像細流入深海，靜默無聲，不知那裡去了。再出現的時候，往往便是報紙頭條的倫常慘劇主角。這並非事出無因。對很多香港人來說，「新移民」一詞幾乎和社會問題同義，常常和家庭暴力、騙取社會保障援助、貧窮落後等關聯在一起，是個不光彩的標記。新移民既是外來者，同時又被視為社會問題製造者，遂背負雙重的道德原罪。很多人認為，解決問題的根本之道，在於將新移民儘快改造成香港人，洗去他們舊的、次等的、不文明的價值，接受新的、先進的、香港人的生活方式。新移民跨過羅湖橋那一刻，便須承認自己在文化上低人一等。這份深不見底

的自卑，令新移民不願面對過去，更加沒有勇氣在公共空間述說自己的歷史。而手握權力的主流社會，不僅沒興趣了解新移民的前世今生，甚至有意無意醜化他們的形象，漠視他們面對的種種困難和承受的諸多不義。於是，新移民這一龐大群體，在據說是自由開放的香港，形成了某種集體性消聲。

新移民明明無處不在，卻又彷彿並不存在；明明有話想說，卻又無法可說。這是一個非常奇特的文化現象，因爲香港本身是個移民社會，1949年以降，歷經幾波的大移民潮，目前七百萬人口中，真正稱得上「原住民」的，少之又少。但在這樣一個移民城市，新移民的生存處境和精神狀態，卻甚少在公共領域受到關注。兩年前，我在報紙發表了一篇短文〈像我這樣的一個新移民〉，結果收到很多素不相識的讀者的電話和來信，分享他們的移民故事，情緒熱切而激動。這教我詫異。那一刻，我才知道有多少新移民的鬱結被這個城市壓抑著。他們渴望被聆聽被理解，渴望得到別人的肯認和尊重，但往往事與願違。

在過往大部分的新移民討論裡，經濟考慮是最重要，甚至是唯一的向度，例如新移民對香港人力資源的影響，對社會福利造成的壓力等。因此，政府最關心的，是如何用最有效的方法，令新移民脫胎換骨，成爲有利於香港經濟發展的勞動力，並減少他們對社會福利的依賴。至於新移民作爲有血有肉，有情感有過去的獨立個體，在新環境中的實存感受和真正需要卻往往被忽略。而對於經常發生的新移民家庭慘劇，整個社會也趨到近於麻木的地步，無意深究背後的原因。

1999年12月，林婕，一個品學兼優的新移民女生，不堪在港生活的苦楚，在最美好的18歲從高樓一躍而下，死後留下這樣的問題：「我很費解，我到底做錯了什麼？難道『我來自內地』就

是我的罪過嗎？」林婕的死，迫使香港社會作了一點道德懺悔。當時的教育署署長羅范椒芬，寫了一封信給全港老師，說：「作為土生土長的香港人，我感到十分羞愧；對林婕和她的母親，我有無限的歉意；作為教育署署長，我難以想像林婕所遭受的歧視，竟然發生在教育界、在學校裡。這真是莫大的諷刺。」林婕用她寶貴的生命，打破一池死水，讓香港社會一瞥新移民的艱難處境。但池水頃刻回復平靜，社會並沒任何改變，事件很快便被遺忘。人們或會自我安慰，林婕畢竟只是極少數不能好好適應香港的特殊例子。萬萬千千的年輕心靈，早已安安分分地完成改造。

我自己也以為是這樣，以為只是自己改造得不夠快不夠好，才做香港人做得如此吃力。20年過去，我才開始懂得問，為什麼過百萬的新移民，會在這個喧嘩的城市失去聲音？為什麼林婕要選擇死，來表達她對這個據說是東方之珠的城市的憎恨？我開始意識到，不應只是問如何改造，而要問為何要這樣改造，改造的代價是什麼，誰去付這些代價。要回答這些問題，我只能從我個人的新移民史談起。

二

1985年6月下旬的某個傍晚，我放學回家，母親說過幾天便要移民香港。我呆了好一會，然後咬著牙說，我不去，眼淚便跟著流下來。

我不願意離開故鄉，一個廣東西部偏遠的小縣城，因為我活得快樂。活得快樂，並不是因為富有。事實上，我家裡一直很窮。我出生在農村，家庭成分份是地主，父親五七年被打為右派，全家備受政治折磨。我小時候在農村放牛打魚，後來才出到縣城讀

書。我那時正在讀中學二年級，既沒有考試壓力，也未懂得為前途擔憂，和一班同學相處融洽，揮霍著人生最無憂無慮的青春歲月。我走的時候，辦的是停學手續，而不是退學，因為我相信自己一定會回來。離別那天，全班三十多位同學到車站送我，大家都哭了。有同學送我一瓶從江中裝來的水，也有同學遞我一包泥土，希望我不要忘了故鄉的山水。20年來，我們這班同學仍然保持聯絡，幾乎年年一聚。

我們能夠來香港，是因為父親早在1981年來港探望幾十年不見的伯父時留了下來。父親1951年加入農業銀行工作，為人能幹正直，在單位受人敬重。他申請探親時，壓根兒沒想過留下來，伯父卻苦苦勸他。臨離開香港前，伯父寫了一首詩給父親：「扁舟飄忽到桃源，車水馬龍別有天。凡心未了留不住，他朝徒嘆誤仙緣。」伯父認為香港是桃花源般的仙境，希望父親不要再回到大陸那樣的人間。幾經掙扎，父親終於放下早已收拾好的行李。我後來才體會到，對父親來說，這是個艱難的抉擇。父親那時正當盛年，工資雖然不高，但事業發展順利，和同事合作愉快，工作帶給他很大的滿足感。一旦留下來，便等於放棄幾十年的事業，由最低層重新做起。而他探親期間在布匹公司做職員，一個月工資1000元，除去租金，早已所剩無幾。

我出來工作後，父親有次和我說，考慮職業時，一定要選擇有意義，能帶給自己滿足感的工作。這番說話，說來輕描淡寫，卻道盡了他的辛酸遺憾。人到中年而選擇離開故土，放棄前半生辛苦累積的工作經驗、地位、社會關係以至事業追求，在不確定的新環境中由零開始，代價不可謂不大。不少人認為新移民無論吃多少苦，都是值得的，因為即使做最底層的工作，甚至領取社會援助，收入也較國內高。選擇是否值得，每個人有不同判斷。

但財富多寡，和一個人是否活得有價值有尊嚴，並不總是劃上等號。我們習慣以金錢作為判斷生活是否美好的標準，卻忽略了其他價值的重要性，是對生命的一種曲解。而以這種標準去論斷新移民，對他們失去什麼和承受什麼視而不見，因而缺乏同情和理解，恐怕是一種看不見的傷害。

父親那一輩其實無路可退。他們既不能回到過去，卻又無力在新環境中賦予生活新的意義。他們面對的，是生存問題。唯一的出路，是接受現實，胼手胝足努力工作，並將所有希望寄託於下一代。至於曾經有過的理想和追求，只能壓抑於心底深處，並隨年月流逝而逐漸淡去。

父親留下來後，便申請我和媽媽來港。經過二十多年茹苦含辛的工作，家裡的經濟環境雖已大有改善，父親卻已垂垂老去。即使粗心如我，也常常感受到父親的寂寞。真正能提起父親興緻的是和他談起舊日國內生活種種，例如年少的輕狂，當年在銀行工作的情況以至農村生活種種趣事。即使是反右運動和文革時被批鬥的情形，父親回憶起來也津津有味。但我從來沒敢問父親，香港是否他的桃花源。今年6月30日，是我來港22週年。那天我們全家坐在一起吃了一頓飯。我問父親，回首過去，可曾後悔移民來香港。父親沉默良久說，看到你們今天活得很好，我不後悔。

香港沒有為社會貢獻的概念，因為社會只是抽象地指涉個體在其中追逐個人利益的場所，本身沒有任何共同目標。人們得到什麼失去什麼，一切歸於個人，和社會無涉。因此，父親只能說為他的子女付出了多少，卻不能說為香港付出了多少。在這個城市工作大半生後，這是他唯一的肯定自己生命價值的理由。我無法和父親說，你不僅為我們付出了許多，更加為香港的發展付出了許多，因為家的概念，延伸不到那麼遠。或許正因為此，我們

對於那些辛苦大半生卻老無所依的老人家，往往既沒同情之心，亦無虧欠感激之情。

三

未到香港前，我對香港的認識，來自流行文化。那個年頭香港電視劇剛開始流行，《大地恩情》、《萬水千山總是情》一出場便風靡一時。但真正令我著迷的，數《大俠霍元甲》。如果沒記錯，當時這套劇是晚上9點播放，而我們學校的自修課正好到9點結束。8時半過後，所有課室便出奇地安靜，人人收拾好書包文具，蓄勢待發。9點鐘聲一響，全校幾百人立即蜂湧而出，以最快速度飛身跳上自行車在街上橫衝直撞，鈴聲不斷，直奔家裡。

香港流行曲也開始普及，張明敏、鄧麗君、徐小鳳、許冠傑、林子祥一一登場。那時候，很多同學都有一本歌簿，將自己喜歡的流行曲歌詞抄在上面，彼此交換，下課後一起在走廊引吭高歌，又或躲在課室一角獨自吟唱。音樂課上教的那些革命電影歌曲，早已乏人問津。我班上有位同學的哥哥看準時機，開了一家唱片店，專門從香港買回歌星的最新錄音帶，然後大量翻錄轉售，幾塊錢一盒，在小鎮大受歡迎。

但我真正受香港文化「荼毒」的還數武俠小說。我自小沉迷書本，尤其喜歡小說傳奇神話，小學三、四年級時已將《三國演義》、《封神榜》、《三俠五義》、《大明英烈傳》、《水滸傳》、《鏡花緣》、《東周列國志》等囫圇吞棗地讀完。那時找書不易。鎮上有一間圖書館，但小得可憐，幾乎無書可借，唯一有印象的是在那裡借過張揚的《第二次握手》。另一個看書好去處，是鎮中心十字街口的新華書店。大概從1982年起，書店將部分書以開

架形式擺放，我遂可以在那裡「打書釘」。但我大部分的精神食糧，來自父親的同事。那時單位的人全住在一個大院，家家戶戶彼此熟悉。叔叔伯伯自小看著我長大，待我很好，我因此常到他們家借書。那時真是有書必讀，但有兩本卻實在啃不下去。一本是《紅樓夢》，因為受不了它的情節；另一本是托爾斯泰的《安娜‧卡列尼娜》，因為受不了那些又長又難記的翻譯人名。

我第一次讀香港的新派武俠小說，是梁羽生的《萍蹤俠影錄》。這本書是當時正在追求我大姐的未來姐夫借我看的，我之前對梁羽生一無所知。誰知書一上手，便放不下來。我不眠不休，一口氣在兩天內將書讀完。我尤其記得，看完書後我走上天台，眼前一片暈眩，心中悵惘，書中主角張丹楓和雲蕾的影子在腦中揮之不去，只想盡情大叫。在我的閱讀史中，那是一個分水嶺。我的近視，也因此突然加深，但當時卻無眼鏡可配，上課時總看不清楚老師在黑板上寫些什麼，結果影響了升中學的考試成績。

接著下來，我發覺一本叫《武林》的月刊，正在連載金庸的《射雕英雄傳》，更把我弄得心癢難熬，每月都心焦地等待它的出版。很可惜，或許因為版權的緣故，連載幾個月後便中斷了，而我卻像吸毒者一樣，對武俠小說上了癮，在鎮上四處打探何處有梁羽生和金庸可借。上了中學，我從一位同樣是小說迷的高年級同學口中知道，鎮上某處真的有武俠小說出租。出租室有點神秘，要熟人介紹才可進去，內裡黑沉沉的，書架上排滿了金庸、梁羽生、古龍和一些台灣作家的作品，全是繁體字版，封面用牛皮紙包著。那個時代不如今天開放，出租港台圖書還相當顧忌。租書除了10元按金，租金要兩角一天。這是相當貴了。當時租連環圖才兩分錢一本，而我一個月也不過幾元零用錢。為了省錢，我必須以最快速度每天看完一本。我於是學會繁體字，也學會蹺

課。在別人專心上課時，我卻跑到學校後山的橡樹林，在午後陽光和聒耳蟬聲中，沉醉在俠骨柔情和刀光劍影的世界；在夜闌人靜時，我抱著書偷偷跑到公共廁所，藉著昏黃微弱的燈光，與楊過小龍女同悲同喜。

金庸和梁羽生的武俠小說，除了功夫和愛情，同時呈現了一個價值世界。對是非黑白的堅持、對弱者的同情、對朋友的道義、對承諾的重視、對民族的熱愛，是這些小說不變的主題。當讀者全情投入小說情節時，也不自覺地接受了背後的價值。可以說，武俠小說除了帶給我無窮的閱讀樂趣，也無形中影響了我的思想和情感。說來有點好笑，我在蹺課中完成了另類的人格教育，而我對此卻毫不知情。

我們是受香港文化影響的第一代。當時雖已開放改革幾年，整個社會仍頗為封閉落後。歷年政治運動磨盡了所有人的理想和熱情，1990年代全面資本主義的時代仍未到來，人人處於精神極度饑渴卻不知出路在哪的躁動狀態。香港的電視劇、電影、流行曲和文學的傳入，正好滿足了這種需要。香港文化商品最大的特色是使人歡愉。它沒有什麼政治道德說教，卻能深深打動我們的情感。鄧麗君的中國小調，《大地恩情》的鄉土情懷，金庸小說的俠義精神，甚至張明敏的《我是中國人》，著實滋潤了我們的心靈。儘管如此，我對香港並沒多大嚮往。父親去香港後，家裡的生活慢慢有了改善，開始有了電風扇，黑白電視和卡式錄音機，我間或也會向同學炫耀父親帶回來的斑馬牌原子筆。但記憶中我從沒想過要成為香港人。那是一個和我沒有關係的世界。

四

　　抵達香港那天，最初迎接我的，是深水埗地鐵站的北河街鴨寮街出口。當年的鴨寮街，和今天一樣熱鬧擠擁。舊攤檔滿地，叫賣聲盈耳。我和媽媽緊緊跟著父親，拖著行李，一步一步在人群中穿過。抬頭上望，只能隱隱見到天空的一抹藍。

　　我們住的地方，是北河街一個單位的板間房。這是一幢非常殘舊的「唐樓」，單位只有四百多平方尺，住了3戶人家，大家共用一個廚房和廁所。板間房再分為兩層，父母住下層，我住上層，算是閣樓吧。閣樓沒有窗，晦暗侷促，人不能站直，得彎著腰才能在茶几上讀書寫字。躺在床上，天花板好像隨時會塌下來。

　　初來的一年，日子難過。我當時有寫日記的習慣。最近重讀，發覺1985年7月7日寫下這樣的感受：「離回家還有358天。今天簡直悶得要發瘋了，真想偷渡到深圳回故鄉去。這幾天度日如年，心都快要滴出血了。想起在家裡能和同學們一起看書打球，多有意思。可是在這裡，一切都是夢。」（當時香港政府規定，必須住滿一年才可以領取回鄉證返回內地）。然後是7月8日：「我真後悔自己來香港，現在真是要我死都願意。」這樣的情緒，整本日記隨處可見。那時打長途電話很不方便，只能和故鄉的朋友通信。生活最大的寄託，便是等信和寫信。郵差每天派信兩次，早上10時一次，下午4時一次。我每天起來，臉未洗牙未擦，第一件事便是跑到樓下看信箱。如果有信，自然滿心歡喜，捧在手中讀完又讀。沒信，心裡失落，只好不安地期待下午另一次派信。那一年我寫了好幾百封信。

　　新移民最難適應的，也許並非居住環境惡劣，而是「生活世界」的突然轉變。生活世界是個複雜的意義系統，包括語言、傳統、價值、人際關係，以至日常的生活方式等。在這樣的系統裡，我們確定自己的身分，理解行動的意義，並肯定生活的價值。如

果我們由小至大活在一個穩定的世界，我們甚至不會意識到它的存在，以為一切均理所當然。但當我們由一個世界急速轉換到另一個世界，兩者又有根本斷裂時，人便容易迷失，覺得無所適從。我們會失去那種「在家」的自在感，並和新世界格格不入。

來港很長一段時間，我都活在這種疏離感中。表面上，我很快便適應下來，語言、讀書、生活各方面，均沒遇到多大困難。但在內心，卻一點也不覺得自己是香港人，更不知日後的路該如何行。走在街上，覺得所有人和自己一點關係也沒有；回到家裡，躺在黑暗的閣樓，腦裡便只有昔日的世界；看到中國和香港的運動員比賽，我會暗暗為中國隊打氣。來港最初幾年，每次返回國內，我都有種著地的感覺。即使去北方旅行，碰到素不相識的人，我也有著難言的親切。這種割裂，使我長期處於一種孤獨狀態。伴隨這種心境，我沉迷的不再是武俠小說，而是李煜、李清照、柳永那些憂傷的長短句。

讀到中四，我的迷惘更甚，變得憂鬱孤僻，覺得沒人理解自己。為求出路，我開始找老師討論人生的意義，跟同學去基督教會聽福音，甚至胡亂找些佛學書來讀。印象最深的一次，是某天放學後，夕陽斜照，我站在彌敦道和界限街交界的安全島，看著川流不息的汽車和匆匆的人群，突然有種完全無力行下去的感覺。我軟弱地斜靠在欄杆上，看著紅燈轉綠燈，綠燈轉紅燈，人動也不動，茫然四顧，不知何去何從。

苦悶的時候，我喜歡一個人在深水埗遊蕩。深水埗是窮人聚居之所，密密麻麻的唐樓又殘又舊，街道也亂糟糟的。那時南昌街中間仍是店鋪林立（後來拆了，變成現在的休憩公園），石硤尾街的天光墟（在天剛亮時將東西放在地上擺賣，故有此名）也在，黃金商場周圍還有無數的流動熟食小販，再加上福華街、福

榮街、長沙灣道的時裝批發店，北河街菜市場和鴨寮街的舊物和
電器攤檔，令深水埗成了個無所不包的大市集。在這裡，你會見
到蛇王在街頭當眾用口咬斷蛇頭，隨即挑出蛇膽，給客人和著酒
一口喝下去；會見到櫃檯高高，令人望而生畏的老當鋪；當然還
有琳瑯滿目，堆積如山的色情雜誌。

　　我最喜歡的，還是到鴨寮街淘書。鴨寮街並沒書店，「收買
佬」只是將收回來的書和其他雜物，隨意堆在一起。要挑書，便
要不怕髒，而且需有耐性。我在那裡淘到最多的，是小說散文，
但也找到一套3冊馬克思的《資本論》（譯者郭大力、王亞南，
1937年讀書生活出版社出版），唐君毅的《哲學概論》和梁啟超
的《飲冰室全集》等。後來讀大學時，我甚至在那裡用10元買到
最近逝世的美國哲學家羅逖的成名作《哲學與自然之鏡》英文版。

　　住得久了，我便慢慢感受到深水埗的貧窮。我家的居住環
境，還不算最惡劣。更差的，是那些住在「籠屋」的人，幾十人
擠在一個單位，每人只有一個鐵籠般大小的床位。1990年12月南
昌街籠屋大火，導致6人死亡，五十多人受傷，人們才知道香港
仍有那麼多人居住在那樣的非人環境。張之亮當年拍攝的《籠
民》，便是以此為題材。深水埗也有許多老無所養的獨居老人，
天一亮便坐滿街角的小公園，有的在下棋打牌，有的在發呆。新
移民也不少。只要在街上轉一圈，什麼口音都聽得到。我父母後
來搬了兩次家，卻始終沒離開過這區，而我每次回家，依然那麼
喜歡在深水埗鬧市散步。

五

　　1985年9月，我入讀大角咀福全街的高雷中學。父親為我讀

書的事，四處奔走，卻一直苦無頭緒，最後只好選擇這所自己同鄉會辦的學校，由中學一年級讀起。嚴格來說，這不算一所完整的中學。學校在一幢工廠大廈二樓，樓下是售賣五金鋼鐵的店舖，噪音不絕於耳。學校除了幾個課室，沒有任何設施。課程只辦到三年級，四年級以後學生便須另選他校。

學校離家不遠，步行15分鐘便到。第一天上學，我發覺全班五十多人，有7成是像我這樣剛到的新移民，以廣東和福建最多，但也有更遠的。大家一開口，便發覺人人鄉音不同，十分有趣。香港出生的同學，由於是少數派，不敢怎樣嘲笑我們。我們很快便混得很熟。從一開始，我便喜歡這班同學。他們純樸善良，彼此友愛沒機心，而且回憶起國內生活種種，易有共鳴。平時下課後，我們會聯群結隊去踢足球，在遊戲中心流連，到桌球室找樂，周末甚至試過一起去大角咀麗華戲院享受三級片早場的刺激。我們有心讀書，卻不知從何學起。學習環境實在太差，學生程度又參差不齊，老師難以施教。我們渴望融入香港社會，卻不知從何做起。我們對香港的歷史文化一無所知，父母教育水平普遍偏低，又要日以繼夜工作，對我們愛莫能助。我們好像活在一個隔離的世界，自生自滅。

開學不久，我們便一起去工廠做兼職。事緣有位同學的父親，在製衣廠專門負責穿褲繩（俗稱褲頭帶）的工序，方法是用鐵針將尼龍繩由短褲一端貫穿到另一端。由於工作多得做不完，同學便叫我們下課後去幫忙。工資按件計，一條一毫。如果熟手，1小時大約可賺到8元左右。工作本身極單調，但幾位朋友一起，加上工廠可聽收音機，因此不算特別苦悶。

我後來在工廠認識了一位負責牛仔褲包裝的判頭阿卓。由於他給的工資較高，而且工作較多，於是我和一位外號叫「大隻廣」

的朋友便過去跟他。阿卓和好幾間製衣廠有協議，那裡要人便去那裡，因此我們有時在大角咀，有時在長沙灣和葵涌。包裝是整個成衣生產流程最後一道工序，相當複雜，包括貼商標，摺疊，入膠袋，開箱封箱，以及用膠帶機將箱紮好。由於出口訂單有時間性，廠方往往要我們一兩天內完成大量包裝，非常消耗體力，而且有時要加班到很晚，不是易做的工作。

大隻廣是恩平人，比我大兩歲，人有點俠氣和流氓氣，好抱不平，喜飲酒抽煙，平時三句有兩句是粗口，上課常和老師作對，是我們這群同學的核心人物。我和他性格不同，卻很投契。他的數學很好，卻對英文完全沒興趣，所以讀了半年，已經對讀書失去興趣。有一次我們在葵興下班，已是晚上11點，天下著小雨，我倆不知為什麼抬起槓來，誰也不讓誰，結果決定一起步行回深水埗。那一夜，我們沒有傘，卻不畏雨，一邊健行一邊笑談彼此的夢想，回到家時已是深夜一點，嚇壞了在家久等的父母。我不記得大家說過什麼了，但當晚那份對未來的豪情卻一直長留在心。1986年夏天，當我領到回鄉證後，便和大隻廣聯袂返回故鄉，再會合我的4位好朋友，一同坐火車去桂林。我們在漓江暢泳，在桂林街頭放肆高歌追逐，在陽朔回味劉三姐的山歌，快意非常。

大隻廣讀完中三，便輟學回家幫父親做些中藥轉口的小生意，中間賺過一些錢，並請我們一班同學去鯉魚門嚐過海鮮。後來聽說他生意不景，又迷於賭博，以致欠下巨債而要避走大陸。再後來，便沒了音訊。我們的老闆阿卓，好幾年後聽說他原來是個偷渡客，遭警方發現，坐完牢後也被遣返國內。我們曾經工作過的製衣廠，也早已搬上大陸，工廠大廈則被推倒重建為幾十層高的住宅大樓。至於我那群新移民同學，絕大部分讀完中三或中五後便出來工作，最多是到髮型屋做學徒。就我所知，能讀上大

學的，不足3人。而我讀完二年級後，便透過考試轉到何文田官
立中學做插班生。

六

　　1987年轉校後，我的生活起了變化。最大的不同，是大部分
同學都是本地出生，而我的鄉音，便間或成了同學的笑柄。那談
不上是歧視，但卻時時提醒我和別人的分別。這還只是表面的差
異。我很快便發覺，我和我的香港同學，其實活在兩個世界，難
以溝通，因為彼此的成長經歷完全不一樣。例如我從不看卡通
片，也不喜歡漫畫，更不熱衷電子遊戲。但這三樣東西，卻是香
港大部分男生的至愛。結果一年不到，我最熟絡的朋友，又變成
學校中的新移民同學。

　　我們那一屆四班同學中，大概有一成多是新移民。這些同學
和高雷的有些不同。他們早來幾年，很多從小學讀起，因此較易
適應香港的生活，而且何官是所不錯的學校，學生自信心較強，
也有較高的自我期望。他們很多喜歡看課外書，較為關心政治時
事，甚至會坐下來認真討論一些人生哲理問題。中四那年，我和
幾位同學成立了一個讀書小組，定期討論問題，並自資手寫出版
一本叫《求索》的刊物，取屈原的「路漫漫其修遠兮，吾將上下
而求索」之意。校長有點擔心，派了一位老師在我們開會時前來
旁聽輔導，刊物內容亦須老師過目。我當年寫了一篇文章，批評
很多人棄香港而移民他國是不應該的，結果被勸諭不要發表。

　　1988年夏天，我和國內一位同學，從廣州坐火車去北京旅
行。我自小喜歡中國歷史，加上受武俠小說影響，對中國名山大
川早已嚮往。旅費是兼職賺回來的，不用父母操心。只是到現在

我也不太理解，我當時年紀那麼小，爲什麼父母會放心讓我這樣去闖蕩。我們去天安門看了升旗禮，瞻仰了毛澤東的遺體，還登上了長城。玩完北京，我們再坐火車下江南。印象最深的，是我這個南方人第一次在火車上見到極目無山的華北大平原。我倚在窗口，敞開衣裳吹著風，「隨身聽」播著齊秦的《狼》，看著夕陽在天邊一點一點被地平線吞噬，大地一片蒼茫，良久無語。

3個星期後，當我從杭州坐火車回到廣州，對中國有了很不同的感受。除了遊覽名勝古蹟，我更近距離觀察了不同地方不同老百姓的生活，尤其是在長途的硬座火車旅程中，我從其他乘客口中聽到許多聞所未聞的故事，了解國內人生活的艱辛。在旅途上，當別人問我從那裡來時，我總說廣東，卻不願說自己是香港人。這有安全的考慮，但我心底的確希望像他們一樣，都是中國人。不同省份的人走在一起，讓我有種四海之內皆兄弟的感覺。我喜歡那種感覺，但對別人對自己來說，香港卻好像在四海之外。

從北京回來不夠一年，六四事件便發生了。1989年5月，在學校默許下，我在課室率先張貼了支持學生運動的標語，接著參加了幾次大遊行，天天看報紙追新聞，沉浸在大時代的亢奮中。六四那一夜，我一個人坐在漆黑的家中，看著沒有畫面的電視，聽著身在北京的記者電話中傳來的密集槍聲，一夜未眠。其後18年，只要在香港，六四夜我都會去維多利亞公園，和幾萬人一起點亮燭光，悼念那死去的英靈。

六四事件是我的移民史的分水嶺。六四前，我沒想過要在香港落地生根，總想著終有一天會回去。那幾年，我讀了不少文學作品，例如劉賓雁的《第二種忠誠》、戴厚英的《人啊，人！》、蘇曉康的《自由備忘錄》等，對1949年後的歷史多了一些認識，但對中國的未來依然充滿信心。我仍記得，1988年國內有一套紀

錄片叫《河殤》，中央電視台拍攝，探討的便是中國應往何處去，
引起海內外很大爭論。教協辦了一次播映會，一次過播完6集。
我一個人去看了。當看完最後一集《蔚藍色》，步出教協時，我
心內激動，深信中國只要繼續改革開放，一定可以告別傳統，並
與象徵西方的蔚藍色文明融合，振興中華。六四後，我有種強烈
的無家可歸的失落。本來那麼崇拜的國家，本來那麼尊敬信賴的
領導人，一夜之間卻變得如此猙獰如此陌生，誰還敢認同那是自
己的家？大悲劇過後，政治的殘酷和暴力的可怖，在我和我那一
代很多人身上，留下一道難以消褪的傷痕。回去已無可能，也無
能力再度移民，留在香港，便成了沒有選擇的選擇。要安頓下來，
第一件事便是要全心接受香港的價值觀，好好做個香港人。

七

當時我並不十分清楚這種轉變的後果。但會考過後，在對於
報讀大學什麼學系一事上，我經歷了一次難忘的試煉。我一直的
志願是中文系，因為這是我最喜歡，也讀得最好的科目。我那時
已試過投稿報紙的文藝版，也參加過一些徵文比賽得過獎。我特
別崇拜劉賓雁，希望將來也能做個報告文學家。可是家裡及老師
卻主張我報讀最熱門的工商管理，理由當然是日後的前途考慮。
如果我堅持，家裡大抵也會尊重我的意願。但我自己也猶豫了。
我當時的成績，是學校最好的幾個，因此並不太擔心錄取的問
題。我的困擾，在於我當時認為這是兩種價值觀，兩種不同人生
道路的抉擇。如果我選讀工商管理，便意味著我日後會在商界工
作，以賺錢為人生最高目標，並放棄自己喜歡的文學和歷史，當
然更不會有時間寫作。如果我本身很喜歡商業管理，很崇拜那些

億萬富豪，問題倒不大，畢竟人生總要有所取捨。但由小至大的
讀書薰陶，令我並不嚮往那種生活。金庸筆下的大俠、中國歷史
中的英雄、五四時期的作家，才是我欣賞的人物。

　　我被這個問題深深折磨，以至寢食難安。我請教過不同老
師，所有老師都說，理想是當不得飯吃的，人最終要回到現實。
然後我又發覺，過去幾年校內成績最好的同學，都進了工商管理
學院。他們告訴我，如果我選讀了自己喜歡卻不熱門的學科，很
可能會後悔，因為香港是個工商業社會，沒有多少選擇，畢業後
還是要在市場上和人競爭。他們好像很有道理，於是我這樣說服
自己：既然我以香港為家，便應努力做個成功的香港人，而成功
的香港人，當然是像李嘉誠那樣能賺很多錢的人。要賺很多錢，
便須熟悉商業社會的遊戲規則，並在激烈的競爭中擊敗別人，一
步一步向上爬。而要有這種競爭力，當然得從大學做起。我被自
己說服，最後亦如願入讀中文大學的工商管理學院。

　　這次抉擇，對我是一種挫折，也是一種解脫。我好像放棄了
一些自己很珍惜的東西，好像作了某種屈服，另一方面卻又安慰
自己，以後不用再為這些事煩惱，可以專心朝著目標努力。事實
並非如此。入讀中大以後，我發覺自己完全不適合讀工商管理。
這和性格有關，也和大學的經歷有關。我一進大學，便參加了中
大學生報，整天忙於學生運動，同時選修了哲學系陳特先生的
課，有機會有系統地思考一些困惑已久的人生哲學問題。我的大
學生活，和工商管理所教所學，格格不入。經過兩年相當累人的
糾纏，我在三年級時終於決定轉讀哲學。

　　如果我的掙扎，純是個人選擇問題，那倒沒有什麼特別。但
這絕非個別例子。在我認識的朋友中，考試成績最好的一批，當
年幾乎都選擇了工商管理，理由也差不多。這種情況在今天的香

港，更是有過之而無不及。容我武斷點說，香港的大學生，很少是為興趣和夢想而讀書的。大部分像我一樣，在未開始尋夢之前，已被現實壓彎了腰，少年老成，放棄實現理想和活出自我的機會，過早地順從社會設下的框框，走著一條非常相似的路。如果我們同意英國哲學家密爾（J. S. Mill）的觀察，人類並不是機器模塑出來的一式一樣的東西，而是各有個性的獨立生命，並在快樂的來源、對痛苦的感受，以及不同能力對人們所起的作用上有著巨大差異，那麼便很難不同意他的結論：「除非在生活方式上有相應的多元性存在，他們便不能公平地得到屬於他們的幸福，也不能在精神、道德及審美方面成長到他們的本性所能達到的境界。」（《論自由》）到底是什麼力量，令這個城市一代又一代優秀的年青心靈，即使曾經有過掙扎，最後也不得不妥協，放棄發展自己的個性和追求屬於自己的幸福？而這對一個城市來說，是健康的嗎？

要在香港行一條不那麼主流的路，同時又能肯定自己，的確很難。香港表面上是個選擇很多的城市，住得久了，便會發覺它的底層有個相當單一強勢的價值觀。過去幾十年，香港逐步發展成為一個繁華先進的資本主義城市。香港之所以如此成功，其中一個重要因素，是令整個社會接受了其背後根深柢固的意識型態：崇尚市場競爭，擁抱個人消費主義，以追求效率、發展和無止境的財富增長作為個人事業成功和社會進步的唯一標準。在市場中，決定一個人成敗得失和社會地位的，是他的經濟競爭力。因此，在一個高揚「小政府大市場」的社會，每個人由一出生開始，便被訓練打造成為市場競爭者。競爭的內在邏輯，是優勝劣汰。市場中人與人之間最基本的關係，是對手的關係，是工具性的利益關係，而不是任何休戚與共、同舟共濟的合作關係。每個

人都是孤零零的個體。競爭中的失敗者，沒有尊嚴可言，更沒資格說應得什麼，有的最多只是勝利者給予的有限度施捨和同情。

　　香港是這樣純粹的一個經濟城市，人人以此爲傲。君不見，回歸十年一片歌功頌德中，經濟成就不就是它唯一的賣點？要令這個神話延續，社會便須更有效地培養出更多更純粹的經濟人，並透過各種方式，強化這種價值觀的合理正當。嚴格而言，香港仍說不上是個現代政治城市，因爲現代政治的基石，是肯定每個人都是平等的公民，並享有一系列不可侵犯的政治和公民權利。而社會正義的基本原則，是給予平等的公民相同的關懷和尊重，而不是將人單純地視爲有差等優劣的市場競爭者。香港也算不上一個文化城市，因爲文化城市的基本要求，是肯定文化生活作爲相對獨立的領域，有其自身的運作邏輯，並承認文化活動有其自足的內在價值，而不應只是經濟利益的工具。

　　以上所談的三種城市性格，是有內在張力的。香港要成爲一個政治或文化城市，便必須尋找其他的價值資源，而不能只從經濟人的觀點看待世間萬事。但就我觀察，這套市場至上的價值觀，近年變本加厲，不斷被強化神化，並以各種方式滲透複製到生活其他領域。明乎此，香港很多看來荒誕之事，也變得順理成章。以母語教育爲例。我們應知道，母語教育對學生的心智成長、創造力、人格培養，以至對所屬傳統文化的認同等，有利而無害。但母語教育在香港，卻被視爲次等，甚至被很多有識之士大力鞭撻。爲什麼呢？因爲據說母語教育會使學生英文水平下降，而英文水平下降，最大問題不在於學生無法有效學習知識或接觸英語文化，而在於影響學生的謀生能力和香港整體的經濟競爭力。對學生來說，語言是、也僅僅是謀生的工具；對社會來說，學生是、也僅僅是經濟發展的工具。全英文教育會否影響學生的心智成

長，削弱他們的求知欲，窒礙他們批判性思維能力的發展，打擊
他們的自信心，以至限制他們日後成為積極的公民，是從來不被
考慮的，因為這些價值沒有重要性。又例如環境保護。在香港，
支持環保最強的理由，是污染會影響營商環境，嚇走外國投資
者。至於環境污染對大自然及其他物種的傷害，以及導致環境破
壞的經濟發展主義本身是否合理，卻沒多少人關心。又例如愈來
愈嚴重的貧富不均現象。主流意見認為，只要貧富懸殊不會影響
繁榮安定，阻礙經濟發展便沒問題，至於那些弱勢社群作為公
民，是否享有公平的平等機會以及經濟分配的原則本身是否合
理，是甚少在公共討論中被提及的。這樣的例子舉之不盡，在在
說明香港的主流思維。

　　無疑，我們可以從不同角度描述香港的城市性格，以及呈現
這種性格的香港人。但在我的生活經歷中，體會最深的便是這種
資本主義意識型態對人的牢牢控制。它的力量如此強大，影響如
此深遠，以致成為我們日用而不知的生活各個層面的價值判斷標
準，以致我們難有空間和資源去想像這個城市和個人生活是否有
其他更好的可能。要做一個成功的香港人，首先便須將自己打造
成純粹經濟人。就此而言，界定香港人身分的不在於一個人的語
言文化，又或出生地，而在於是否真心誠意接受這樣一套價值觀。

　　但就其本性而言，人並不只是純粹的經濟人。除了殘酷競爭
和市場價值，人還有其他需要。人還需要愛，需要家庭和友誼，
需要共同的社群生活，需要別人的尊重，需要活得有意義，需要
政治參與和文化滋潤，還需要自由和公正。這些需要，是活得幸
福很重要的條件，但卻往往和經濟人的理念不相容。道理很簡
單。如果我們在生活中，只視所有人為滿足自己利益的工具，我
們便無法享受到真正的友誼和愛，因為友誼和愛包含了承諾和犧

牲；如果生活只是一場無止境的競爭，我們的心靈便永遠無法安頓；如果我們視自身只爲孤零零的自足的個體，我們便難以感受社群生活的好。

即使一個在香港出生的人，只要你不接受自己是純粹的經濟人，在生命的不同時刻——尤其面對抉擇時——內心一樣會烽煙四起，承受難以言狀的痛苦，一樣會對這個城市有某種生活在他鄉的疏離。你愛這個城市，卻又覺得並不真正屬於自己，因爲主宰這個城市的根本價值，和你格格不入。個體如此卑微，既改變不了城市分毫，卻又不得不在此生活下去，遂有無力和撕裂。你最後往往別無選擇，只有屈服，向這個城市屈服。

那麼多年來，我目睹父母親一輩，在沒有任何選擇下，被迫放下生命其他價值，將自己變成徹底的經濟動物，努力撫養我們成人；我目睹很多同輩的新移民朋友，由於欠缺這個社會要求的競爭力，又不能從政府和社會中得到適當支援，被迫過早進入勞動市場，成爲社會最低層的勞工；我目睹更多的，是那些有理想有能力對社會有關懷的朋友，大學畢業後雖然多番堅持，最後還是不得不棄守曾經堅持的信念。在繁榮安定紙醉金迷的背後，我無時無刻不感受到，一個個獨立生命爲這幅圖像付出的代價。當然，更加悲哀的，是我們看不到這些代價，不願意承認這些代價，甚至謳歌這些代價。

我不知道出路在哪裡。不要說整個社會，即使在個人生活層面也是困難重重。但我並不過度悲觀。在1989年百萬人支援北京的民主運動裡，在其後年年數萬人出席的六四燭光晚會裡，在2003年50萬人的七一大遊行裡，在這兩年一波接一波要求保護文物古蹟，反對發展至上的社會運動裡，在很多朋友於每天平凡細微的生活中努力不懈活出自我和堅持某些價值裡，我看到力量。

我相信當我們的城市的公民社會愈趨成熟，累積的文化資源愈加豐厚，並對主流制度和價值有更多反思批判時，改變是有可能的。

當我一開始以這種角度，這種心態去理解自身和關心香港時，我的新移民史便已告一段落。我是以一個香港公民的身分，關心這個城市以及它的未來。我身在其中，無論站得多麼邊緣。

<h2 style="text-align:center">八</h2>

林婕死去的時候，才18歲。她在遺書中，說：「我很累，這5年來我憎恨香港，討厭香港這個地方，我還是緬懷過去13年在鄉間的歲月，那鄉土的日子。」林婕選擇離開的時候，已來香港5年，並由最初的鄉村小學轉讀一所一級中學，品學兼優，考試名列前茅，家裡也住進公屋。很多人無法理解，為什麼林婕會如此憎恨天堂一樣的香港，為什麼會覺得做一個香港人那麼累，以至如此決絕地一死以求解脫。但林婕並非例外。我便曾經走過一條和林婕非常相似的路。我較很多新移民孩子幸運，但也用了差不多20年時間，歷經折曲，才能讓自己在這個城市慢慢安頓下來。

香港每天有150個大陸新移民，每年有5萬4750人，10年便有54萬7500百人。他們是人，是香港的公民，也是香港的未來。

初稿完於2007年7月2日

周保松：英國倫敦政經學院博士，現任中文大學政治與行政學系助理教授，研究興趣為當代道德與政治哲學。

華人、建國與解放：
馬來西亞獨立50週年的再思考

許德發

　　上世紀的二次大戰後，亞非等第三世界國家掀起壯觀的民族解放鬥爭運動，殖民地紛紛獲得獨立，帝國主義的殖民體系土崩瓦解，而馬來西亞也跟上此浪潮的尾瀾，獲得了獨立。獨立可說是民族解放思潮的具體實踐。步入今年8月，馬來西亞建國亦將屆半個世紀。可以預期，我們從現在開始，將陸續看到各方面如何大事迎接國家的50週歲誕辰。

　　從歷史長河的角度而言，50年不算長，但確實有其特殊的意義。畢竟這意味著自獨立之後，國家已經歷差不多兩個世代了。也許可以確定，慶祝活動將不免大力宣傳民族和諧以及獨立之後即執政的國陣政府的「豐功偉績」。然而經歷了整整兩代人之後，馬來西亞社會似乎也到了省思「獨立」之於國家意義的時候：當年響徹雲霄的「民族解放」口號意味著什麼？尤其是馬來亞之獨立，對作為非土著和少數族群的華人社會又意味著什麼？更重要的是，我們可從這些追問中理解及掌握1957年以降馬華史上所出現的新興「問題叢聚」（problematiques）。這些鑲嵌於當代客觀歷史情境的新興問題叢聚，既是上述歷史脈絡的延續，同時也是當代華人社會之開展所必需回應、甚至是解決的課題。本文嘗試把「獨立建國」置放於近代民族解放運動思潮的脈絡下，審視其

所得所失，以及華人社會在其中之進退失據的處境與問題。需要事先說明的是，這是一個非常初步的討論，主要目的在於提出一種思路，在史實的選擇上不可能面面俱到。

獨立是以民族解放為前提

對作為移民社群的馬來西亞華人而言，獨立建國之於他們大體上是相當被動的，因為他們的（中國）政治認同之本土轉向較為遲緩，也沒有諸如馬來人具有土著地位的合法性處境（至少殖民地宗主國也如是視之）；他們也沒有北美、澳洲這類移殖國中白人占多數人口的優勢位置。從一開始，馬來西亞華人就夾在土著馬來人與殖民宗主英國人之間，欠缺政治法統與現實實力，因此所謂的「民族解放」，往往不在他們「天賦」的權利之中。然而，這並不意味著華人社會自絕於這道激昂的近代思潮。實際上，由於長期作為中國近代思想的外延，馬來西亞華人也在1920年代興起了一股波瀾壯觀的社會主義思潮，而「民族解放論」正是社會主義思潮的題中之義。受到影響的左派青年，曾熱切的投身於馬來亞共產黨的民族解放運動，甚至於走進森林進行武裝鬥爭，與英殖民政府抗衡。獨立之後，合法的左翼勞工黨也曾把不少青年席捲而去，直到1970年代之後才逐漸衰歇。然而必須指出的是，整體左派本身大體對自己所強調的「解放論」究為何意似乎亦不太明確，學理建設當然更為單薄。大體上，他們的「民族解放論」傾向於反殖民、反帝國統治，不與殖民當局合作，期望馬來亞民族的自決，但卻忽略了「民族解放」最後其實是以個人的解放、以個人權利為基礎的。民族自決的一個統一信念是，只

有在政治上獨立了，人們才能實現自尊[1]。

從世界的角度而言，在近代第三世界的非殖民化過程中，所謂的解放在實踐上也似乎僅僅意味著從西方殖民統治之下取得獨立。換言之，如果沒有殖民壓迫的存在，民族自決便失去其合法性，這也是許多國際法學者的共識。因此，在非殖民地化時期結束之後，自決的時代就已經結束了[2]，歷史往往走向了反面。學者就指出，在許多前殖民地國家，國家地位的贏得既沒有帶來發展，也沒有帶來自尊。許多國家並沒有資格表明自己已經實現了自決理想中所允諾的東西；在非殖民地化的道路上，常見的一個嘲諷，即在於人權平等的欠缺。自治的允諾之一其實是在政治獨立的自由氣氛中，個人將會充分享受他們的人權，得到包括自尊的滿足[3]。民族解放運動的結果往往可能給民族帶來獨立，但吊詭的是，它並不給人民帶來解放。他們推翻了外來的壓迫，換取的卻是對自己人壓迫。薩伊德即以反殖民思想家法農（Fanon）對殖民地國家本土精英的批判指出，民族獨立不必然會帶來人民自由作主意義上的民族解放。因此，民族獨立的思想需要轉變為關於解放的理論，「現在必須經由一個非常迅速的轉型，（民族意識）轉化為社會和政治需要的意識，而使其豐富並深化，換句話說，轉變成（真正的）人文主義。」[4]

1　熊玠（James C. Hsiung）著，余遜達、張鐵軍譯，《無政府狀態與世界秩序》（杭州：浙江人民出版社，2001），頁173。

2　茹瑩，〈民族自決的兩種模式：種族化與非殖民化〉，《二十一世紀》雙月刊，2003年2月號，頁86。

3　熊玠，《無政府狀態與世界秩序》，頁174。

4　薩依德（Edward W. Said）著，蔡源林譯，《文化與帝國主義》（台北：立緒文化事業，2001），頁488-490。

　　從近代民族建國思潮的角度來說，所謂「獨立」都是以人之「解放」為前提的。它以自由、平等、自決、民主為核心觀念。「解放思潮」所到之處，其實意味著每個人都要重新考慮個人的位置、個人與個人之間的關係、以及個人與社會之間的關係。解放思潮就是從傳統的社會脈絡中解放出來，重新給個人與其他的關係定位。更為重要的是，人作為人皆具有同樣的尊嚴與價值，因而應受到政府的平等對待，並享有基本的權利。這是美國獨立革命及法國大革命以來，民主社會最根深蒂固的信念。聯合國於1948年12月10日頒布的世界人權宣言，也做出類似的宣示。聯合國大會於1952年通過的《關於人民與民族的自決權》亦指出：人民與民族應先享有自決權，然後才能保證充分享有一切基本人權。舉例而言，美國的《獨立宣言》就基於人人生而平等的原則。這個宣言不僅指民族的平等，而更重要的是指人與人之間應該平等。《獨立宣言》開宗明義地宣告：「在有關人類事務的發展過程中，當一個民族必須解除其和另一個民族之間的政治聯繫，並在世界各國之間依照自然法則和上帝的旨意，接受獨立和平等的地位時，出於人類輿論的尊重，必須把他們不得不獨立的原因予以宣布。我們認為下述真理是不言而喻的：人人生而平等，造物主賦予他們若干不可讓與的權利，其中包括生存權、自由權和追求幸福的權利。為了保障這些權利，人類才在他們中間建立政府，而政府的正當權力，則是經被治者同意所授予的。」宣言中短短幾句，就已依據自然法宣告了「人人生而平等」的「真理」。它明確揭示了作為一個民族所要達到的目的，即「獨立和平等」。換而言之，美國的《獨立宣言》就是民族獨立的宣言，也是民族平等的宣言。隨後，無論種族還是民族平等原則，在西方各國憲法中，都先後陸續有了規定和體現。印度憲法也規定，國家對公

民不分宗教、種族、種姓、性別、出生地一律平等。在當今世界上各國憲法中，沒有規定國內各民族平等的已少乎其少。簡言之，按照「民族解放」的意含，其實「獨立」意含著平等、自由以及憲政的建構，其目標是解放個人。然而馬來西亞之獨立除了對馬來人主權「解放」之外，還意味著什麼？若從上述角度叩問，答案是非常清楚的，即這標誌著所謂馬來人議程（Malay Agenda）的開始，一個馬來民族國家建構的開始。

最後關頭：獨立與失落的平等

要理解馬來亞的建國走向，我們必須追問馬來亞建國的主要力量及其形態。實際上，支撐馬來亞獨立的民族主義力量，主要來自於巫統的馬來建國主義。他們的基本觀點是：馬來亞的土地是馬來人的土地、馬來亞的文化是馬來人的文化——這是一種原地主義的論述。按照這種邏輯，華人不屬於這個國家，因爲他們在心理上不忠誠於馬來西亞。因此，華人所面對的建國力量並不是一個既強調民族自決、同時又強調這種自決應當導致自由民主憲政之自由主義民族主義（liberal nationalism）。不管幸與不幸，華人因素已成爲馬來西亞國家建構中，影響國家走向的關鍵因素。華人的存在，在戰後如同其他東南亞國家一樣被視爲一個問題，被看做是對土著的威脅。其實在很大程度上，馬來西亞獨立後逐漸走向馬來霸權的制度，很大程度上是爲了克服「華人問題」。從1961年的教育法令、1962年的憲法修正、1965年的廢除地方選舉及新加坡被驅逐出馬來西亞、到1969年五一三排華事件發生後的一系列種族性政策之出爐，諸如新經濟政策、國家文化政策，等皆使這個走向達到了高點，並基本完成建立了馬來國家

（Malay Nation）。換句話說，國家極大的推動了政治和社會的民族化進程，馬來國家之建構可說走向了「獨立解放」的另一反面，並距離「民主化」越遠。因此，我們可以概括言之，獨立之後的馬來亞是一種「民族化」，而非「民主化」的建構。

事實上，許多研究已經顯示，國族主義與平等的自由主義是具有緊張關係的，這也可從馬來西亞的政局得到例證。誠如前述，由於歷史的因素與馬來人的危機意識，他們發展出的民族主義是一種威權制度，封閉、仇外，而非以啓蒙運動的理性和普遍人道主義為基礎，以建立開放、多元社會的民族主義。顯然的，處在第三世界諸如馬來西亞此一「半桶水」式的變調民族「解放」運動下的少數族群，真正意含上的「獨立」與「解放」之實踐難度，由此可想而知。因此從歷史角度而言，獨立建國之時，殖民地政府既退，但華人民眾思想中似乎沒有出現「解放感」。對華人而言，走了英殖民宗主，來了馬來土著霸權，華人對前途更為難定及感到不安。

1950年代獨立運動下的華人，可說是處於一個迫切需要安慰的時期。一方面他必須選擇身分認同，另一方面則必須面對不可知的未來，而分裂的母國（中國）無力幫助他，他自身也沒有實力自救。隨著獨立運動和國家憲法之制定等歷史性事件的接踵而至，這股不安與騷動愈演愈烈。這是因為正要擬定的憲法將決定他們在這個國家的未來與前途。在人類歷史上，有許多「關鍵時刻」，其巨大的輻射力量，對後人產生決定性影響。馬來西亞獨立前夕的憲法制定談判，正是這種「關鍵時刻」。當時頗能代表一般華人的全國註冊華團工委會就認為，「如未能在憲法上明文規定華人在本邦之地位，恐無平等之可言。如在憲法尚未通過之

前不爭取，將來悔之已晚。」[5]其主席劉伯群曾疾呼道：

> 全馬華人已面臨了最後關頭，如不及時爭取，恐已無
> 機會了……經過冗長時間之討論，乃認為目前本邦華人
> 已面臨了生死關頭，非從速派出代表團赴英向英廷力爭
> 平等待遇不可。為了我們下一代，為了我們的子子孫
> 孫，非力爭不可[6]。

這一席極為沉重的談話值得我們在此加以援引，因為它可說
是現代華人社會沿襲半個世紀之「危機敘事」的最初表述，而且
也道出了華人危機意識的根本核心源頭，即「平等」仍是未解決
的優先問題。華人社會的憂慮，最終凝聚成一股「爭取公民權運
動」，極具代表性的華團代表們在吉隆坡舉行了「全馬華人註冊
社團爭取公民權大會」，針對華人公民權、母語教育及馬來人特
權通過四項議案，即所謂的「四大原則」：

（一）凡在本邦出生的男女均成為當然公民；

（二）外地人在本邦居住滿5年者，得申請為公民，免受
語言考試的限制；

（三）凡屬本邦的公民，其權利與義務一律平等；

（四）列華、印文為官方語言。

他們發布了宣言，對憲制的要求開宗明義地定位在「建立公
正」（to establish justice）的話語上，並在論述上訴諸普遍人權
為其支撐點，更重要的是它嘗試在「支持獨立」的框架中提出問

5　《南洋商報》，1957年4月12日。

6　《南洋商報》，1957年4月15日。

題，從而給「公正」二字烙上了歷史的自然性和正當性。在華團
的論述中，他們似乎期待以公民國家（citizen state）的方式形成
新國家。他們強調以聯合國人權宣言作爲依據。但必須立即指出
的是，這些原則都是攸關華人的集體利益，而未能突破華人本位
的思考模式。這四大原則大體指向了一個平等、多元的國家想
像，可說是對馬來國家建構之反動，當然最後華人的爭取功敗垂
成。除了公民權之發放稍微放鬆之外，他們其他的要求無一實
現，這即注定了華人今後的不平等待遇。憲法基本顯現了馬來國
家的原形態，馬來人被規定享有沒有限定時間的特殊地位，馬來
文與伊斯蘭教分列官方語文及國教。

　　對老一輩華人而言，華人在英殖民時代的際遇要比獨立後的
馬來人主權時代好，因爲當年至少兩大族群都是被統治者。當時
的華人認爲，獨立後的憲法與政策比過去更爲不利華人。例如，
華團領袖梁志翔認爲，馬來人建議的新工業條例，較諸殖民地政
府更加嚴厲，與其獨立得不到互助平等，不如維持殖民政府的統
治[7]。英國人即使自1920年代之後開始實行親馬來人政策，但也
不及獨立後嚴厲風行的馬來人特權政策那麼苛刻。那時獨立思潮
是整個時代的主旋律，甚至於是一個「政治正確」的問題，無人
可否定。然而就整體而言，除了親英的土生華人之外，當時的一
般華人很少有鮮明的「不獨立」意識。在這個新興國家的誕生中，
華人領袖大體都保持一種當時被報章稱爲「光明正大」的立場：
「獨立第一，團結第一」[8]。公民、平等觀念事關生存權，自然

7　《中國報》，1956年4月4日。
8　見〈聯邦華人對新憲制之態度〉，《南洋商報》社論，1957年7月
　　12日。

也著重，而且西方現代思想畢竟也多多少少「轉化」了華人思想，但卻未形成一種深刻、絕不放棄的意識。誠如前述，左派之間雖流行過波瀾壯觀的解放思潮，但其所強調「馬來亞民族解放」僅是「反殖」、「反帝」，而對當時華人而言更為重要的「人之解放」普遍民權觀欠缺深刻的理解。因此也就不難理解，當時人大多似乎把 "Merdeka" 僅僅視為「獨立主權國家」[9]。

　　當然當時大形勢也比人強，即使後來被譽為族魂的林連玉，雖曾喊出「如果不做馬來亞頭等公民，亦絕不做二等公民」的話，但最後仍然基於「獨立」為重，謝絕赴英倫請願的華團四人之行。華社可說處於兩難之中。劉伯群也指出，「獨立是每一個人都表示歡迎的，我們絕對擁護獨立。……對於不平等的待遇，我們要爭取，但並非反對獨立」[10]。華人社團都嘗試從不損「獨立」的角度爭取利益，「互相容忍」、「忍讓為懷」是當時華社的一種主語。即使在憲法勢必底定之際，林連玉只能無奈的說：看來我們已處失敗的邊緣，「我們只能在事實上通過（憲法），我們亦要留問題存在，做繼續爭取，是為第一原則。」[11]顯然的，華人社會在「和平相處」與「平等」之間，做了對前者的抉擇。整體上，時人似乎沒有深刻認識到「獨立」的真正意義：如果沒有平等，獨立有何意義？究竟是獨立第一，還是平等第一？林連玉在4年後的1961年，因為爭取母語教育而被褫奪公民權，實已表明了「平等」更為重要。實際上，即使華人公民權後來在政治妥協下稍有放鬆，大部分華人都獲得公民權，但早期的巫統卻不把它

9　引自葉平玉，〈默迪卡之於新加坡〉（默迪卡乃馬來文 "merdeka" 之音譯，即為獨立之義），《南洋商報》，1957年9月5日。

10　《南洋商報》，1957年7月10日。

11　同上。

等同於「國族地位」（nationality），當時的首相東姑直到1966年之前，從不承認國族地位是公民權的基礎，而且一直拒絕談及國家的國族稱謂，因為擔心這將為馬來人及非馬來人之間的平等鋪路[12]。顯然，巫統在公民權課題上雖做出讓步，但他們並不放棄「馬來國家」的建國理想：只有馬來人才具國族地位。

國家新憲法通過後，當時的《南洋商報》社論極為深刻、沉重地指出了「不平等」憲制已是無法改變之事實，並呼籲「現在華人應回應華團呼籲，註冊為國民，選出最能代表公正民意之代表，以留來日修憲之可能。」[13]顯然的，面對不可挽回的狂瀾，華人社會只能寄希望於不可知的未來，這其實預示著我們後來所看到獨立後如火如荼的公民權申請運動，以及1960年代風起雲湧的國家機關爭奪戰，而在1969年達致高潮，但卻又以沉重的「五一三」種族暴動而告終。

走向普及人權觀與破解國族主義

顯然的，在馬來國族主義者所謂與生俱來的自然、天賦利益之大論述底下，華人的平等認知與要求，竟在身為移民的「原罪」性中變得那麼的「過分」、「無理」以及「緣木求魚」。這就是作為少數移民及其後代在強調「原地主義」的「民族國家建構」中的悲劇。正如學者甘格利和塔拉斯所指出的，「民族自決原則（指的是建立純粹單一民族的國家）不能解決種族少數民的地

---

12 John Funston, *Malay Politics in Malaysia—A Study of UMNO and PAS*, Singapore: Heinemann Education Book Ltd., 1980, pp.137-138.
13 〈聯邦華人對新憲制之態度〉，《南洋商報》社論，1957年7月12日。

位。少數民族問題註定會出現，因為無論政治地圖如何劃分，在
每個國家都會出現不滿意的少數民族」[14]。顯然的，華人等少數
族群在近代新民族國家觀念下深受其害，華人的前途從根本上繫
於如何對「現代民族國家」觀念進行韋伯所謂的「解魅」工程。
撫古思今，華人社會也應該從自身的痛苦經驗中體認國族主義之
害，而不自陷於狹隘的國族主義關懷裡頭。法農認為，通往真正
的民族自我解放和普世主義，首先諸如民族主義的認同論式之意
識必須被超越，代之以新而普遍的集體性（優先於特殊性）[15]。
這值得我們沉思，普遍民權正是最可以得到所有人認可的價值。

從上述可知，華人社會在權利危機的促迫下，儘管在制憲時
期曾訴諸聯合國人權宣言作為其正當性話語，並鍥而不捨的強調
普遍人權意識，甚至初步萌現與認知普遍公民權的意義，但是這
個認知又是基於一種「民族集體利益」而來，而不是嚴格意義上
的普及人權觀。實際上，在獨立運動時期，大部分政黨包括馬來
人或華人社會都從族群角度切入，圍繞著各自關心的種族性議
題，諸如公民權、官方語言、馬來特殊地位等，而真正具有普遍
人權視野的，似乎只有由一位錫蘭人辛尼華沙甘領導的人民進步
黨。該黨在憲制白皮書公佈之後，向首揆東姑呈遞備忘錄，批評
新憲制規定立法機構可基於「治安需要」而對基本人權及言論自
由實施限制，但卻沒有指明必需「合理」。它認為，憲制並沒有
對人權及言論自由提供補助，以防範立法機構對人權的侵害，反
而使立法機構在憲法之上，而且也沒有賦權於最高法院，使「無

---

14 茹瑩，〈民族自決的兩種模式：種族化與非殖民化〉，頁87。
15 薩依德著，蔡源林譯，《文化與帝國主義》，頁497-498。

理的限制」不生效[16]。該黨進而言道，連帶的報章自由、集會自由也受到影響，都把人權交予立法機構，而沒有對立法機構剝奪人權提出補救方法[17]。華人議員之中，只有楊世謀律師在立法議會新憲制二讀中提出類似的質疑[18]。

　　一般而言，一個社會在特定的發展階段，相應於它所面對的內外環境，會形成某種特定的政治論述，一則藉以澄清它所必須處理的政治問題，二則藉以凝聚關於政治價值的共識。這種論述的發展與演變、積累，構成了一個社會的政治集體意識的歷史，對於其成員的自我認知與邁步方向，有相當的影響。因此，看看什麼論述特別突出、什麼論述又淹沒不彰，可以揭露這個社會集體意識的內容與結構[19]。從馬來西亞獨立迄今的政治取向而言，華人社會顯然缺乏許多思想傳統，這是它無力回應各種官方論述的原因之一。華人社會儘管抗拒馬來同化政策，並存有保護自身文化傳統的心態，卻始終發展不出比較鮮明的保守主義傾向。在政治上，保守的座標是「相對於現狀」或可以認同的社會體制，但馬來西亞卻幾乎沒有什麼值得保守的。同時，儘管華人危機所造就的「平等敘述」，使華社彷彿還有自由主義的淡影，但顯然也缺乏一個比較自覺的自由主義傳統勢力。華人社會好講「平等」，其大意是指機會平等，卻沒有思想力度，因理論建設上的長期忽略，往往論述無力。還好的是，華社存有一道不太深刻卻很激越的左翼傳統。這個可貴的左翼傳統，曾經提供至少到1980

16　《南洋商報》，1957年7月10日。

17　同上。

18　《南洋商報》，1957年8月16日。

19　錢永祥，〈自由主義與國族主義——兩種政治價值的反思〉，收於《縱欲與虛無之上》（台北：聯經，2001），頁371。

年代華人社會面對危機時所需要的激越精神與反抗壓迫的傳統，也為1980年代的華人民權運動，留下某種精神泉源。

從1980年代開始，危機進一步迫使華人社會明確提出普遍人權觀，並進一步成立劃時代的「民權委員會」以落實華人利益之爭取，同時把關懷面推及至國家層面上的各議題，諸如其他原住民問題、扶弱政策、言論自由、官方機密法令等，可說是華人社會鬥爭史上的一大進展。柯嘉遜將之譽為「大馬民權運動之春」，「在大馬現代史上，這個輝煌時期是前所未有的。」[20]但我們必須認知，人權不應該只是工具，它更是一項目標。人類當然難免有自身的利益共同體，但這之上還有普遍人權利益作為座標。

另一點可特別補充的是，二戰之後許多新興國家取得國家在政治上之獨立，但卻未完全擺脫西方殖民在文化意識和知識形式的殖民狀態，因此出現了所謂「後殖民批評」的論述。這是一個曾經由「民族解放」所許諾的理想幻滅之後，人們對之前的反殖民主義感到悲觀，但又必須尋找新的出路，以建立一個新的反殖民主義理論的階段。然而在馬來西亞，這道當今風靡一時的後殖民理論批判卻似乎使用不上。這是因為後殖民反的是殖民主義，在馬來西亞卻不是這麼一回事，因為當我們反掉殖民遺產之後，留下來的卻可能是更加霸權與膚淺的東西，包括制度與認知。這就是為何至今，我們往往只能訴諸英國在獨立前夕遺留下來的「憲法」，作為爭取權利的依據。儘管這套憲法已經被修改得漏洞百出，原本也不平等，卻是許多非政府組織爭取民權的最後防線。比之前人對憲法的敢於質疑，這不啻是一種後退，也說明了

---

20 見柯嘉遜，《馬來西亞民權運動》（吉隆坡：策略資訊研究中心，2006），頁2。

馬來西亞獨立之後實際民權狀況之倒退。

結論

　　在解放運動向建國運動轉化的過程中，馬來西亞華人社會與其他少數族群遭遇了許多挫折和重大的災難。但在全球化的時代中，人類利益、理想與認知上的多元化，其實已經無可挽回。馬來民族主義者最終必須面對這樣的客觀事實，而華人社會應該善於把握國際政治與思想趨勢，使其可以衝擊及洗滌國內的悶局。

　　簡而言之，以馬格利特（Avishai Margalit）的話來說，獨立50年來，我們面對的還不是一個「正派的社會」（decent society）。「正派社會沒有二等公民」，它是以一律平等的公民身分形成一個人人同樣受尊重的群體。實際上，從現代民族國家建構角度來看，以國民為基礎的現代國家，並不容許不平等的公民之出現。據此而言，1957年的憲法與制度是不符合現代國家的原則與要求的。經歷兩代人之後，今天再回頭以近代民族解放思潮中最關鍵的「獨立與平等」原則來審視國家的憲法與政治格局，我們不由得不驚怵於「變化」之微少。顯然的，真正意義上的「獨立」，於華人還是一個遠未企達的目標，我們離「正派社會」還有很長的路要走……托克維爾在1835年便指出，追求平等是現代一場不可抗拒的革命。華人社會似乎別無他法，還是必須回歸「解放思潮」──強調人類普遍追求的民權觀，並加以深化它。

許德發：新加坡國立大學中文系博士，現為馬來西亞華社研究中心研究員。研究範圍是中國近代思想史及馬來西亞研究。

底層話語與大陸知識分子的內部分裂

唐小兵

中國大陸1990年代以後迅速推進市場化改革，導致社會被一種片面的「發展主義」的現代化思路籠罩，政治體制的改革與社會配套機制卻遲遲未能跟進，尤其是最近10年來的醫療衛生、住房、教育改革的「不得人心」，更是受到普遍責難。在這樣一個歷史背景下，大陸一個龐大的人群迅速地邊緣化和貧困化，在社會的利益分配格局中處於被遺忘的狀態。這個群體最終被政府工作報告認定為「弱勢群體」。正是在這樣一個艱難的歷史進程中，學院內的知識分子開始以各種方式介入對社會公正問題的思考，「底層」話語就是在這個歷史背景下，成為大陸知識分子的一個敏感的「神經末梢」，牽引著諸多知識分子的參與和爭論。這種爭論與其說在相當的程度上影響了底層的命運，還不如說主要是折射了大陸知識分子的內部分裂與集體焦慮。

底層何以成為一個問題？

2004年春天，上海青年知識分子劉旭在著名的《天涯》雜誌發表〈底層能否擺脫被表述的命運？〉，「底層」開始進入思想文化的公共空間，並發酵成為一個刺激知識分子道德神經的敏感

問題。該文的敘述顯示，作者主要是受到印度的底層研究的啓
迪，橫向移植思考當代中國的底層問題。該文作者聲稱，「底層」
作爲一個概念，是源于葛蘭西的無產階級專政理論。劉旭在下述
這段話中，闡述了他對底層的觀點：

> 對於一個沒有能力表達自己、更談不上有發言權的群
> 體，去說他們「是什麼」或站在他們的「立場」說話是
> 沒有意義的，因爲他們是什麼從來都是個謎，他們沒有
> 歷史、沒有特點，他們的面目向來模糊不清。從任何角
> 度去發現他們的優良品質、他們的革命性乃至他們的
> 「偉大」，都只是對他們的表述方式之一，他們都是被
> 表述的「他者」，表述得再偉大也是一種扭曲，眞正的
> 他們仍然沒有出現。現在要做的只是去追問他們如何被
> 表述，每一種表述扭曲了什麼，其目的又是什麼，對他
> 們產生了什麼影響，扭曲之後整體的社會後果是什麼。
> 只有當底層有了表述自己的能力的時候，才會有眞正的
> 底層，一切底層之外和從底層出身但已經擺脫了底層的
> 人都喪失了表述底層的能力。因爲被表述意味著被使用
> 和利用，即使最善意的他者化表述也是使用底層來證明
> 不屬於底層的東西，或將底層引入誤區[1]。

　　這無疑是一段關於「底層」的激進論述，作者否定了20世紀
以來有關底層的論述與記錄（包括革命現實主義文學對底層的書

1　劉旭，〈底層能否擺脫被表述的命運？〉，《天涯》，2004年第2
　期。

寫），在一種道德義憤的激盪下，作者認為沒有話語權的底層被表述得再充分，也仍然是被「他者化」，每一種表述都是表述者攙雜著個人私心和偏見的意識型態表述。在這樣極端「反智主義」思維的導引下，作者甚至將論述推到了一個極點，認為「只有當底層有了表述自己的能力的時候，才會有真正的底層。」換言之，作者是徹底地反對知識分子為底層代言的，底層的主體性只能在有了「表述能力」才能凸顯，否則底層就根本不存在。這個論述的邏輯結論似乎就變成了：當代中國沒有真正的底層，因為他們沒有表述自己的能力。這顯然是在一種道德烏托邦衝動下藉由話語演繹，推展出的一個有點荒誕和滑稽的結論。但作者並沒有僅僅停留在這個相對「溫和」的結論。對於透過原生態的民間訪談，而得以根據錄音整理而成的「底層話語」，作者認為：

> 如果仔細分析這些底層的「自主性話語」，就會發現其中有太多被多年的壓迫統治扭曲的東西，但他們認識不到，他們以為是在表述自己，實際卻在表述來自上層的思想。這或許仍然有積極作用：我們可以分析這種變形之下的東西，剔除了變形之後，或許剩下的就是底層的真正思想。但是，我們又如何斷定何為底層真正的思想？又如何確定有多少思想其實是人性中共有的東西？什麼樣的才是被「扭曲」的東西[2]？

透過這樣一種辨證的「批判性思考」，知識分子唯一的結果就是陷在「肉身的癱軟」之中，底層不能被「他者化」表述，底

2　同上。

層也不能表述自身（因爲底層已經被上層「污染」），最後唯一的邏輯結論只能是「悲觀」地接受底層的現狀，底層繼續保持著「失語的狀態」。但知識分子卻已經完成了其「精神使命」！

上海批評家蔡翔，是大陸較早直接以「底層」爲標題寫作過散文的作者。他在接受劉旭的訪談時，顯然不同意後者的「激進論述」。他基本上仍舊在一個精英主義的視角裡評述底層，認爲在充滿了制度不義和社會悲劇的當代中國，知識分子仍舊是底層重要的「代言人」。這篇發表在《天涯》上的訪談的標題——「底層問題與知識分子的使命」——就隱喻了一種價值立場。蔡翔認爲，對於當代中國的「底層」而言，在文化層面上，他們主要面對著兩個「敵人」，一個是國家意識型態利用權力來改造底層文化，或者把底層文化納入主流文化之中。同時，社會的所謂主流文化，也在侵蝕底層的原生態文化：

> 整個的底層都進入了一個夢想。他們認爲通過占有文化資源，也就是讀書，就能改變自己的生存狀況。這種夢想同時意味著，底層已經接受了來自統治階級所給予的全部的意識型態和道德型態。就是說，他們不僅要改變自己的經濟狀況，還要改變自己的生活方式和社會地位。他們有一個明確的目標，就是進入上流社會，起碼是中產階級。這無可厚非，但是如果把它意識型態化，就會造成這樣一個後果：底層永遠不會再擁有自己的代言人。這是目前中國最大的一個隱患。一旦知識分子進入這樣的利益集團之後，一切就都與底層劃清了界限[3]。

3　蔡翔、劉旭，〈底層問題與知識分子的使命〉，《天涯》，2004年

　　這樣的一種「同質化和整體化」社會趨向，蔡翔認爲構成了對知識分子最大的挑戰。公民政治論述在當代中國方興未艾。這種論述強調公民個人依據合法權利的政治參與與政治實踐，建構出一個市民社會爲依託的公民社會。

　　因此，蔡翔是在一種啓蒙傳統的歷史敘述裡，來思考知識分子與底層的關係，在他的觀念世界裡，知識分子的精神使命是「社會的良心」，是底層的代言人。

> 「知識分子要做的事情有很多，最重要的，當然是有沒有可能打開多種渠道，使底層的利益得到充分表達，不再成爲一個「沈默的大多數」。這一「利益」，不僅是政治的、經濟的，也是文化的。現在的精英文化和大眾文化，是對底層的雙重的閹割和篡改，沒有自己的文化，底層很難正確傳達自己的聲音[4]。

　　但這種論述顯然面臨一個幾乎無解的困境，當代大陸的知識分子，基本上已經被國家意識型態收編進社會結構的各個空間，他們的利益被直接與國家利益、單位利益捆綁在一起。底層的利益與這種知識分子的「強勢」，基本上處於隔膜甚至衝突的狀況，期待享受了改革開放成果的知識分子，仍舊爲承受這一歷史進程代價的底層代言，幾乎是一件超乎想像的「崇高使命」。

　　與這種精英主義論述截然有別的，是上海另一青年左翼學者

（續）───────────

　　　第3期。
　4　同上。

薛毅的論述。他對於所謂的精英文化和知識分子的為底層代言充滿了狐疑，乃至批判。正是基於對當代中國底層的「悲慘命運」的社會想像，讓接受劉旭訪談的他堅決地在社會主義時期與改革開放時期兩個時代之間劃出了一道難以逾越的「鴻溝」：

> 當代中國「底層」這個詞，指向的是這樣一種人群，他們遭受貧困的折磨，他們需要幫助、需要救濟。由此出發，人們會產生對傳統社會主義的懷舊情感，人們在想像，那個時代，儘管普遍貧困，但是窮人還能生活下去，有尊嚴地生活下去。

薛毅引述陳映真的話論證道：

> 他說的最讓我感動的一句話，在社會主義時期，以前從來不被當成人看的農民，真的成為人了。他們真站起來了，你不能不把他們當成人來看，你不敢把他們妖魔化。一個普通人，有自己的尊嚴，而不以富人作為自己的歸宿。窮人家的女兒，她不一定希望自己嫁個富人，她有自己的尊嚴，她根本不可能用尊嚴去交換什麼，我的生命，我的身體，我的靈魂都是不能出賣的。……現在，工人喪失的不僅僅是福利，還有他們的尊嚴[5]。

在以「尊嚴」為關鍵字的路標指引下，薛毅區分了兩個時代的底層的不同命運，這樣一種因為對現實社會的道德義憤，迅速

5　薛毅、劉旭，〈有關底層的問答〉，《天涯》，2005年第1期。

地被轉化成對「傳統社會主義」的歷史想像。似乎在那個時代，貧困的底層至少還享有精神上的尊嚴和富足，而對於這種「傳統社會主義」的溫情追憶，又爲崛起於大陸的一批左翼知識分子提供了對現狀的「批判性能量」。這種邏輯發展到極致，就是強調毛主義時代的種種好處，強調底層在歷史進程中尊嚴的失落。

　　「文化」成爲論述的關鍵，針對當今新農村建設的種種弊端，薛毅認爲「忽略了底層人的文化，就等於忽略了底層人作爲人的最根本的東西，就等於剝奪了底層人的主體位置。」「傳統社會主義」成爲一個「有力」的批判武器，指向當代中國伴隨著教育、醫療衛生、住房等一系列改革帶來的社會不公。

底層問題的「學術轉向」與「道德分歧」

　　《天涯》上圍繞著「底層與關於底層的表述」，在2005年11月以前基本上還是一個有條不紊地在進行的「專欄」，所發表的文字也沒有引起太多的溢出「文化研究」的社會反響。這種狀況，因爲大陸著名文學評論家南帆先生組織的一個關於「底層經驗的文學表述如何可能？」的圓桌對話，發生了改變[6]。這個對話是南帆與其博士生就關於底層的問題的「學術討論」。這個學術討論卻引起媒介與網路論壇的高度關注，甚至刺激了一場不是關於「底層的表述」、而是「知識分子的表述」的論爭，許多網路批評指責這篇對話晦澀、空洞，堆砌了一堆術語，甚至有人認爲這場對話是學院派搶占學術話語資源。「底層」問題本身在這場混

6　南帆等，〈底層經驗的文學表述如何可能？〉，《上海文學》，2005年第11期。

戰中被遺忘了，知識分子卻成爲了社會批判的箭靶。

南帆在〈底層問題、學院及其他〉一文這樣回應批評者：

> 這篇對話的參與者充分意識到問題的複雜性。理論術
> 語的頻繁使用表明，我們試圖引入各種理論模式分析諸
> 多癥結，從而展開問題的縱深——這篇對話甚至無法形
> 成多少明確的結論。因此，這篇對話是低調的、探索性
> 的，絲毫不存在術語炫耀的意圖[7]。

仔細檢閱〈底層經驗的文學表述如何可能？〉的相關討論，
會發現南帆確實是試圖將已經成爲一個「文化政治問題」的底
層，納入到文學史的專業領域來展開討論，也就是說相對於此前
《天涯》上的論述，南帆的這種視角是進一步地回歸到文學專業
領域，切實地討論底層的被「表述」問題。但南帆並未能完全主
導這場對話的方向，很多討論超出了專業領域的規約，成爲一種
批判性話語文化。但其中也不乏一些很有見地的看法，可以彌補
純粹「文化研究」視野的空泛。南帆認爲「知識分子的言說很大
程度上源於知識譜系帶來的倫理。他們將實驗室裡追求眞理的精
神擴展到社會事務上。這是超越個人和階層利益承擔社會事務和
社會責任的基礎，也是表述底層的衝動之源。」[8]底層與表述到
底是一個怎樣的關係結構[9]，也成爲這個圓桌對話討論的焦點。
與會者毛丹武的意見，就與前引劉旭的觀點截然相反：

7　南帆，〈底層問題、學院及其他〉，《天涯》，2006年第2期。
8　南帆等，〈底層經驗的文學表述如何可能？〉，《上海文學》，2005年第11期。
9　同上。

作為被表述的那個底層並不是因為表述而才存在
的，雖然我們要承認正是藉助表述，底層才可能展開多
維度的豐富蘊含，但是底層仍然是先於表述而存在的。
如果不是這樣，我們可以合乎邏輯地推論，只要是某種
權力足夠強大，它就可以通過禁止、取消關於底層表述
的存在，從而取消底層的存在。

鄭國慶在討論中認為底層的顯著特徵就是：

> 缺乏話語權，這表現為沒有能力自我表述或者表述不
> 能進入社會的文化公共空間，表述處於自生自滅的狀
> 態，參與不了社會話語的競逐，沒有發生的位置或管
> 道，也就是所謂「沈默的大多數」。

即此可見，對話的諸多內容仍舊在文化研究的「社會語境」
裡進行，而並非「學術化的文學表述討論。」

參與者林秀琴的發言，在所有與會者中，最具有「專業思
維」，扣緊了文學史與底層的被表述這一核心問題意識。她的追
問很有文學意義與現實意義：

> 問題的關鍵恐怕在於，為什麼在漫長的文學史，對底
> 層的表述僅僅停留在這兩種經驗上，是被表述的底層缺
> 少豐富性，還是文學史的表述缺少創造性和彈性？……
> 還有，當我們面對底層這個被建構出來的對象時，我們
> 是否應該質疑隱藏在這兩種底層經驗表述背後的話語
> 機制？或者說，底層如何成為文學史的重要符號？作為

> 文學史話語權力符碼的底層，和那個被排斥在話語權力
> 場域之外實體的底層，兩者間究竟有多少心靈相通[10]？

從上述引文來看，南帆主持的這個圓桌對話確實對於「底層研究」有一定的補充作用。但由於部分博士使用的「對話口語」過於學術化和時髦，導致這個本來有一定意義的對話，迅速被一場網路上的「口水戰」吞沒。這場混戰也吸引了《文學報》等媒體的關注。對於這個對話更具價值或者說對於學院派知識分子更有啓發的，是來自兩位文學評論家的批評。同濟大學文化批評研究所的張閎在〈底層關懷：學術圈地運動〉一文中尖銳地指出：

> 「底層」，根據不同需要，或被稱做「民間」，或被稱做「弱勢群體」。其最具誘惑力之處，在於道德上的優先性。在攫取道德資源方面，「新左派」相對要敏捷得多。鑑於他們在「理性」、「文化」、「美學」諸方面的資源匱乏，「道德」的自我標榜就成了他們最迫切的資本要求。儘管他們實際上身處社會金字塔的頂端，底層的道德優先性足以舒緩他們內心的道德焦慮[11]。

「底層」不再是一個學術問題，甚至也不是一個「文化研究與知識分子」問題，而成爲「新左派」搶注道德商標，進行話語表演和學術生產的富礦。這種道德批評雖然明快直接，也在某種

---

10 同上。
11 張閎，〈底層關懷：學術圈地運動〉，《SOHO小報》，2006年1月。

程度上切中了問題的關節，但因爲把「底層」與「新左派」直接地張貼在一起，便容易將問題簡單化和意識型態化，而可能損耗關於底層的討論本身具有的人文價值與社會價值。

與此相應的是上海另一文學評論家吳亮的〈底層手稿〉。他在文章中將對「關注底層」的學院派知識分子的批判，推向了一個頂峰。就底層作爲一個需要改善的「社會問題」而言，吳亮的批評確實是一針見血：

> 對於一個必須被實踐觸動的社會問題，人們的互助本性並非只有等待知識的喚醒才能開始行動，相反，某些知識還會使人們走向冷漠……人們迫切需要的不是由複雜概念構織成的學術之爭，那些措辭晦澀華麗以至熱衷玩弄憤怒感情的知識持有者關心的也許只是塑造自己的道義形象，他們將「底層」看做是用來表現個人立場的「文化象徵客體」或「良心客體」，卻並不在意「底層」的實在性，這種實在性由行動去介入而不是靠抒情就可以改變。……當知識持有者打定主意用一套行話「表述」底層，並把重點放在他們擅長的「表述」之上而忽略「底層」在後謊言時代所具有的特殊歷史性質和特殊現實性質時，他們就不幸地淪爲某種「象徵性良心作品」的製造者——這種「象徵性良心作品」不僅是後謊言時代所需要的遮飾物，也是資本邏輯控制下由學院生產出來的特殊消費品[12]。

---

12 吳亮，〈底層手稿〉，《上海文學》，2006年第1期。

作者據此認為，「底層」的表述者是在利用「底層」進行「道德訛詐和政治恫嚇」。知識分子的道德感在當代中國確實已經面臨深刻的懷疑，這種懷疑甚至影響到知識分子言說的「正當性」。任何言說都可能成為為某個特殊利益群體代言的證據，而知識分子在這種社會壓力下產生了迅速的分化與重組。

底層、道德與政治

「底層」問題不僅僅是一個關於底層如何被文學性地表述的「學術問題」，也不僅僅是關於知識分子如何公共化，進而為底層代言的「道德問題」，它也涉及了當代中國知識分子如何處理自身在道德與政治的夾縫中的困境。在這場延續兩年多至今硝煙未熄的爭論中，對於道德的政治思考始終是一個核心。底層事實上也成為含蓄的政治文化批判的資源。在20世紀的中國歷史中，底層或者說民間與知識分子的關係，始終是一個關鍵的問題。近代以來，知識分子發生了分化。一些知識分子認為仍然需要堅守啟蒙者的精英主義立場，為「無聲的中國」的底層代言，試圖透過重建社會中心來凝聚知識分子群體，建築新的社會認同。另一些知識分子則覺得，「底層」或者說「民間」蘊涵著巨大的文化、政治與道德資源。他們自覺地與自身所歸屬的階層劃清界線，發出了「我為什麼不是一個工人？」的浩歎，積極地投身於社會底層的改造運動，一些邊緣知識分子凝聚起來，在左翼知識分子領袖的領導下，自下而上地完成了革命。這種革命的成功，在建國後進一步地強化了一種民粹主義和反智主義的社會思潮，到了後來甚至發展到「知識越多越反動」。這種對知識分子的指控，同時又與對底層的「悲憫和謳歌」有機地結合了起來，把民國積聚

的僅有的文化尊嚴感徹底拔除，整個社會在一種虛假的平等主義
遮掩下，充斥著一種粗鄙化的匱乏自由質素的公共文化。

　　這場關於底層的討論，也折射出道德在歷史與政治中的扭曲
與變形，甚至成爲某些知識分子打壓、攻擊另一些知識分子的武
器。無論是贊成還是反對者，都幾乎無一例外地認可道德在底層
問題中的重要性。這種泛道德化的思維方式與言說方式，對於中
國知識分子來說是根深柢固的，最後往往導致本來可能有效的對
話成爲無意義的「誅心之論」，變成一場在知識分子內部上演卻
無關乎底層的「道德戲劇」。鄂蘭在分析法國大革命中的羅伯斯
比的「道德專制」時指出：

　　　即使羅伯斯比的革命行動源自悲憫的激情，但是，這
　　種悲憫一旦展現於公眾，它就不再是關切某一特殊的苦
　　難，也不是關懷某一位有血有肉的個體。悲憫在這種場
　　合變成爲「憐憫」（pity）。職是之故，本來是爲眞實
　　的道德情感，現在，轉變成爲漫無邊際的情緒，這種情
　　緒似乎反映廣大民眾的無限無盡的悲苦、磨難。羅伯斯
　　比被這種漫無邊際的情緒所掩覆，這使他無法跟任何一
　　個人建立與維繫穩定的關係。苦難的悲情似同洶湧波濤
　　一再翻滾他的情緒……而淹沒了所有一切具體之考
　　量，包括了：人際之間實質的友誼，以及治國之道術的
　　權衡[13]。

13　轉引自蔡英文，《政治實踐與公共空間：漢娜‧鄂蘭的政治思想》
　　（台北：聯經出版公司，2006），頁153-4。

這種知識分子對「底層」的憐憫，在鄂蘭研究專家蔡英文看來，是：

> 一種虛有其表的悲切情緒、一種居高臨下下的非對稱的人際關係、一種施小惠的態度。當貧苦無依、飽受經濟匱乏磨難的廣大民眾蜂擁進入政治場景，「憐憫」之情緒反映愈形擴散，而推促革命分子「視憐憫為個人最真誠與真實的自我，同時將之投射於政治領域」。「憐憫」一方面變成一種嘩眾取寵的自我展示；另一方面，它像一塊海綿，盤吸了個人的自我，革命分子變成一位自我迷戀、顧影自憐的行動無能者[14]。

真正從社會問題的角度關心「底層」的知識分子，也許都可以從上引的兩段話中吸取靈感，也只有對自身的道德悲憫懷有這種警惕的時候，才可能在爭論和實踐中不因為意氣之爭而忽略了「真正的底層」，才可能超越「行動無能」的「學院陷阱」，使底層的被表述和自我表述成為一個可期待的願景，才可能構造一種知識分子內部開放性的真誠的對話氛圍，而不是現在這種還沒有訴諸行動就開始內部分裂的境況。

唐小兵：上海市華東師範大學歷史學系2006級博士生。

---

14 同上，頁155-6。

後共產主義社會的現代、前現代、後現代困惑

金雁

　　「後共產主義」時期的東歐俄羅斯思想界，與社會、經濟、
政治層面的多元狀態相似，呈現出一種說不上是興旺還是蕭條的
狀態。舊的教條已經蕩然無存，但另一方面向市場經濟轉軌的「商
品拜物教」、「市場崇拜」又令人感到壓抑。原來的「鐵飯碗」、
「大鍋飯」已經打破，拋向市場和失去管制同時來臨，過去的意
識型態部門紛紛改弦易轍，大專院校也引入競爭機制，知識分子
在市場經濟大潮中好像沒有了方向感。在經歷了「鐵幕政治」垮
臺的短暫喜悅後，接踵而來的是強烈的不適應和失落感。甚至那
些在政治轉型過程中扮演「啓蒙」角色的「持不同政見者」也發
現，剛剛有機會對社會講話，社會就已經不需要他們了。被傳媒
炒得火爆的既不是共產黨人，也不是昔日對抗暴政而坐牢的持不
同政見者，而是那些膚淺、平庸卻包裝得十分精美的各類「明
星」。人們驚呼：這是一個只要感覺不要思想的時代。有些人自
嘲說，以前馬克思認爲精神產品生產所需要的兩個基本條件：一
定的物資基礎加上思想上的完全自由，現在都有了，但是批判分
析的精神也隨之解構掉了。

轉型中的知識分子

　　沙俄時代俄國知識分子，傳統上就有「泛政治化」的傾向。
他們是「眞理」的尋覓者，自己雖不知道路在何方，但是強烈的
社會責任感、道德緊張感，使他們把探尋人間的不平等的來源作
爲終生的職業。用別爾加耶夫的話說：「他們把不認同現存制度、
質疑官方教義作爲終身目標，就註定了必然是悲劇命運的承擔
者。」他們「不是爲自己活著，而是爲了他人」，爲了「被欺凌
與被侮辱者」，爲了「小人物」活著。但是經過1920年代的驅趕、
1930年代的大清洗、1950年代的改造、1960-70年代的逐步收買，
除了體制外的「持不同政見者」，體制內的稍有創見的知識分子，
爲了「躲避政治迫害和政治暴力」，大多集中在自然科學領域，
以至於那裡人滿爲患，人才過剩、相互消耗。而人文社科領域則
成了「沒有思想自由、沒有創造精神」的「黨文化的提線木偶」。
就像紀德在《蘇聯歸來》中所說的，他所接觸到的原來扮演「社
會良知」文學家「的思想已經被磨得沒有稜角，奴性和虛僞成爲
常態，同時也是他們的個人利祿所繫，因爲他們只有聽話，才能
有所收穫，只有思想對路，才會進入日益膨脹的特權階層，乃至
從平均主義的樊籠中脫穎而出，成爲國家的新貴。」再也不會出
現十月革命前的契可夫和高爾基了。
　　蘇東劇變前後知識界的更迭，大體經歷了三個階段：從1980
年代到劇變初期，是以二戰後出生的人扮演的「反思者」、「啓
蒙者」唱主角。他們以提出系統的思想學說理論體系同舊體制作
鬥爭。因爲他們對舊體制瞭解深刻，對馬列主義和西方自由主義
的思想都比較熟悉，在戈巴契夫「開放」的倡導下，對舊體制造

成很大的殺傷力。可以說他們在「破」的方面功勳卓著，但是在
「立」的過程中缺乏獨創性的東西和解決實際問題的能力。在政
治轉型結束、社會多元化的平臺建立以後，他們的作用日漸衰
弱，陷入一種比較尷尬的局面，或者與政府若離若即，繼續充當
俄羅斯各個政黨和政治運動的專家，或者脫離政治為生計奔波。
在「葉爾欽時代」風頭最勁的是年輕的「經濟改革家」。他們與
思想家的批判角色不同，不是為了批判舊制度也不是為了啟蒙。
他們依靠與權貴的私人關係快速接近決策人物，在已有的政治平
臺上充當俄國的經濟改革戰略的設計者或實施者。但是由於俄國
經濟轉軌的不順利，一批批的「替罪羊」被先後換下。現在仍有
不少經濟學家在政府部門當顧問，在政府的圈子裡有不同的學
校、學科的週邊「顧問幫」。他們在電視上頻頻露臉、夸夸其談，
因此在民眾中口碑不太好，而俄國媒體把經濟改革家排擠思想家
的行動叫做「副博士革命」[1]。

　　1990年代後半開始，有相當多的人員脫離單位下海「單幹」，
一時間俄國建立起形形色色的戰略中心、社會學中心、民意調查
中心、政治家形象設計中心、諮詢機構以及更是多如牛毛的工作
室。1990年以來俄國產生了五十多所科研機構、一百多所社會學
研究中心，這其中基金會的作用也不可小視。可以說社會科學領
域進行了一次重新洗牌，更大範圍地參與到政府訂貨、市場訂單
的服務性機構。一些「夕陽學科」紛紛向政治學（據說俄羅斯現
在有5萬名政治學家）、經濟學和社會學流動，這批人主要根據
市場的需求、商家、政客的訂貨做輿論調查、市場調研、政治家
包裝、政情分析。他們基本上是兩類，一類是依附在「改革者」

1　（俄）《今日報》1995年7月7日。

周圍，另一類則更加市場化。但總之都是「吃誰家飯說誰家話」，是為「老闆」效勞的人。在很多人看來，他們已經不是傳統意義上的「知識分子」了；要麼是「權力的同謀」，要麼是「寡頭的小夥計」，或者乾脆就是「混口飯吃的文字工作者」。

　　雖然還有作為「社會良心」的公共知識分子，但是他們之間的分化和分歧也很大。從沙俄時代「異教徒式」的「真理的尋覓者」到「持不同政見者」，都主要是一種批判的文化，而不是一種建設的文化。而當失去批判對象之後，他們自身便也遇到了危機。在由「破」轉向「立」的過程中，公共知識分子面臨分道揚鑣的分化，而這種悖論在俄羅斯和東歐當年的反對派運動中就已經埋下了伏筆。

索忍尼辛與薩哈羅夫的論戰

　　1973年索忍尼辛在去國之前發表的〈致蘇聯領導人的信〉，把蘇聯的一切罪惡歸之為背棄了斯拉夫傳統，引進了一種錯誤的「西方意識型態」。他宣稱「這種所謂『先進思想』的黑風是上個世紀從西方刮來的，它折磨和傷害了我們的心靈」，並預言「西方文明在這塊狹隘、骯髒、發臭的土地上的總崩潰」。他認為工業化是一種罪惡，城市生活違反「人性」，議會民主是自我欺騙，科學技術「毫無意義」，甚至俄國在地理上靠近歐洲也是一種危險。他敦促當局放棄從西方學來的馬克思主義，在傳統的東正教、而且是200年前即沒有經過尼康[2]與彼得大帝歪曲的、沒有染

　　2　17世紀俄國東正教牧首，發動改革，造成傳統派與正統派的分裂。他主張教權高於皇權。

上西方邪惡的東正教中尋找出路。他主張俄國人遠離歐洲，移民
到西伯利亞而求得民族復興，摒棄工業和城市而回到自然經濟的
鄉村與公社中，把意識型態的專制變成「道德的專制」，「階級
仇恨的」專制變成「人類互愛」的專制，而不是要搞什麼西方民
主。索忍尼辛到美國以後，也一再發表演說抨擊西方資本家爲了
金錢而不顧道義地討好克格勃，並大爲讚賞美國工會的道義立
場。

　　索忍尼辛的言論立即在蘇聯的持不同政見者中引起強烈反
應，其中薩哈羅夫的批評尤爲典型。他認爲馬克思主義並不是什
麼「西方反宗教的無神論的化身」，而恰恰是一種造神術，舊體
制也不是根據意識型態，而是根據統治者的實用主義需要建立
的。從啓蒙時代的世界主義與普遍人性出發，薩哈羅夫認爲根本
不應區分什麼「西方的」與「俄國的」思想，而只有正確地與錯
誤的、先進的與落後的。背離人類文明主流的「俄羅斯獨特道路」
是不存在的。薩哈羅夫毫無保留的贊成科學、理性、經濟國際化
（全球化），並認爲索忍尼辛誇大了「大工業給今日世界造成的
困難」。他批評索忍尼辛的宗教烏托邦，指出東正教不能救俄國。
薩哈羅夫認爲俄國與世界各民族一樣，必須也可能實行民主，而
俄國人的傳統奴性是「巨大的不幸，不是民族的美德」。俄羅斯
不可能具有世界民族之林之外的「特殊性」，專制條件下的「政
治荒漠」，靠斯拉夫主義的虛假的「和諧」是解救不了的。

　　表面上看來，似乎薩哈羅夫比索忍尼辛要「親西方」，但實
際上，他們兩人在西方的影響不相上下，而且嚴格的說來，索忍
尼辛的名聲比薩哈羅夫更大，顯然這是不能僅僅用「冷戰」的需
要來解釋的。事實上，索忍尼辛之所以在西方擁有眾多的知音，
並不僅僅是因爲他反共，而且也是因爲他「反現代化」。而今日

之西方已經不是急於「走入現代化」的西方，而是急於「走出現代化」的西方；已經不是「理性法庭」的一統天下，而是「上帝死了」的無奈世界；貶理性而重激情、反異化而求回歸的「後現代文化」，至少在形而上領域很吃香的。正是這種「後現代文化」與索忍尼辛產生了強烈共鳴，在持不同政見文化主要承擔社會批判功能的時代，這並未構成什麼問題。然而現在它卻帶來了蘇東思想界的困惑：我們是要現代化還是後現代化？

白俄文化中的「傳統再造」

　　早期的「俄國式」的知識分子，就是篤信「非官方」意義上的東正教、不顧一切的追求上帝的人。在他們看來，宗教是生活的必需品，是一種超然的力量，是無情世界中的感情寄託。19世紀俄羅斯的「黃金時代」的大師們托爾斯泰、杜思妥也夫斯基、梅列日科夫斯基、果戈里都虔誠地信仰宗教，追求上帝、尋求精神家園是他們共同的追求。在他們的作品中，對世俗的現代社會不滿，對現代文明的物欲橫流充滿了失望，在這種時代潮流中他們看不到生活的意義，認為只有通過自省、懺悔，學會鑒賞痛苦，才能淨化靈魂、拿到通往天堂的鑰匙。正是從這種觀念中，產生了俄國知識分子的懺悔意識和贖罪感。俄羅斯的宗教哲學就發源於杜思妥也夫斯基，別爾加耶夫號稱自己是「杜思妥也夫斯基思想之子」。1862年杜氏就在《地下室手記》一書中說，「現代性方案只不過是不需要人性居住的水晶宮」。正是希臘人蘇格拉底的理性狡計授予了哲學以開啟天堂之門的鑰匙，才有了現代人敢於以理性來堆砌水晶宮的癡人妄想。西方意義上的「現代性」終究會沒落，只有「耶路撒冷的重新歸來」才是到達彼岸世界的追

求。俄國知識分子的這種宗教精神，一直綿延不斷。

1905年的革命，使一些對暴民革命感到恐懼的知識分子以發表《路標》文集爲代表，轉向「文化保守主義」。他們脫離社會現實的變革，從事「心靈」的拯救，成爲「尋神派」大師。他們以總結和懺悔的口吻，批評激進知識分子在「喧鬧的革命」上走錯了路；社會主義這種非宗教的叛逆性，決定了它的「膚淺」的功利主義；唯物主義決定論將束縛的人類的創造力，只有「精神上的再生」，才能真正導致俄羅斯的復興。他們認爲，東正教神秘主義具有創造新型文明的文化和社會力量，他們反對布爾什維克是因爲後者是敵基督的化身。在他們看來，革命是以暴易暴、以一種極端反對另一種極端，冤冤相報的循環。1905年革命是他們「醒悟」的轉捩點。他們反思啓蒙運動，反思法國大革命，反思馬克思主義，都帶有濃厚的後現代色彩，有精神貴族的色彩和希臘悲劇情結。而這批人大多在1922年的「哲學家之船」中被驅逐出境，成爲「白俄文化」中最重要的一支。

「白俄文化」泛指十月革命後流散在世界各地的、主要是西方國家的數百萬俄僑中形成的文化、意識、價值體系與人文學科領域的成果，包括了別爾加耶夫、布林加科夫、洛斯基、斯捷潘、弗蘭克的哲學，麥爾貢諾夫、米亞科金、基澤特維里、韋爾納德茨基、拉普申的史學，艾亨瓦爾德、伊茲戈耶夫、布寧、納波科夫—西林的文學，拉霍曼尼諾夫、夏利亞平、加吉列夫等的藝術。1921年，列寧在俄共（布）十大上講話說「有200萬俄國人流亡國外」[3]。他是根據1921年2月21日巴黎出版的《俄羅斯地方自治機關和城市難民救濟委員會公報》上的資料。當時歐洲有記錄俄

3　《列寧全集》2版14卷，頁42。

國的難民總數是194.6萬人[4]。實際上遠遠不止這個數字。

白俄文化的主要活動地區是巴黎、柏林、布拉格、索非亞、華沙等，隨著白俄僑民五光十色的政治傾向而分為許多成分，包括社會民主主義、社會革命主義、自由主義（立憲民主主義）、東正教神秘主義、斯拉夫主義到保皇主義等等，但是隨著時間的推移，大多數派別的思想在第一代俄僑的故去以後便沉寂下來，只有以「尋神派」為代表的東正教—斯拉夫傳統復興論傾向長盛不衰而為主流。白俄文化對當時西方文化的影響，和在今日俄國的復興，都是以這種傾向為主的。從某種意義上說，它與1949年後海外的「新儒家」在中國歷史上的地位，頗有類似之處。

白俄文化對十月革命前俄國傳統文化與俄國現代化進程進行了深刻的反思，並進行傳統的揚棄與再創造工作，在一定程度上形成了「俄羅斯文化復興」之勢。白俄文化主流對西方文化進行了激烈的批判，對現代工業所造成的世俗化、物質化持強烈的否定態度，並因此對現代西方的各種現代化批判思潮，諸如存在主義、後現代主義等產生了很大影響，成為這些思潮的源頭之一。

白俄文化對蘇俄文化持頗為矛盾的立場。他們既攻擊蘇俄文化的「社會主義」特徵，又攻擊蘇俄文化的西方特徵，同時對蘇俄文化的傳統與外來成分也有某種程度的認同，尤其在二戰期間，這種認同一度似乎淹沒了白俄文化本身。白俄文化對蘇聯持不同政見運動和蘇東劇變都提供了精神力量。索忍尼辛等一大批的「持不同政見者」，都以白俄文化為思想之源。但另一方面，它也與持不同政見運動中的「西化派」常有衝突。1970年代的索

---

4 巴里赫諾夫斯基，《白俄分子的思想政治破產和國內反革命被粉碎》（列寧格勒，1978），頁15。

（忍尼辛）—薩（哈羅夫）之爭爲其分野，劇變後這種衝突更大大發展起來。與自由派相對立的在很大程度上與其說是馬克思主義，不如說是以白俄文化爲背景的「斯拉夫文化」。現在不僅「褐色反對派」即極右翼民族主義打著俄羅斯傳統文化復興的旗號，就連俄共也常常稱引用別爾加耶夫、普寧等，從而使俄國的社會政治經濟鬥爭，帶有一種文化衝突的色彩。

白俄文化的內涵是很豐富的，它反映了俄國現代化過程的兩次大轉折（1917年和1991年）中傳統文化的時代性尷尬，也體現了傳統文化頑強的生命力和創造的潛力。蘇東劇變以後，「白俄文化」又回到了它的母體，與國內的「俄羅斯思想」實現了對接。

別爾加耶夫現象

上世紀1990年代，隨著蘇東劇變，一股重新挖掘「白俄文化」的熱潮怦然興起，國際上最知名的俄僑思想家別爾加耶夫（1874-1948）在這股潮流中最受推崇。1990年，他的代表作《俄國共產主義起源及其涵義》[5]首次在蘇聯以俄文出版，一時名聲不脛而走，初版在一個月之內告罄，以至於流傳起該書的複印本來。同時思想界的「別爾加耶夫熱」也很快席捲到其他領域，一時竟使這位俄僑思想家在去世40年後，成了俄國知識界談論最多的人物之一。正像《俄國共產主義起源以及涵義》出版後記所說，別爾加耶夫現在被認爲是「俄國最深刻、最推崇的思想家，同時也是20世紀最大的哲學家。他的名字在國外盡人皆知，但在出版

5　台灣譯本爲：貝爾查也夫著，鄭學稼譯，《俄羅斯共產主義之本原》（台北：中央文物供應社，民國43年）。

物浩如煙海的俄國國內廣大讀者中卻聞所未聞，只是現在他的名字才開始回到了我們的文化中。」

「別爾加耶夫熱」的形成，固然首先是受俄羅斯當時的自由化的氣候所孕育。當時在眾多的俄僑思想家中別爾加耶夫受到特別推崇，與他對俄國傳統文化所做的獨到分析和獨特態度有關。別爾加耶夫身跨兩個時代，先後住過俄國與西方，從一個「合法馬克思主義者」變成持自由主義立場的立憲民主黨的理論家，到國外後透過對俄國自由主義運動失敗的反思，又變成了俄國式的存在主義與東正教神秘主義思想家。他的思想中既有革命前俄國知識分子從西方的工業文明中接受的東西，又有向俄羅斯傳統與東正教文化復歸的傾向，還反映了與當代西方後現代主義潮流相呼應的存在主義與非理性主義、即反思與批判現代工業文明的內容。他對變幻無常的時代氛圍十分敏感。他認爲，現代史的矛盾預示著一個「神人創造」的新時代，而人在這個時代裡可以使世界重新充滿活力。他一方面仇視布爾什維克，譴責「蘇維埃制度的罪惡在於暴力行爲」，另一方面又激烈批判「市民社會」，反對「西化」。他從民族文化發展的角度承認十月革命具有某種必然性，並認爲十月革命後俄國出現的進步中，可以看到「神人創造」新時代的萌芽。因此，持各種立場的當代人們，都可以從別爾加耶夫身上找到知音：西方的「後現代思想家」把他對市民社會的拜物傾向及理性異化的抨擊引爲同道，俄羅斯的民主派則與他對列寧—史達林制度的譴責發生共鳴，而葉爾欽時代對「全盤西化」政策不滿的反對派——從俄共到俄羅斯民主主義者——可以從別爾加耶夫對「俄羅斯精神」的頌揚以及對西方文化的批評中受到鼓舞。

但這並不是說，別爾加耶夫的思想是個誰都可以各取所需的

大雜燴。事實上，別爾加耶夫的主要傾向是非常鮮明的：在文化形態上，他不認同西方，而強烈的傾向於植根俄國傳統的「新斯拉夫主義」；在社會思想上，他排斥資本主義而嚮往「教會公社」；在時代座標上，他批評現代，而追求後現代的「新的中世紀」；在人文價值上，他抵制物欲而重視信仰，反對世俗化而追求終極關懷，敵視近代人文主義的「獸性解放」而主張超越性的人類本質存在；他主張「愛」而反對「恨」；主張和諧而反對競爭；主張彼岸世界的高尚而反對此岸世界的庸俗。這一切，使他在俄國文化中的地位類似於「精神領袖」。他那種融合對現存制度之不滿、對西方文化的失望、對強大俄國光榮的懷念、以及對「後現代」的嚮往於一體的複雜思想，對於當前舊已破而新難立、對過去已失望而對未來又疑慮重重、對自己失去信心而對西方有不信任的、彷徨四顧上下求索的俄羅斯人來說，無疑具有「先知」般的意義。

有趣的是，在俄國最頻繁的引用「偉大哲學家別爾加耶夫」的話並認同的，不是葉爾欽、普京政府及其陣營，而是在野陣營的俄共。隨著俄共的日益「民族主義化」，他們逐漸倚重以弘揚「俄羅斯傳統」來抵制「全盤西化」，因此他們在越來越軟弱的堅持某些「蘇維埃教條」的同時，也越來越多地從別爾加耶夫這樣的傳統文化弘揚者身上汲取精神資源。當年被共產黨人掃地出門的別爾加耶夫，如今卻被俄共請來做驅魔的尊神，這種現象說怪也不奇怪，因為別爾加耶夫本人也正是從馬克思主義走向東正教，從革命者變成衛道士的。而批判現代社會則是他在這種轉變中所保持的不變的立場。在民族主義和強國主義盛行的俄國，常常出現「錘子鐮刀紅旗」與黃黑白沙皇旗並肩反對紅白藍三色旗（共和旗）的景觀。相應地在形而上領域，也就出現了「馬克思

主義」與東正教原教旨主義結盟反對「世俗資本主義」的局面。
然而在歷史上，別爾加耶夫卻主要是作為非理性主義─存在主義
的意義被西方後現代思潮樹立起來的，而且在俄國曾哺育了像索
忍尼辛這樣的反對派。今天的「別爾加耶夫現象」在這一點上，
實際上也就是昔日索忍尼辛─薩哈羅夫之爭的延續和擴大。

捷克：哈維爾與克勞斯之爭

類似的現象，在東歐也出現。我們僅以捷克為例。

當今捷克，劇變後的第一任總統哈維爾仍然是最有影響力的
思想家，而現任總統、以前的總理克勞斯則是最能幹的實幹家。
這兩個人同屬公民論壇──公民民主黨，但思想觀念的差異卻判
如兩極。

哈維爾被尊為「捷克民族的象徵」和「東歐最偉大的理想主
義者」。他曾積極參與「布拉格之春」，在1968年以後最嚴峻的
歲月裡，他作為「七七憲章」發言人與當局對著幹，寧可坐牢也
不出國逃避，被譽為聖徒式人物。為此，他還與當時持不同政見
者悲觀頹廢傾向和「出國潮」的米蘭·昆德拉，進行一場著名的
辯論。1989年劇變後，他由階下囚一躍而為總統，當時曾獲得90%
以上的選票，連已經開明化的捷摩共黨也號召黨員投他的票，可
以說是劇變後東歐各國中最無爭議的領袖。哈維爾在《無權者的
權利》、《反政治的政治》等書中表述了一種典型的後現代思想：

首先，他主張嚴格區分舊體制（他稱之為「後集權主義」）
和傳統專制主義，認為前者不是中世紀的殘餘，而是現代化的惡
果；不是「東方的罪惡」，而是「西方的罪惡」；不是農民社會
的罪惡，而是市民社會的罪惡。在他看來，「西方的經理人與東

方的官僚」都是無人性的，而東歐的舊體制不僅要歸罪於馬克思列寧主義，而且要歸罪於伏爾泰，歸罪於啓蒙時代以來西方理性主義，歸罪於市民社會的「唯物主義對人類心靈的蔑視」。

其次，解救東歐之路不在於學西方，而恰恰在於擺脫西方工業文明的陰影，要從理性的桎梏中解放人類的心靈，返璞歸眞，要打破現代科學把人類機器化、程序化的狀況，恢復人的本眞存在。

第三，因此哈維爾把社會主義經濟與資本主義經濟都看成是一路貨，而主張用一種「公平的」經濟取而代之。這種經濟的創造力源於眞誠、博愛與理想主義，同樣地，他認爲「蘇維埃政治」與「議會政治」都是誤人的「現代政治」，應當以「反政治的政治」作爲替代，這後一種「政治」應當以公民的個人良心爲基礎。

哈維爾思想受到了西方非理性思潮中的生命哲學、存在主義和捷克胡司派新教倫理的影響，身爲一個作家，他也繼承了卡夫卡爲代表的奧匈時期文學傳統，以及當代歐洲的綠色和平主義潮流。然而這一切，在轉型期卻受到了經濟市場化、政治民主化進程的挑戰，因此哈維爾頗多抱怨之詞。他當總統的幾年間，對捷克的變革實踐是建議少批評多，因而被譏爲「高高在上的教師」，而他自己則限於「理想主義者的孤獨之中」，聲稱自己與在共產黨時代一樣，仍是個「持不同政見者」。

對哈維爾的「教師」地位提出挑戰的是現任總統、當時的捷克總理克勞斯。克勞斯是捷克「休克療法」的設計師，他以堅決主張西方式的市場經濟、議會民主而著名，是個「融入歐洲現代化」的實幹家。他從極端理性主義的立場出發，在從未搞過市場經濟改革的捷克一步到位地而又不失公平地邁向資本主義。雖然對他的批評也不少，但是就連批評者也承認，克勞斯的選擇有其

合理性且成效顯著。當時人們就預計他有可能取代哈維爾，果眞2000年克勞斯成爲捷克總統。

　　東歐的困境說到底，是在西歐「後現代」的語境和氛圍衝擊下搞現代化（市場經濟與民主政治）所遇到的一種特殊困境：既要向西方學習現代化，但卻遇到西方人自己在否定現代化，而又加上本國前現代傳統的阻力。問題表現爲怎樣認識前體制：舊體制的罪惡在那裡，又怎樣才能走出來？說法一直有兩種，是傳統之惡還是反傳統之惡？農民之惡還是反農民之惡？西方之惡還是東方之惡？農村之惡還是城市之惡？中世紀之惡還是現代病的罪惡？理性的罪惡還是非理性的罪惡？……對舊體制的兩種認識，產生了今後選擇道路的兩種意見。

　　東歐知識分子的文化，長期以來都是一種批判的文化。一旦失去批判的對象，他們就陷入了危機。這個危機的根源在於，這些人具有西方文化的背景，但他們接受的卻不是當年西方反專制時的近現代文化，而是對現代文化進行反思和批判的「後現代文化」。後現代的思想武器，能否解決他們在轉型期面臨的種種難題，乃是東歐人的困惑，恐怕在某種程度上也是中國新左派和自由主義所面臨的問題。

金雁：研究俄羅斯、東歐歷史與現狀，曾任中央編譯局世界社會主義研究所研究員、東歐處處長、俄羅斯研究中心常務副主任，現任中國政法大學人文學院教授、中國蘇聯東歐史研究會秘書長。學術論著包括《農村公社、改革與革命：米爾傳統與俄國現代化之路》（1996）、《蘇俄改革與現代化研究》（1997）、《經濟轉軌與社會公正》（2002）、《新餓鄉紀程》（1995），《十年滄桑：東歐諸國的經濟社會轉軌與思想變遷》（2004）等。

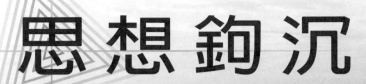

思想鈎沉

戲劇兩則

嚴搏非

《烏托邦彼岸》及其他

今年3月，我到紐約待了一週。去之前，有朋友介紹說，紐約的林肯藝術中心正在演一個話劇，非常好看。話劇叫「烏托邦彼岸」，話劇的作者是湯姆・斯托帕（Tom Stoppard），一個捷克猶太人，二戰結束9歲的時候移居英國，成年後幾乎就是個地道的英國人。但他終於在1977年的時候回到捷克，東歐國家殘存的政治烏托邦和極權下的反抗吸引了他。他和剛從監獄中出來的哈威爾成了至交，從此關心起公共事務成為政治活躍分子。2002年，斯托帕在史料中整整浸泡了4年以後，在柏林牆推倒的13年後，寫完了這個劇本：《烏托邦彼岸》。

《烏托邦彼岸》（*The Coast of Utopia*）共有3場：「航行」、「失事」、「獲救」，每場3個多小時，整部戲演完要將近11個小時。這是部關於「革命」的戲劇，它寫了整個19世紀俄國的思想風暴，從巴枯寧、赫爾岑、別林斯基，到屠格涅夫、車爾尼雪夫斯基、盧格、科蘇特，從「四十年代人」到「六十年代人」，而它的跨度，則從對1789年法國大革命和1812年俄國十二月黨人起義的追溯，一

直到對20世紀俄國十月革命的預言。三場戲的名字「航行」、「失事」、「獲救」，則意味著革命由希望、挫折、轉機、成功以及成功後的氾濫。據說劇作家寫作此劇的主要思想和價值的來源，就是以撒亞・伯林的那部《俄國思想家》。

伯林是西方少數幾個能深入看清俄國革命涵義的人之一，在他看來，19世紀俄國激進知識分子的「走火入魔」，其實身上附著的是

那個巨大的來自於西方的政治烏托邦：去找到那個宇宙的終極目的。杜思妥也夫斯基小說中描寫的「魔鬼」（俄國激進知識分子），他們沖向盲目的自我毀滅，還帶著整個國家同歸於盡，隨後更貽害世界許多地區，其實正是這一信念的幾種最極端形式之一。然而它的問題來源和它的困境，卻就是那個從實然到應然即從事實到價值的斷裂，那個500年的現代性至今仍繞不過去的「休謨問題」。

「休謨問題」是要求選擇的。19世紀俄國那些最敏感的知識分子的迷人之處，就在於他們在激烈矛盾中的選擇。這需要巨大的道德勇氣，因為明知道可能導致災難。19世紀的俄國思想家們，用徹底的道德精神，給我們留下了一個世紀的災難和許多對我們這個時代的先知式的洞見。於是才有了伯林的說法：只有瞭解了右派和左派的「巨大專制幻想」在思想和道德上吸引力的人，才能真正瞭解並維護自由主義的價值。

表面上看，各種革命的意識型態似乎已經與我們今天失去了聯繫。但事實上，引起這些意識型態的問題並未過去，它可能更深入

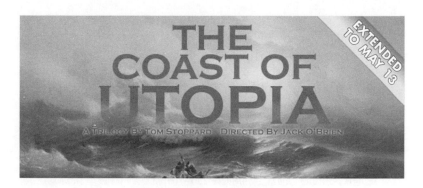

《烏托邦彼岸》的海報。

地隱藏到今天的生活事件中，我們可能已經更深刻地回到了它的原
點：關於自由和暴政。儘管在形態上可能非常不同，選擇仍然必要，
就像伯林曾引述過的熊彼德一句話：「明白自己的信念只相對有效，
而仍毅然支持之，不撓不退，是文明人所以有別於野蠻人之處！」

　　我到紐約的時候，這部戲已經演了兩個月半了，朋友在電話裡
說，你要提前訂票，不然會買不到。我提前了一週去訂，開始的回
答是有票，但不連座，猶豫了半小時，再去，一張也沒了。在這同
一段時間裡，紐約書店裡的伯林的《俄國思想家》，則從原來的每
週銷售十幾木上升到三百多本。這本**《烏托邦彼岸》已有中文本**[1]，
是國內一位很年輕的圖書策劃人做的，2006年4月由南海出版社出
版，印了5000本，一年過去，賣了不到3000冊。在中國當下的精神
生活中，不僅烏托邦死了，連同對烏托邦的反省也死了。而在這些
的背後，則是知識精英的平庸化和死亡，但這是另一個大問題了。

1　《烏托邦彼岸》（南海出版公司，2006）。

薩拉・凱恩和她的戲劇

值得說的還有另一部戲和這位劇作家的集子。2006年10月，上海話劇中心的D6空間上演薩拉・凱恩的戲，當時我們正準備出版薩拉・凱恩的戲劇集，話劇中心來聯繫過幾次，還送來了一些票，我找了個晚上去了。

走進劇場的時候戲已經開始。D6空間就像一個微型排球場，兩邊的梯形座位上坐滿了觀眾，一束燈光照在中間的矩形舞臺上。女演員蜷曲在一個玻璃盒子中，痛苦而絕望地扭動，長時間地靜默。她終於從盒子中走出來，不注視對方，獨自地、靜態地開始大聲吟誦。在那些不連貫的、強烈的喊叫和吟誦聲中，角色（一個精神病人）似乎攜帶著這個資本主義後工業社會的靈魂，表現出對當下時代精神最清醒的理智。這是英國女劇作家薩拉・凱恩在自殺前一周時完成的戲劇：《4。48精神崩潰》。

這位在千禧年前自殺的28歲的劇作家只寫了5部戲劇，但每一部都在歐洲和北美引發轟動。在這個謹小慎微的物質主義時代，薩拉・凱恩以她清晰的理智來描述依然存在的地獄。《小世界》的作者大衛・洛奇曾經說過：1960年代以後，地獄消失了。這意味著，批判知識分子也消失了。為地獄存在的知識分子，失去了他們的批判對象，他們的「鴉片」沒了。在洛奇筆下的知識分子，坐著噴射機趕往全世界參加各種學術會議，為各式各樣的瑣細學問撰寫長篇論文，順便尋求可以點綴生活的豔遇。而他們意圖構建的烏托邦，則假扮成物質主義降臨了。然而這正是韋伯在100年前預言的資本主義文化異化的結果：「沒人知道將來會是誰在這鐵籠裡生活……（我們）完全可以，而且是不無道理地，這樣來評說這個文化的發展的

最後階段：專家沒有靈魂，縱欲者沒有心肝，而這個廢物卻幻想著它自己已達到了前所未有的文明程度。」

批判知識分子當然並沒有完全消失，薩拉‧凱恩就清醒看到地獄：「我一直不斷地寫劇只是爲了逃避地獄——然而始終爲未能如願——但從事情的另一端來看，當你們坐在席間一邊看一邊覺得那是對地獄最完美的表述時，我又感到這也許是值得的。」在她自殺前寫下的《4。48精神崩潰》有這樣的句子：我們是受詛咒的／理性的賤民（按：現代性／工具理性）；我爲何被擊殘？／我看到了上帝的顯現／它將來臨並隱去；我們是絕望無助的人／誰廢黜了我們的領路者／而焚香參拜太陽神（按：就像韋伯說的「世界不再迷人」，現代性切斷了世俗與超越的神聖事物的連接，「我們不知道在這驚人的大發展的終點會不會又有全新的先知出現，會不會有一個老觀念和舊理想的偉大再生」）；最後，薩拉說：我爲死者而寫／爲未出生者……

這位年輕早夭的作家，有著令人意想不到的深度。

薩拉‧凱恩是張獻和胡開奇推薦的，聯繫版權差不多用了半年的時間，遠在紐約的胡開奇還負責劇本的翻譯。2006年11月，**《薩拉‧凱恩戲劇集》**[2]出版了，它包括：《摧毀》、《渴求》、《清洗》、《給菲德拉的愛》和我們上面說的《4。48精神崩潰》。此外還有一個將近3萬字的附錄，那是從3本不同的評論中選出來的。

2　《薩拉‧凱恩戲劇集》（上海：新星出版社，2006）。

　　《烏托邦彼岸》和《薩拉‧凱恩戲劇集》，在台北市忠孝東路4段561號上海書店有販售。

嚴搏非：上海季風書園董事長兼總經理，常發表書評書介，從書觀察文化思想的來龍去脈，也藉書談古今論是非。

傑克・倫敦

李有成

　　1902這一年，傑克・倫敦（Jack London）26歲，還只是一位初涉文壇的年輕作家，曾經在《陸路月刊》和《大西洋月刊》發表了一些短篇小說和記遊散文。1901年他代表社會主義勞動黨（The Socialist Labor Party）參加加州奧克蘭市的市長選舉失利。傑克・倫敦是在1896年加入社會主義勞動黨的，這一年他也進入柏克萊加州大學就讀，但只待了一個學期。1916年傑克倫敦不滿社會主義勞動黨逐漸失去戰鬥力量，淡化階級鬥爭，因而不惜退黨。同年11月22日因尿毒症去世，得年僅40歲。1916年當然也是列寧發表其《帝國主義是資本主義最高階段》的一年。

　　1902年7月21日，傑克倫敦接到美國出版協會的電報，邀請他赴開普敦報導波爾戰爭（1899-1902）之後的南非社會。第二天他就整裝出發，到了紐約之後卻被通知任務已被取消。由於已經訂好前往倫敦的船票，他因此另外與麥克米蘭公司簽約，改赴倫敦採訪愛德華七世的加冕典禮，同時計畫深入倫敦東區，親身報導當地下層貧民的生活。他在1902年8月初抵達倫敦，不久即化裝成流浪漢，一身襤褸，混跡倫敦東區7週之久，每天與三餐不繼的貧苦工人和失業大眾為伍，嘗試了解他們的生活窘境，剖析他們的精神狀態，記錄他們的內心期待，最後完成《深淵裡的人們》（*The People of the Abyss*）

一書，1903年分別在紐約和倫敦出版。此書於2003年由倫敦的布魯多出版社（Pluto Press）印行百年紀念版。

倫敦東區長期以來一直是大英帝國的難言之隱，是所謂「天使害怕涉足的地方」，對許多的帝國臣民而言，更是個未知之地。用傑克倫敦的話說，「富人和有權有勢的人不住在這裡，旅客也不會到來，只有200萬工人在這裡聚集、繁衍、死亡。」在倫敦東區，「生命的猥褻和獸性粗野猖獗。沒有隱私可言。惡的腐蝕善的，然後一起潰爛。」傑克‧倫敦在《深淵裡的人們》的第18章，就以各種統計數字，說明近130萬倫敦工人家庭在生活匱乏與飢寒交迫中苟延殘喘的情形。「他們沒有生活，他們不知道什麼是生活。他們就像下等禽獸那樣勉強維持生活，直到死亡仁慈地解救他們。」

野獸是《深淵裡的人們》一書中重複出現的意象，傑克‧倫敦顯然有意藉這個意象來勾勒東區居民的非人生活。譬如，該書第23章這樣敘述一位婦人的死：「她無家可歸，無處居住，而又疾病纏身。在她生命的最後一刻沒有親人，孤獨死於街頭。她62歲，靠賣火柴爲生。她的死簡直和野獸的死一模一樣。」同一章還提到一位爲購買食物而被控搶劫兩個先令的小男孩：「他生來就是流浪兒、迷路者，是一隻在帝國叢林中覓食的幼獸，他捕食弱者，卻又被強者捕食。」另外在第24章，作者把倫敦東區的潛在罪犯描述爲「有點近似人類，但更近似野獸」。「他們是新的品種，是一種城市野人。街道、房屋、小巷及院落，都是他們的狩獵場。正如山谷是天然野人的出沒之地一樣，街道和房屋就是他們的山谷。貧民窟是他們的叢林，他們在這個叢林中生活與捕獵。」

傑克‧倫敦在親身體驗倫敦東區的窮困之後，又參考官方文獻與時人的報導，非常生動地描述在帝國的強大意志之下工人階級的宿命：

至少有150年，他們失去了他們的精華。那些強者，那些有勇氣、有創造力、有抱負的人，都往地球上更新鮮、更自由的地方流去，到那兒開拓新的領土，建設新的國家。缺乏這種氣質的人，即心臟、頭腦和手腳衰弱的人，以及那些墮落和無用的人，才留下來繁衍後代。年復一年，他們生育出來的強者，又被帶走。無論在什麼地方，只要有一個具有活力和身材高大的男人長大成人，就會被強行拉到軍隊中去。正如蕭伯納所說的，一個士兵「表面上是保衛國家的英勇、愛國的戰士，實際上是個不幸的人，他迫於貧困，為了每天的衣、食、住而充當炮灰。」

傑克‧倫敦的描述印證了霍布森（J. A. Hobson）在《帝國主義研究》（*Imperialism: A Study*）一書中的說法：帝國主義不僅傷害到別的國家民族，同時也摧殘了帝國本身的社會與道德。這段描述也具體而微勾勒出威廉士（Raymond Williams）所謂的工人階級的「奇怪命運」。

傑克‧倫敦當然不是第一位關注英國工人階級生活狀況的人。早在1845年恩格斯即出版《英國工人階級的狀況》一書，對工業革命之後英國工人階級——以曼徹斯特地區為例——的命運提供其政治經濟學的分析，書中以相當多的統計數字作為論證的依據，但全書最令人觸目心驚的應該是他親眼目睹的工人階級的悲慘生活：「曼徹斯特與其鄰近地區的35萬人當中，幾乎所有的人所居住的都是破落、潮濕、骯髒的陋屋，而環繞這些陋屋的街道通常都處於殘破、髒亂不堪的狀態。」恩格斯認為，如果居住在這樣的環境裡還能安然自適，這種人「早已人性盡失，墮落潦倒，在道德與軀體上已退化到只剩下獸性。」半個多世紀之後傑克‧倫敦考察倫敦工人階級

的生活，他的描述和結論與恩格斯的如出一轍，半個多世紀以來儘管帝國聲勢遠播，從曼徹斯特到倫敦，英國工人階級的命運似乎沒有絲毫改善，仍過著半野獸的非人生活。傑克・倫敦因此在總結他的考察時提出這樣的結論：「**倫敦所存在的任何貧困和墮落的狀況，整個英國也都存在**。巴黎不是法國，可是倫敦就是英國。使倫敦成爲地獄的那些可怕的條件，也使英國成爲地獄。」

　　1916年10月16日，距傑克・倫敦去世前一個多月，他給哥本哈根的一位年輕人維爾斯考夫（Leon Weilskov）回了一封信。他在信上這麼指出：「我想我在《深淵裡的人們》用的心比其他書來得多。」寫作《深淵裡的人們》時，傑克・倫敦的重要小說如《野性的呼喚》和《海狼》尚未出版，這麼一本初試啼聲之作卻是他畢生用心最深的著作。傑克・倫敦是位社會主義者，曾經在1903年發表〈我怎樣變成社會主義者〉一文，相當生動地剖析他從個人主義者轉變爲社會主義者的心路歷程，不過我們並不清楚他是否讀過恩格斯的《英國工人階級的狀況》，只是在文類和體例上，《深淵裡的人們》與恩格斯的著作倒是有許多近似的地方。這本書的基本構成是一系列的人物素描，這些人物包括了遊民、失業工人、罪犯、酗酒者、貧病交迫的婦女與兒童，中間夾雜許多日常開支的統計數字、官方與報紙的報導，以及作者的親身觀察與分析，這些不同的文體併湊成倫敦東區的日常生活與人間慘劇。

　　在傑克・倫敦之前，不是沒有人注意到倫敦的貧窮與失業問題。不提狄更斯與莫利生（Arthur Morrison）等的所謂貧民窟小說（the slum novels），在1851年至1872年間，《胖趣》（*Punch*）雜誌的創辦人梅修（Henry Mayhew）即出版了4冊的《倫敦勞工與倫敦貧戶》（*London Labour and the London Poor*），這部巨著至今仍被視爲了解維多利亞時代倫敦低下層生活最詳實直接的記錄。另一部同樣值得

一提的是作家兼記者哲洛德（Blanchard Jerrold）與法國著名插畫家杜黑（Gustava Doré）於1872年合作出版的《倫敦行旅》（*London: A Pilgrimage*）。當代英國傳記作家與小說家艾克洛伊德（Peter Ackroyd）在此書2005年新版的〈導論〉中指出，《倫敦行旅》一書的「文本與插圖展現的是一段穿越聖地的旅程，一個充滿了宗教敬畏與恐怖的地方，一個人世秘密被揭露的地方。」在提到倫敦東區白教堂一帶時，艾克洛伊德從此書的文字與插圖看到的是一幅「苦難與絕望的可怕景象。這些都是值得但丁《煉獄篇》一試的圖像。」然而倫敦東區真正受到社會的普遍關注，卻是在1888年的夏末初秋。就在這一年夏秋之交的幾個星期之內，東區連續發生了數起妓女被開膛剖肚殺害的命案，兇手後來被稱為開膛手傑克。蕭伯納還為這件事在1888年9月24日投書《星報》（*The Star*），這封信後來廣為大家所引述，被認為相當忠實地描述這些命案所造成的社會震撼：

> 　　社會主義失敗的地方，私人企業成功了。當我們傳統的社會民主黨人還把時間浪費在教育、煽風點火，以及組織上時，某個獨立的天才早把事情攬在手上，僅僅把四個婦女謀殺和開膛剖肚，就可以把大老闆的報社改變為某種令人發噱的共產主義。其中的道德教訓非常漂亮，造反分子、暴力革命分子、不服輸分子，以及無政府主義者中的極左分子立刻看上這個道德教訓。「人性、政治學、經濟學，以及宗教，」他們說，「都是胡扯；感動各位女士先生的唯一論證是那把刀。」

　　蕭伯納的意思是，多少社會造反派和改革派的努力，恐怕還不如開膛手傑克犯下的滔天大罪。當然他的目的不是要把開膛手傑克

美化爲社會改革者，但開膛手傑克的連續暴行，的確喚起了時人的良知，開始有較多的人注意到倫敦東區的悲慘世界——東區無疑是帝國之恥，也是被上帝遺忘的地方。艾克洛伊德在他2001年所出版的皇皇巨著《倫敦傳》（*London: The Biography*）中特別指出，開膛手傑克聳人聽聞的殘暴罪行，創造了倫敦東區的公共身分，有效地將東區區隔爲一個「無可比擬的暴力與墮落」的地方。

據艾克洛伊德的考察，倫敦東區之被稱爲東區是在1880年代以後的事。「東區成爲眾多怪異的秘密與慾望的『深淵』或『地獄』。」而在某個意義上，東區也變成了「倫敦本身的黑暗生活的縮影」。把倫敦東區稱爲深淵顯然不是傑克·倫敦首創，把這種暴虐與墮落的都會空間想像爲深淵，所要傳達的其實是一種絕望。我在前面說過，像倫敦東區這樣的絕望深淵，雖然近在咫尺，對許多帝國臣民而言竟是未知之地。

傑克·倫敦在深入此深淵之前，曾經求助於著名的湯姆斯庫克旅行社，希望旅行社能代爲安排東區之行。旅行社的職員卻一口推絕：「我們不習慣把旅客帶到東區去。我們從來沒有接到過讓我們帶他們到那兒去的電話，況且我們對那個地方也一無所知。」傑克·倫敦從職員的答覆看到事情的反諷。最令他感歎的是，庫克旅行社一向「是探路者和開路先鋒，是通向世界各地的活路標」，「可以輕鬆而敏捷地、毫不猶豫地緊急援助陷入困境的旅行者」，可以把人「送入非洲和西藏的最深處」，可是要到近在咫尺的倫敦東區，旅行社「卻不識其路」。

《深淵裡的人們》一書所紀錄的不僅是傑克·倫敦的東區經驗，他的活動範圍還包括了倫敦市中心，甚至還遠至倫敦以東的肯特郡。從某個角度來看，貧窮與墮敗顯然不只局限於倫敦東區而已。不過整本書最令人感到突兀的應屬第12章〈加冕日〉，傑克·倫敦

置身於帝國的心臟，擠身在市中心的特拉法加廣場觀看金碧輝煌、耀武揚威的遊行隊伍。「而倫敦東區，以及全英國的『東區』卻在艱苦度日，腐爛、衰朽而終至消亡」。

　　《深淵裡的人們》非但暴露了倫敦東區慘絕人寰的現狀，也預示了帝國內部腫瘤化膿的時刻已經到來。就像傑克倫敦在此書的〈序〉中所記述的，1902年嚴冬來臨的時候，「無數失業者形成大軍，每天穿過倫敦大街，高呼口號要求麵包。」誠然，當一切堅固的東西都煙消雲散之後，就像馬克思和恩格斯在《共產黨宣言》中所說的，「人們終於不得不用冷靜的眼光來看他們的生活地位、他們彼此之間的關係。」

李有成：現任中央研究院歐美研究所研究員兼所長、國立中山大學合聘教授，曾任中華民國比較文學學會理事長。研究領域包括文學理論、文化批評、當代英美文學等。著有文學評論與學術專書《文學的多元文化軌跡》、《在理論的年代》、《文學的複音變奏》、《踰越：非裔美國文學與文化研究》及詩集《時間》等。

新書序跋

社會運動研究的問題意識：

《社會運動和革命：理論更新與中國經驗》台灣版前言

趙鼎新

　　本書[1]由筆者在北京出版的《社會與政治運動講義》一書的基礎上，經過修改擴充而成。雖然本書各章節中對西方流行的各類社會運動理論做了一定程度的、甚至是相當正面的介紹，全書的理論立意，與目前西方所流行的資源動員理論、政治過程理論和各類革命理論有很大的不同。我想指出的是，這些不同並不源自筆者在現代科學觀下所進行的刻意的標新立異，而是筆者獨特的問題意識與價值傾向所致。值此臺灣版面世之際，我想把本書的思想與方法背後筆者的心路做一介紹，以使讀者能更好地了解本書理論及方法的特點。

　　1990年前我是一位昆蟲生態學家。1989年北京學運後，出於對中國前途的關切，我才改行學社會學。我在1990年代的主要工作，就是對八九學運的研究。八九學運和發生在1960年代文化大革命期間的造反運動，是我個人體驗最為深刻的兩場社會運動。本書的問題意識和價值趨向，在很大的程度上來自於我對這兩場群眾運動的理解和思考。

　　文革剛開始時我才13歲。在為王友琴女士《文革受難者》一書

1　本書即將由國立清華大學當代中國研究中心與巨流出版公司出版。

所做的書評中，我曾經提到我在文革中的部分見聞（趙鼎新2004）：
「我看到了我的同班同學放火燒了兩位女老師的頭髮，見過一群身
著軍裝的紅衛兵揮動著銅頭皮帶毆打一位在地上已經縮成一團的男
子，也見過躺成一排的在武鬥中身亡的死屍。文革初期自殺成
風，……我經常聽見鄰里們下班回來帶著恐懼的表情向我們述說某
處有人跳樓了，哪兒有人開煤氣自殺了；我甚至還親眼目睹了一位
剛從樓上跳下尚未死亡的女子，她腦漿迸出，渾身抽搐，兩眼茫然
地望著那逐漸增多的圍觀者……」文革是在一套當時聽起來是十分
美好的理論和話語下展開的，文革中人們對他人的瘋狂迫害以及對
大眾的煽動，也都冠以在當時社會中聽起來最為冠冕堂皇的理由。
然而，這些理論和話語卻延伸了人性的險惡，並帶來了災難性的後
果。

　　文革後，我對任何知識分子式的浪漫，任何原教旨主義式的政
治鼓動，背後的動機及其社會效果均持有很深的懷疑態度。文革經
歷在我的思想中注入了很深的進步保守主義色彩。就革命而言，我
不會像一些保守學者對其進行全面否定。深受壓迫而又走投無路的
百姓，當然有反抗的權力，成功革命的背後也總有著其他的結構因
素。但是，我更知道革命的結果往往破壞巨大、成果有限、遺患長
遠。文革後我經常思考的不是簡單的「告別革命」，而是怎麼實現
社會漸變，以消除產生革命的土壤。

　　八九學運爆發時，我在加拿大麥基爾大學攻讀昆蟲學博士學
位。學運初期，學生們針對社會上的一系列嚴重問題提出了抗議，
從而得到了廣泛的支持。同時，處在通貨膨脹等問題而帶來的社會
危機之下，中國政府對學生抗議也表現了克制。4月下旬後，政府和
學生開始對話，中國的主要媒體也逐漸以中立甚至是正面的調子報
導了學運。這些發展都使我欣慰。我感到，在十年改革後，國人的

眼界開闊了，政府也更能容納異見了，這些發展給予了我深刻印象。但是5月13日學生絕食後，學運方向發生了根本性的改變。此後，中國政府與學生之間在多次的對話和斡旋失敗後日益敵對，並最終導致了軍事鎮壓和北京市民的暴力對抗。一個起始於看上去是頗爲良性的學生和國家之間的互動，其間雖然經過一些學生、知識分子和政府官員的努力，最終仍走向血腥衝突。整個運動的發展顯示了，中國社會仍然嚴重缺乏緩解社會矛盾、避免社會走向極端的必要機制。此後的相當一段時間，我情緒低落，並對中國的前途日益關切。逐漸，對中國的關懷取代了我對昆蟲的興趣。經過反覆思考後，我決定在取得昆蟲學博士後改學社會學，以對八九學運的悲劇性收場這一問題做出研究。

但是，進入社會學系學習後，我在很長時間裡對美國的社會運動理論和問題意識感到不適應。此前，我對社會學了解有限。作爲一個自然科學家，我本以爲社會學和自然科學在本質上應該相似，即它應該有一些大多數人能接受的基本理論和基本問題意識。若干年後我才明白，我的這種看法對於自然科學來說都是有偏差的。比如，古代中國哲人對聲音和光的性質的了解要比希臘哲人透徹得多，但是他們力學知識就不如希臘哲人。這在很大程度上就是因爲，兩個傳統中的哲人有著不同的關懷所致。自然科學是這樣，社會科學就更是如此。美國學者針對自己的社會產生了特有的問題意識，並創造出了相應的社會運動理論。套用在美國問題意識下所產生的社會運動理論，來分析中國的社會運動，勢必會有很大的局限。正是在這不適應的緊張下，我越來越清醒地認識到了我的問題意識所在，並在汲取美國理論優點的基礎上形成了自己的觀點。具體說，圍繞著問題意識這一點，我與美國學者有著如下的區別。

首先，美國學者主要關心的，是當代資本主義社會特別是美國

社會中存在的問題。對於我所做的中國社會運動研究，他們眞正關心的是我的研究成果與美國主流社會運動理論之間的關係，特別是這些成果是否在某些方面豐富了主流社會運動理論。我感興趣的問題，諸如爲什麼中國社會如此缺乏社會矛盾緩解機制，爲什麼八九學運會有如此悲劇性的收場，等等，不是當前美國學者的關心重點。這就出現了中國的人文社會科學的學者在北美遇到的一個普遍問題：除非你能把你所研究的某一中國的案例與西方的某一流行理論和問題意識聯接起來，否則無論你經驗研究的好壞，西方學者都很難對你的工作感興趣，你也不會在西方學術圈內獲得成功。相反地，一旦你按照西方的理論和問題意識對一個中國案例做出分析，只要你夠聰明和刻苦，你就一定能在西方取得成功。問題是，中國問題的性質和中國學者的問題意識，與西方學者的興趣和西方理論相去甚遠。因此，這種按照西方的問題意識和理論所進行的研究，在大陸雖然能吸引不少年輕學者，在成熟的同行眼裡卻被認爲是在伺候美國主流，對中國的問題而言無異於隔靴撓癢。這一困境對我來說尤其重要，因爲如果直接在西方社會運動理論的框架下研究八九學運，我的研究就有可能會脫離我所關心的本質問題，從而違反了我改行學社會學的初衷。

面對這一困境，我選擇了折衷：在堅持以我的問題意識作爲研究主導的基礎上，我同時汲取了美國社會學在中層理論思潮下所發展起來的大量的以社會機制爲核心的研究成果和方法。比如，在美國學者的多年努力下，我們已了解了大量的與社會運動有關的機制（如謠言傳播機制、集群形成機制、集群規範形成機制、搭便車機制、社會網路動員機制、等等）。一個社會機制的內在邏輯並不會隨著情景而改變（比如說搭便車機制，即中國俗話說的「三個和尚沒水喝」，在任何形式的集體行動中都會體現自身的邏輯），它因

此可以是任何社會學分析的基本要素。問題複雜在：一個社會運動
的動態是多重機制互動的非唯一性產物。在不同的社會運動中，同
一社會機制在其中的重要性以及與其他機制之間的關係也完全不同
（比如搭便車機制在組織良好的社會運動動員中的作用就比較
小）。這就體現了問題意識和理論的重要性。不同的問題意識和不
同的社會運動理論，都可以看做是對不同機制在社會運動中的相對
重要性及其相互關係的不同評估。如果說那些中觀或微觀的、旨在
揭示社會機制及其作用規律的研究具有很大的科學性，那麼在一定
問題意識下，針對具體的社會運動所做的經驗研究和提出的理論，
就是一種把握社會機制的綜合作用的藝術。讀者可以看出，本書雖
然有其獨特的理論和方法，但是在以社會機制為核心進行研究這一
點上，是與美國社會學家相通的。掌握美國社會學研究中已經了解
了的大量社會機制和以機制為核心的研究方法，掌握美國社會學研
究中發展起來的大量方法手段，創造出具有本土性的問題意識和理
論，這是在美國社會學強勢影響下大陸和臺灣社會學家所需努力的
方向。

其次，美國的社會學家，十分強調1960年代以後出現的資源動
員理論和政治過程理論與傳統社會運動理論的區別（見第2、第9
章），並把早期的以社會結構和社會心理為核心視角的社會運動理
論，貶為右派保守理論。我則認為美國過去和現在的社會運動理論
沒有任何本體性意義上的差別，它們是不同問題意識下的產物，並
都有自己的合理性。從社會機制的角度看，1960年代前的美國，社
會運動尚沒有被完全制度化（institutionalization），非組織性的謠言傳
播和集群形成等等機制，在社會運動的動態中仍然起著很大的作
用，相應地當時的學者就強調了社會心理在社會運動中的作用。從
問題意識的角度來看，1960年代前，左派力量在美國仍具一定影響，

沒有完全被制度化的社會運動對美國體制仍有著一定破壞性，美國在與社會主義陣營的對抗中也不時處於守勢。與之相應，美國學者就趨於保守，把社會運動看做是需要消除的社會病理現象（見本書第2至第5章）。直到1960年代後，資本主義和西方民主在美國和整個世界得到穩固，美國的社會運動向小規模化、專業化和利益集團政治化的方向發展，並完全失去了其革命性。正是在這種情況下，美國學者的興趣才轉向了組織性、資源性和策略性的社會運動形成機制，並在資源動員理論和政治過程理論的旗號下，提出了對社會運動有同情傾向的問題意識（見第9章）。我個人認為，現代美國社會運動的學者，其根本價值觀與老一代學者在本質上相去不遠，他們都持有美國中產階級的一些基本價值，只是由於現代學者所同情的社會運動與早期學者所懼怕的社會運動在性質上有很大的不同，這才為現代學者對社會運動同情姿態的產生提供了可能。但是，現代的學院左派學者，卻完全拋棄了早期的「右派」社會運動理論，包括許多在保守問題意識下產生的、在今天看來仍然有很大意義的研究及其成果，這不可以不說是一個損失。與目前西方的社會運動理論書籍不同，本書對美國的傳統社會運動理論做了一定介紹（第3至第5章），並在介紹現代社會運動理論時，注入了大量早期研究的精華。本書力圖拋棄美國社會運動研究中的種種意識型態，積極採用在左右派問題意識下所產生的優秀成果，以推進在我的問題意識下的社會運動理論和研究。

我在接觸西方社會運動理論後所面對的第三個問題，是美國社會運動研究視角的窄小。1960年代以後的美國，革命已經完全成為一個外國現象。雖然美國時有種族騷亂發生。但是在自由主義的霸權地位下，美國的騷亂毫無意識型態話語的直接支持，因此幾乎不可能轉化為社會運動和革命。在這種情況下，發生在美國的群眾抗

爭形式，越來越多的是那些被高度制度化了的甚至是與利益集團政
治相近的社會運動。與此相應，美國社會學家把革命、社會運動和
集體行爲看做是不同性質的事物，並發展了出了不同的理論，其中
最爲發達的就是強調政治機會、理性選擇、策略架構和資源組織的
政治機會理論。問題是，社會運動在目前中國仍不多見，並且基本
上屬於體制外的行爲；騷亂不僅僅是中國社會抗爭的主流，而且有
著廣泛的意識型態環境的支持。在其他條件的促動下，這種體制外
的社會運動和騷亂，有著很大的向革命運動轉化的潛力。我們不妨
將八九學運和發生在1960年代美國和西方其他國家的新左派學生運
動做一簡短比較。就初始性質來說，新左派運動的目標甚至更具有
革命性和對現存制度的顛覆性。但是在新左派運動的發展過程中，
運動逐漸被納入體制軌道，眞正保留著新左派運動理想的人士則被
邊緣化（Gitlin, 1980）。與之相反，八九學運卻像一個極端學生篩
選器，短短的7個星期中，較爲講究策略的學生領袖不斷被邊緣化，
並被更爲情緒化的學生取代，如果運動不被鎮壓或者是鎮壓失敗的
話，它最後幾乎肯定是一場革命性的結局（Zhao, 2001）。因此，在
我的問題意識下，革命、社會運動和騷亂只是衝突性集體行動的三
個不同的狀態。它們之間有著一定的可轉換性。在某些社會中，革
命只是極少極端人士的幻想，騷亂集中發生在處於最弱勢狀態的邊
緣社區中，利益集團政治型的社會運動則成了社會抗爭的主流。而
在一個化解社會矛盾能力很弱的社會中，社會運動會受到壓制，社
會矛盾和抗爭往往以組織鬆散甚至是無組織的騷亂形式出現。這種
形式的抗爭很難被體制吸納走向制度化。並且，一旦與其他社會危
機相結合，社會矛盾往往會以革命性的抗爭形式表達出來。

　　制度化是傳統社會運動理論架構下的一個重要概念。1970年代
資源動員理論和政治過程理論興起後，制度化逐漸被看做是一個右

傾保守的概念。但是在本書的問題意識下，制度化這一概念有著其中心地位。筆者認爲，任何一個社會都不能避免也沒有必要避免社會運動的發生。對於社會運動發起群體來說，運動是他們爭取權益和實現他們價值觀的重要武器。站在統治者的角度來看，社會運動也不見得是一件壞事。只有在一個國家缺乏將社會運動制度化的能力的情況下，社會抗爭行爲才會以破壞性極大的騷亂或革命形式表現出來。在本書所推崇的「國家社會關係」這一理論視角下，國家對社會運動的制度化能力，是國家社會關係對社會運動發展影響的核心。

　　以上討論本書所採取的理論視角及其背後的問題意識的來源，其主要目的是想說明，本書所推崇的理論只是筆者在一定問題意識下所採取的一個視角。筆者對臺灣的發展一直很關心。2002年我第一次訪台觀察北高選舉，領略了臺灣政治的特色。2006年我到臺灣國立清華大學當代中國研究中心講學，其間觀察了正在進行中的紅衫軍倒扁示威。臺灣是一個處於轉型過程中的不成熟的民主社會，臺灣政黨在國家認同問題上的分野，又爲臺灣民主政治的成熟增加了巨大難度。臺灣的現狀給了政客很大的舞臺，增加了社會良知的焦慮，爲政治和社會發展帶來了很大的不確定性。可以預見，在臺灣社會中，社會運動，包括來自於政黨乃至執政黨的社會運動式的動員，仍將在很長時期內發揮著重大的作用。臺灣的政治和經濟條件與中國大陸和美國有著明顯不同，我的以及美國學者的問題意識，因此不可能是臺灣學者的問題意識，但是我希望本書所介紹的各類社會運動理論以及筆者本人的思考，會給臺灣讀者提供一定借鑒和啓示，並對臺灣社會學研究的發展有著推進作用。

　　在本書出版的過程中，臺灣清華大學當代中國研究中心的吳介民、陳志柔、陳明祺等學友提供了大量的幫助，當代中國研究中心

研究助理葉國豪先生在本書的國語繁體版編輯過程中花了很多的時間和精力，在此一併致謝。

參考文獻

趙鼎新，2004，〈評王友琴的《文革受難者——關於迫害、監禁和殺戮的尋訪實錄》〉，《二十一世紀》，85期，第101-104頁。

Gitlin, Todd. 1980. *The Whole World is Watching: Mass Media in the Making and Unmaking of the New Left*（Berkeley: University of California Press）.

Zhao, Dingxin. 2001. *The Power of Tiananmen: State-Society Relations and the 1989 Beijing Student Movement*（The University of Chicago Press）.

趙鼎新：芝加哥大學教授，北美中國社會學家協會主席。英文專著《天安門的力量》曾獲得美國社會學學會2001年度亞洲研究最佳圖書獎、2002年度集體行動和社會運動研究最佳圖書獎。他目前在進行中國古代政治史研究。其中文專著《東周戰爭與儒法國家的誕生》於2006年在上海出版，並被北京萬聖書店評選列入2006年度學術類漢語寫作十種最佳著作。

思想采風

布萊克本論布希亞

劉俊麟

再見了，布希亞！

英國的《展望》雜誌月號，刊登了一篇任教於劍橋大學的分析哲學家布萊克本（Simon Blackburn）的文章，紀念號稱是法國最後一位偉大的後現代主義者布希亞的去世[1]。出人意外的是，布萊克本並沒有在文中大肆批評嘲弄布希亞的後現代主義觀點，反而認爲布希亞看起來極爲誇張的觀點其實言之有物，值得深思[2]。

布萊克本指出，布希亞最戲劇性的宣稱「波斯灣戰爭不曾發生」，表面上看來誇張且會被人認爲虛假。但是，這不過是法國作家慣用的隱喻手法，就像柴契爾夫人雖被稱爲鐵娘子，但我們當然不會認爲柴契爾夫人戴著鐵鐐噹啷噹啷地走路。布希亞主要關切，當電視媒體主導當代社會人們的行爲思考習慣時，到底發生了什麼

---

1 布希亞於今年3月6日辭世於巴黎。請參見鍾大智，〈法國思想加布
　　希亞去世〉，《思想5：轉型正義與記憶政治》，頁301-5。
2 英美分析哲學家通常對於後現代主義論述頗爲反感，例如，美國哲
　　學家法蘭克福（Harry G. Frankfurt）在其暢銷名著《胡說八道》
　　（*Bullshit*）的結尾中批評，所謂後現代主義其實根本是在「胡說八
　　道」。

事？布希亞曾說過，透過電視媒體所表現出的真實，有時候是比現實生活還要來的更真實。1990年發生的波斯灣戰爭就是一個很好的例子。對於布希亞而言，波斯灣戰爭被有心計劃者利用擬像技術加以模型化；所以，美國其實是靠駕駛員透過電腦螢幕的幫助而贏得這場戰爭，這有別於以往傳統戰爭那種大規模面對面的交戰；而且，這場「戰爭」是透過諸如CNN等國際媒體的推波助瀾而呈現在大多數消費者面前，消費者並沒有辦法實際檢查媒體的報導是否屬實，只能眼睜睜的相信當前影像帶給我們的訊息。布萊克本指出，當前影像所帶給我們的訊息並不單純：這些影像說明了美國自我陶醉式的文化，也說明了美國的恐懼，透過影像的強力放送，讓人不由自主地投射許許多多的幻覺。另外，高度成熟的資本主義終究讓大家陷入虛擬實境的狀態，坊間所出售錄影帶或者DVD，事實上就是擬仿物（simulacrum），這與迪士尼樂園被視為某種超現實（hyperreality）的狀況沒有兩樣。

當布希亞談到納粹大屠殺現在僅被當成一種罪惡的象徵時，「在邏輯上」會讓人想去問：「到底納粹屠殺事件存不存在？」。布希亞這番言論表面上的確會激起許多人的憤慨，但是，他並沒有真的否認納粹屠殺。布希亞要我們反省，當許多有心人士在背後操弄政治與文化之時，真相會變得愈來愈模糊，最後真相究竟如何竟變得無關緊要。這就好像當前台灣在討論二二八事件的同時，會被各種政治或者其他企圖給模糊焦點，有時會讓我們疑心二二八事件是否真的存在，因為這會不會是有心人士操弄的結果？

布萊克本指出，布希亞這種現實被擬像化的觀點，再度引起了古老的哲學問題。布希亞認為，虛擬實境的環境，會讓生活在現代的人們認為，我們的感官並不會比我們每天收看的電視來得更真實、更有價值。我們所接受的自然世界圖像，也許是捏造出來的。

更嚴重的是，這些東西竟然也還可以變成我們賴以維生的商品。所以，在這個虛擬實境不斷充斥的世界裡，我們無法找到真實生存的位置，只能仰賴各種科技產物才能生存。這種生活是夢幻的、神秘的、虛構的以及充滿幻覺的。《駭客任務》這部電影，深受布希亞的觀點所啓發，電腦科技完全掌控的世界是一個不幸的世界。布希亞試圖跟這個世界保持距離，希望能看透這個世界，有朝一日能夠與世界真實面對面。

不過，布萊克本也發現，布希亞竟然沉溺於這個擬像世界而無法自拔。這種普遍懷疑論反而只會讓人覺得更正當化或者更爲掩飾美國、後期資本主義或者消費社會所帶來的種種不良影響。所以，布萊克本也質疑布希亞，豈有任何自重的文化批評家，會想主張這種普遍懷疑論嗎？並非所有事物或者事件都是擬仿物。我們都是生活在公共世界裡的參與者，並非是生活在私有電影院的隱士。所以，布萊克本認爲，對付懷疑論惡夢的良方即爲行動。沒人會在過馬路或者在想晚餐要吃什麼的時候，還在持有什麼懷疑論。即使有些人會被看著電腦螢幕的人送上戰場，他們還是要躲炸彈。而且日常生活中也有些人是不必落入布希亞的文本批評，例如至少工匠敲打釘子或者烤麵包那種具體行動，比起政客（或者學術圈的人）更可以不必陷入符號與訊號的生產過程。

當然，如果布萊克本所言正確，法國幾位思想家所提倡的後現代主義也許是個流行學說，但是，法國後現代主義仍有值得注意的地方。布萊克本接著指出，即使人際之間的真實互動是解救人們、逃出虛擬世界的良方，但這種得救方式也許終究相當短暫。真實相處的那刻一旦消失，記憶工作就開始運作，再一次選擇性地挑選事物，再一次地讓人們感到舒服、也再一次地壓制人們的想像和編造事實。比起真相，我們比較喜歡幻象。真理似乎是一瞬即逝，就像

政客可以僅用一天的時間殺進前線戰區，以顯示自己的關切（其實是宣傳作用）。所以，即便我們眞的願意用誠實的態度去看這個世界，但也許這個生活世界只不過是虛假的延伸。也就是因爲如此，布希亞才會大膽宣稱：根本不存在眞的波斯灣戰爭。他甚至會說，就連上帝也會支持這種假象，因爲結果才是重要的，不管這個結果是否屬實。然而，如果事實不是如布希亞所說的那樣，那麼當前這些置身於眞實世界的擬像物果眞會摧毀我們偉大傳統和重要努力，而那些我們所依賴的自我影像、故事與圖像也會因此被破壞。

劉俊麟：中正大學哲學研究所博士班學生，目前研究興趣是當代共和主義與公共證成的關係。

英國馬克思主義

陳瑋鴻

　　1845年馬克思流亡至英國，往後的歲月裡，他在大英圖書館中研究政治經濟學，英國的資本主義與工業發展一直是《資本論》第一卷的實證素材；然而，英國的知識圈對於這本曠世巨作似乎興趣缺缺[1]。不列顛獨特且淵遠流長的智識傳統——哲學上的經驗主義、政治上的漸進改革理念——說明了與馬克思思想的緊張關係。兩股思想力量的碰撞，同樣也發生在當代英國的新左派身上。最近，倫敦大學政治系教授戴薇絲梳理了當代新左派將馬克思主義溶入英國智識傳統的過程[2]。在思潮相互衝擊的情況下，英國新左派開展出嶄新且多元的批判性研究，包括：英國工人的歷史考察、文化批評，以及對國家的政治分析等。

　　英國智識傳統與馬克思主義之間若即若離的關係，當代著名的文化研究者霍爾（Stuart Hall）說得貼切：英國的新左派「一直以來都視馬克思主義是一種問題、麻煩、危險，而非解方」；而他回顧自己的研究歷程時，自認其理論任務即是試圖在馬克思主義內部批

1　當《資本論》英文版於1894年問世後，在最初的幾年，英國和美國加起來的銷售量一直非常低。

2　Madeleine Davis, "The Marxism of the British New Left," *Journal of Political Ideologies*, Vol. 11, 2006.

評或改造馬克思主義。這種批判性的態度，也多爲英國新左派的知
識分子所秉持。不列顛獨特的思維方式與政治經濟情勢究竟如何影
響新左派的發展？而馬克思主義又在不列顛擦出了甚麼樣的火花？
戴薇絲分別從理論與實踐兩個側面，介紹了英國新左派的歷史系譜。

　　新左派是1960年代的產物，實踐上新左派所標舉的激進社會運
動，代表史達林主義與社會民主之外的另類出路；然而，若更確切
地界定，英國新左派的出現可以以1956年爲界碑，是年發生了一連
串的國際與國內的政治事件，包括：赫魯雪夫在蘇共二十大最後一
天提出「機密報告」，揭露史達林在大清洗中的暴行；英國政府對
於蘇伊士運河利益的積極介入，以及蘇聯軍隊血腥鎭壓匈牙事件。
英國左派知識分子開始對共產黨與英國政府大爲不滿，遂聯合起來
凝聚反對聲音，企圖重新塑造社會主義的理念與運動。初期的新左
派由兩本期刊《思考者》[3]和《大學與左派評論》的編輯委員會爲活
躍分子。到了1960年，兩者合併爲新的期刊：《新左評論》（*New Left
Review*）。從此《新左評論》便成爲英國新左派理論研究與現實關
懷最具代表性的刊物。根據林春的研究，除了《新左評論》外，1963
年後英國新左派也環繞在幾個組織、刊物或人物身上，包括：1964
年由沙維爾（John Saville）和米利班（Ralph Miliband）所創刊的《社
會主義者文摘》（*Socialist Register*），由霍格特（Richard Hoggart）
創立、霍爾推廣的「伯明罕當代文化研究中心」（BCCCS），以及
1966年創建在牛津羅斯金學院的「歷史工作坊」（History
Workshop）。當然，獨樹一格的威廉斯（Raymond Williams）雖然
難以被歸類爲某一組織或學圈，但也同樣積極地參與新左派。

　　戴薇絲認爲，新左派「新穎」之處，廣義而言，可以歸納出三

3　後來改名爲《新思考者》（*The New Reasoner*）。

項特徵：首先，1956年以前的英國馬克思主義，基本上仍是以共產黨的學說爲基底，而新左派乃是代表英國馬克思主義從官方的共產主義解放出來，他們採取非黨派的立場接近馬克思主義；其二、拒斥史達林主義與經濟決定論，《新左評論》的撰稿人多關注在消費資本主義及其文化形式的問題上；第三，鑑於蘇共內部鬥爭，他們對政治與組織的實踐更爲小心翼翼，也由於新左派分子大多爲學院人士，他們刻意保持這種知識分子的超然立場，所以甚至抗拒著政治與組織上的聯合。

新左派的知識分子在引進馬克思主義的學說與概念的同時，也提出了多種的理論途徑，分析英國的歷史、政治、文學與藝術，例如：湯普森（E. P. Thompson）以歷史唯物論的方法，完成了著名的《英國工人階級的形成》、威廉斯以非化約論的唯物主義立場，打造出英國的文藝批判理論，霍爾對1980年代新右派的「威權民粹主義」之分析等。這些多元且百花齊放的理論視角，戴薇絲描繪成幾條歷史軌跡：

社會主義的人道主義（socialist humanism）

新左派最早的理論關懷，乃是由湯普森所提出的「社會主義的人道主義」立場。他反對史達林將人類歷史發展的過程機械地化約爲經濟的因果機制，從而漠視人的觀念與其道德稟賦所扮演的角色。在還原馬克思思想的過程中，湯普森挖掘出英國的社會主義傳統，也就是莫里斯（William Morris, 1834-1896）對人類潛在道德本質的重視，認爲他是重新思考馬克思的重要理論資源。自1930年代後期，「社會主義的人道主義」便成爲新左派的一項核心原則，由英國共產黨內的許多著名歷史學者所採行，以此考察英國人民激進運動的歷史與共產主義者的關聯性，並將成果發表於《思考者》上。

這種挖掘英國本土的激進主義，並修正馬克思思想的雙重任務，使得「社會主義的人道主義」成爲一項土生土長的英國馬克思主義學說，同時開啓了英國左派歷史學研究的傳統。當然，對於「社會主義的人道主義」立場，也不乏批評的聲音，例如泰勒（Charles Taylor）便懷疑兩者的相容性，主張馬克思的共產主義必須從根本上重建。

大衆文化與當代英國的資本主義

新左派初期的另一本重要刊物《大學與左派評論》，其理論計畫則較關注在英國資本主義的具體情況上。該刊撰稿人雖然同樣也支持「社會主義的人道主義」，卻不同於湯普森；他們認爲人道主義不是爲了反史達林而生，更重要的在於：「解放與實現人類的能力」，而其研究途徑則是「對我們社會的生活品質進行批判」。他們對於馬克思主義採取更具批判性的立場，最爲著名的文章之一便是霍爾所撰的〈無階級感〉，他提出「如今資本主義作爲一個社會系統已經是建立在消費上，而非生產上。」即使客觀的階級關係一如既往，工人階級也可能會產生虛假的「無階級感」，因此在此新的情勢下，社會主義對於階級意識必須更強調主觀層面，形成左派的文化政治。他們都從威廉斯的著作《文化與社會：1780-1950》獲得啓發。威廉斯開創了一條獨特的研究進路，接連文化現象與社會變遷的關係；他認爲文化並不是社會秩序的映現，而是「整體的生活樣貌」，爲所有人參與並構築而成。威廉斯根本地改造馬克思主義，引來湯普森的不滿，認爲他忽略了文化中階級衝突與意識型態的要素；他也懷疑在無須徹底地改變社會的經濟結構條件下，「共同文化」所可能獲致的成果。到了1970年代，新左派才逐漸發現「文化主義」此一路線的局限。

歐陸馬克思主義、結構主義與文化霸權

　　1963年安德森（Perry Anderson）接任《新左評論》主編後，理論研究與政治關懷進入一個嶄新的時期。他開始試圖填補英國知識文化中，馬克思主義與社會學思想的闕如。除了反省前一代人理論的缺乏外，安德森認為自己這一代已經不是生活在暴力壓迫、法西斯主義或戰爭的陰影下，資本主義的擴張與資產階級民主的漫延，才是他們這一代人所深為憂慮的；因此借鏡於歐陸思想或第三世界國家社會主義的發展，便是他們這一代人迫切的任務。在歐洲思潮的引進中，戴薇絲認為，以阿圖塞與葛蘭西最具影響力。阿圖塞採取獨特的閱讀方式來詮釋馬克思的著作，將馬克思主義視為一種強調結構關係、反人道主義與反歷史主義的理論，為長久以來過於關注經驗與道德層面的英國左派知識界，帶來相當大的衝擊。他的結構主義，也讓英國新一代的左派找到有別於人道主義的理論資源，並且在進行經濟分析時，避免陷入經濟化約論的窠臼。除此之外，還有普蘭查斯（Nicos Poulantaz）採取結構主義的途徑對資本主義國家的分析，以及伯明罕中心在文化現象上的研究等。然而，外在環境的變化也牽動了理論知識的進展，阿圖塞的「科學的馬克思」與結構主義，在「1968風潮」所強調的政治實踐下，顯得無法契合實際的需要，逐漸淡出英國的新左派。此時，葛蘭西遂取代阿圖塞成為風行一時的理論來源。葛蘭西的「文化霸權」與「入世的知識分子」（organic intellectual）等概念，對於英國左派不僅具有理論上意義，還包含政治策略上的重要性。他的文化霸權概念，使得行動者得以掙脫經濟與文化的決定力量，為英國的新左派帶來更多政治實踐的可能性。另外，結合一些法國的後結構主義與傅科的論述分析，英國新左派在文化研究上，發表了許多激奮人心的作品；霍爾

分析柴契爾主義乃是在進行一項霸權計畫，他稱之為「威權民粹主義」，即為其中最著名的成果。

1970年代中期後，《新左評論》對「西方馬克思主義」的翻譯與引介已幾近完工，接續而來的是一連串的理論反省與路線調整；安德森開始對葛蘭西的理論進行檢討，認為葛蘭西對公民社會的力量過於樂觀，誤以為爭奪文化霸權比國家權力更為重要，以致於忽略了國家與統治階級可能為害更大。戴薇絲表示，這項反省工作更具意義的，乃是代表對前期文化途徑的重新評估。為了矯正過度的文化主義，《新左評論》將焦點回歸於政治與經濟的問題上。此項批判進路的調整，同時也廣泛地發生在新左派的知識學圈內。1979年威廉斯在接受訪問時，便反省早期的新左派過於高估文化革命所可能帶來的效應；而米利班所主編的《社會主義者文摘》則代表另一股持續關注經濟、政治與階級分析的聲音。

縱觀新左派理論焦點的變遷——從「文化轉向」到「政治經濟學的回歸」——可以說馬克思主義的觀念與思想，已融入英國的知識傳統中，其批判的視角也因為兩者的相互激盪，涵蓋範圍更為廣闊。從宏觀的國際與國內的政治經濟分析、第三世界社會主義的發展，到更細微的電視娛樂、小說藝術等批評，戴薇絲認為，都可以見到英國新左派努力在理論與實踐兩者間進行磨合的痕跡。或許它仍然帶有學院的風格，但誠如威廉斯所述，這種理論工作乃是一種「操作型」（operative）的概念，理論是為了介入現實世界的改變而需要，而實踐也同樣需要知識上的嚴肅性。理論闡釋與實踐關懷的辯證，使得英國馬克思主義所呈現的樣貌，並非是一種僵化的教條學說，而是一項更為豐富且不斷修正的批判理念。

陳瑋鴻：台大政研所博士生。研究興趣為德國古典哲學、當代政治哲學、台灣政治論述等。

人類學家瑪麗・道格拉斯去世

鍾大智

英國人類學家瑪麗・道格拉斯（Mary Douglas）於5月16日去世，享年86歲。英國楊氏基金會（Young Foundation）董事長Geoff Mulgan以專文在《展望》[1]雜誌上紀念這位著名的人類學家。Mulgan表示，道格拉斯所提出理解社會的架構「應該成爲英國有教養成年人的心智配備」。《衛報》[2]的標題則是「英國最偉大人類學家的思想爲社會如何生產暴力外來者提供新的洞見」。

Mulgan的專文，談到道格拉斯在去世前對恐怖主義與反恐的評論。道格拉斯認爲，恐怖分子的組織形式「圈」（enclave）的根本弱點，是派系主義與分裂的傾向，領導者很難強制實行規則。這樣的群體生存的方式，是豎立一面道德之牆（wall of virtue），靠著對外界的恐懼鞏固內部。但是「圈」的內部因爲缺乏互動的規範機制，在爭相證明自己對這種道德的奉獻時，很容易陷入互相指責懷疑的處境。道格拉斯認爲，外人該做的是拆解這道高牆，化解他們的恐懼，而不是反其道而行，對恐怖主義宣戰。

確實，道格拉斯也屬於少數關注並評論當代公共議題的人類學

---

1 *Prospect* Magazin, Issue 135, June 2007.
2 Madeleine Bunting, Wednesday April 4, 2007 http://society.guardian.co.uk/communities/story/0,,2049182,00.html

家。至少在英國，她在人類學外的世界享有一定的名氣。她的《純潔與危險》，銷售量一度達到一般商業出版品的水平。在1989年從美國回到英國後，她被選爲英國國家研究院（British Academy）院士。在今年1月，她被授與英帝國爵級司令勳章（DBE）。儘管在英國，像艾爾頓強那樣對外國記者滿口粗話、在女王前畢恭畢敬的人也能被授與爵位，這至少顯示瑪麗·道格拉斯在英國的社會名望。

　　道格拉斯因爲1966年出版的《潔淨與危險》成名。在這本著作中，她探討爲什麼人類社會將某些東西歸爲「不潔」、「污染」，認爲它們有某種危險或神聖的力量，因而必須靠儀式或禁忌特別控制。她指出這些東西之所以被文化挑選出來，是因爲它們是不符合文化分類系統的「異例」（anomaly），在既有分類原則下屬於模稜兩可、無法歸類的事物。以希伯來人禁食豬肉爲例，這是因爲對他們來說，豬是屬於破壞分類秩序的生物——可食的陸上生物都是偶蹄與反芻的，但豬卻是偶蹄而不反芻。不過對牴觸分類秩序的事物，人類文化除了禁制外，當然還可以有其他的反應，例如將之神聖化。不同文化爲什麼對「異例」有截然不同的態度，道格拉斯認爲必須由其社會型態解釋。舉例來說，非洲剛果的萊勒人（Lele）的社會界線鬆散，婚姻制度歡迎外族人加入，重視這些「中介者」的角色，這樣的社會經驗就成爲其思維方式的直覺基礎。於是在萊勒人的分類系統中，無法被歸類的穿山甲就成爲該文化神聖的生物。相反地，希伯來人社會界線森嚴，無法分類的生物就被視爲髒污的。卡馬人（Karma）則介於兩者之間。他們對跨範疇的人如表親或姻親有者矛盾的態度（例如需要他們幫忙耕作，但又害怕他們謀奪田產），他們對該文化分類系統下無法分類的食火雞，也反映出相同的矛盾態度。

　　在1970年出版的《自然的象徵》中，她進一步按照兩個軸向，提出一套包含四種類型的社會型態學。這兩個軸向分別是「群」

（group），指一個群體對外界線的嚴密性，與「格」（grid），指群體內部個體的相互約束關係。保守、官僚化、階序型的社群其群性、格性都高；以個人主義、以市場競爭為特色的社群其群性、格性皆低；上面提到的「圈」型社群，屬於群性高、格性低的社會；至於格性高但群性低的社群，屬於由少數操控者壓迫的孤立型社會，成員有逃脫社群的傾向。

　　道格拉斯發現理論原理的方式，與她的著作一樣有趣。道格拉斯跟阿基米德一樣，都是在浴室當中得到靈感的：阿基米德從自己泡澡時排擠的洗澡水聯想到如何測量重量，道格拉斯則是從自己凌亂、東西沒有歸位的浴室得到一種莫名「髒」的感覺，而聯想到髒與秩序的關係。但是對這樣的分類秩序尋求進一步的解釋，道格拉斯是一位涂爾幹主義者。在社會科學中，許多人知道這個稱號不只是指堅持以社會事實解釋社會事實，反對將社會事實化約成個人心理學的結果，或是回歸到脫口秀名嘴也能朗朗上口的宏觀結構因素。涂爾幹的根本企圖是認識論的，承接康德哲學的議題，將先天範疇、也就是知識的可能性條件的來源，定位在社會結構與社會經驗上。在道格拉斯那裡，這種結構與經驗按照群與格兩個軸向區分成四種型態。在《自然的象徵》中它被應用在關於我們身體的感知與知識，以解釋不同文化為何會對身體的界線與控制有不同的態度。

　　但一般讀者不太可能注意到的是，在道格拉斯的著作中，「圈」社會的典型事例並不是恐怖份子組織，而是非洲某些缺乏政治極權機制而傾向分裂、內部以懷疑鄰人施巫術、詛咒為特色的部落社會。如果你讀過這些關於部落社會的民族誌，你就要不禁懷疑，今天基地組織的獨立「細胞」（cell）是否可以跟這些部落社會相提並論，擺在一個由兩個屬性所界定的空泛社會類型下。道格拉斯那段頗有新意、但又符合反戰精神的評論，也顯得可疑起來。

事實上，信奉天主教的道格拉斯，她的公共議題評論一般被認為是保守的。她的《潔淨與危險》雖然頗暢銷，在當時並不被人類學界認為是什麼石破天驚之作，而只被定位為是法國社會學涂爾幹、牟斯（Mauss）傳統的延續。在英國，著名的象徵人類學家Edmund Leach很快就效忠李維史陀的結構主義，Rodney Needham 在涂爾幹和牟斯合著的《原始分類》英譯本導言中就已經揚棄將社會面視為決定力量的立場，社會分類只被視為是象徵分類的一個面向而已。後來道格拉斯在《自然的象徵》還藉著對反儀式化的批評，表達對1960年代學生造反運動、反文化、梵諦岡改革新教化傾向的不滿。這跟當時美國人類學配合這股自由主義與市民運動潮流（尤其是瑪格麗特‧米德對性解放的唱和），形成強烈對比。Mulgan還提到，最近兩位學者將道格拉斯的社會知識論應用在環境問題上，得到發人省思的結果。例如，像〈京都議定書〉這樣的解決方案，體現的就是階序型社群（強群性，強格性）的思維風格，認為由上而下的強制干預與官僚程序就能解決問題，而不去思考如何在各種社群相應的不同思維風格間取得平衡。然而道格拉斯自己就曾與另一位右傾學者合著《風險與文化》，以社會型態解釋，為什麼像核電廠失事這樣在一般人風險閾值下的風險，開始被感知為危險的。在這裡，兩位作者只提出三種型態的社會。他們認為有著嚴密階序的社群或以個人主義自由競爭為特色的社群，不會對環境風險有敏感化的傾向：前者相信控制程序、犧牲部分個人利益、對新訊息反應太慢；後者只傾向懲罰破壞社會交換的個人、不太在意競爭所帶來的傷害。對這種風險敏感的，是那種派系型或「圈」型的社會，像是美國反科技生活的Amish社群或是當代社會運動下因許多單一議題而結合的自願型社群。它們的存在一開始就預設對中心的對抗；作為邊緣，它們內在的屬性就是藉對外界威脅與危機的恐懼，維持內部

的整合。對道格拉斯來說，像地球之友〔Friends of the Earth〕這樣的環保團體，跟她最近評論涵蓋的恐怖組織一樣，都屬同一類型強群性、弱格性的組織，它們傾向將各種問題簡化為對抗單一全球性邪惡力量。不過，在這本著作中，也許是出於合著的緣故，書中還論及一些無關道格拉斯社會類型學的因素，例如，抱怨高等教育生產了太多失業但又習慣於弱勢群體為代言的白人異議分子。

因此道格拉斯的反－反恐評論，必須擺在她整個學術生涯脈絡中來理解。但是也許我們怎麼定位這些評論，也不是那麼重要了。就環境危機議題而言，道格拉斯本人的言論，不論有多正當的知識社會學目的，在今天看來都是不合時宜的。今天的英國人在海量地製造垃圾與使用暖氣的同時，對全球暖化的危機感似乎還是比美國人來得深，儘管首相布萊爾在下台的前夕還是跟布希一搭一唱，將這種危機的主要責任投射到中國與印度身上。說恐怖組織社群的存在是建立在恐懼，而不是製造恐懼之上，說在這種「圈」中領導命令無法貫徹，似乎是太過牽強了。如果這些內部沒有「格」約制的自願組織只是一群互相猜忌不斷分裂的烏合之眾，美國英國今天也不需要繼續在伊拉克與阿富汗圍剿餘黨、每天應付層出不窮的襲擊與自殺攻擊，繼續在這顆星球上追殺那好像人間蒸發、遍尋不著的賓拉登。

純就學術思想而論，道格拉斯的研究就像是一種簡化的、以社會面為決定面向的結構主義。比起李維史陀那種讓人眼花撩亂的符號學魔術，將幾百個神話織進一個內部不斷互相映射的封包，道格拉斯的社會類型學的固定軸向、小規模的跨文化比較，就好懂得多，也更容易讓讀者得到趣味。但是占星學也饒有趣味，而道格拉斯的研究就曾經被評為人類學的占星術。我倒不認為這只是一種譏諷。我自己過去曾經花了兩三年的時間，目的就為了澄清這種在人類學

內氾濫的高級趣味。畢竟星座只有12個，我們每個人都屬於其中一個，每個星座附帶著一套模稜兩可的性格與境遇的描述，就算它沒全說中，也很難說它全錯。如果你這星期沒有按預測的得到朋友幫助或走桃花運，可能是你「朋友」與「桃花運」的定義太窄了，再仔細想想你這星期生活的其他方面，就能就發現它的預測是對的。就算如果在你身上沒應驗，換個人你就發現占星術是很準確的。道格拉斯的社會星象盤分的更少，只有四格；描述的更籠統，只有兩個方面。比如說，你只需要挑出一個社群，它的社會型態與非社會認知中的某些方面都可以算是「強調內外分界的」與「強調規範、程序的」，在這個社群你找不到，就換一個試試看。現在你知道它為什麼那麼有趣又乏味了。事實上，如果在占星術與道格拉斯的著作之間，可以籠統地說存在一種相通的思維風格，我們就可以說道格拉斯之所以占有某種通俗市場，正是因為她的思維是奠基在人們對占星術的那種社會經驗上。說來奇怪，在這個天文學家成為科普英雄的時代，大部分人對星座之論不僅只是容忍，還感到好奇、覺得有趣。不論道格拉斯的核心命題（我們社會領域的經驗決定我們在非社會領域方面的感知與判斷）是否正確，我們必須認清，基於一種籠統的相通或符合，並不足以讓我們推論社會經驗的決定性。如果你認為它足夠，那我們上面的討論就等於證明，道格拉斯的學說只是某種靠占星術受到歡迎的文化占星術。有時候這種籠統的符合相當明顯、合乎直覺、難以抗拒——好比說希伯來人的社會群體內外界線森嚴，所以他們的生物範疇間的界線也很森嚴——但只要你夠細心，你可以挑出許許多多這種符合與不符合，而我們並不知道這些證明什麼，道格拉斯也沒有理由說你發現的這種符合或不符合不算數，她看到的才算。

　　不過，在活著的人類學家中，逼近90高齡的瑪麗・道格拉斯，

畢竟稱得上是進入了人類學史的一個人物。也許她的存在，正是讓倫敦大學學院人類系能在英國國內評鑑中超越牛津與劍橋大學的關鍵。如今，瑪麗‧道格拉斯的去世，意義當然不在於一向自豪的倫敦大學學院人類系，在下一次的評鑑中排名會不會下滑，而是這個人物的離去，是否象徵著英國人類學在人類學史上已經失去了領導典範的地位。

鍾大智：倫敦大學學院（UCL）醫學系醫學行為與社會科學中心博士生，在精神醫學與人類學教授Roland Littlewood指導下進行文化與精神症的研究。

致讀者

　　打開這一期《思想》的目次頁，首先您會注意到文章主題相當多樣。但是還要請您注意，本期《思想》所涵蓋的地域也是非常廣袤的：不僅作者來自多個地區，所關注的範圍也包括了東亞、東歐、馬來西亞、香港、以及台灣與大陸的社會與思想。

　　多樣誠然是我們秉持的目標，不過在多樣之間，還得掌握住共通的關懷。例如，周保松先生與許德發先生，在香港回歸10週年與馬來西亞建國50週年之際，以移民和華人少數族群的身分，不約而同談到了公民身分、公民意識的重要與艱難。幾乎所有的華人社會，都面對著政治認同／政治身分的困擾。困擾或許來自外力的壓迫和切割，來自移民史、殖民史的糾纏，或許來自制度的扭曲剝削，而華人文化中關於政治性價值的思考很不足，也使得政治認同的基礎相對比較貧乏。種種因素使然，「公民」的身分在各個華人社會裡都顯得孱弱，公共生活難免受制於更保守（例如族群、同胞）、被動（例如國民、選民）、更為「去政治化」而消極（例如經濟、法治、「善治」）的原則。在華人社會尋找公共生活的新原則、新價值，應該是這個歷史新時期的一項當務之急。

　　這裡所謂「歷史新時期」，並不是一個空洞的應景字眼。在全球冷戰形勢退潮之後，興起了一個以本土在地化、中國大國化、以及全球化三方面力量為軸線的時期，支配著這整個區域。從這個比較複雜的觀察角度，本期《思想》回顧了30年前台灣的鄉土文學論戰及其後續效應。當年這場論戰，包含著好幾種可能的發展方向，

日後台灣將會有所選擇和捨棄，從而決定1980年代以後的台灣是甚麼面貌。本期專輯的3篇文章，均出自在行名家手筆，不過他們的視野迥異、意見紛歧，其間的出入，充分反映著台灣面對自己、面對中國大陸、也面對周遭世界時的嚮往與困惑，值得讀者仔細領略。

可是歷史豈眞有從舊到新的線性俐落發展？金雁女士指出，前蘇東社會在丟棄共產主義之後，並沒有奔向資本主義現代性的樂園，反而出現了一種前現代、現代與後現代交織的局面。崔衛平女士則一反最近將大陸1980年代浪漫化的趨勢，重現當年中共黨內關於「異化」與社會主義性質的一場大辯論。這場辯論，向上向外可以追溯到1960年代東歐修正主義、人道主義的反省，向下向內則可以連結到近十年來大陸關於體制改革、現代性的爭議。崔衛平惋惜1980年代的辯論遭到壓制和遺忘，徒然剝奪了後起者的一項反思的資源。不錯，到今天，還有不少人在認眞摸索馬克思主義本身的批判資源。不過，「人」或者「人道主義」在今天的論敵，已經不止於斯大林官僚主義、純粹階級論、或者唯生產力論，而更包括了各種前／後現代的「反人文主義者」。話說回來，在「人」之外，有代替的價值之源嗎？可是，傳統的「人」這個概念，眞不嫌偏狹嗎？重新經營「人」的含意與地位，挖掘其中社會批判的能量（包括對於狹隘人文主義的批判），顯然是另一件當務之急。

最後要說明，本刊還處在一種「摸著石頭過河」的階段，總以爲應該嘗試新的討論與表達的形式。因此，本期我們又拓闢了一個新的欄目，題爲「思想鉤沉」，供作者以短文追述一些可能已遭時間湮沒遺忘的人物、話題與作品。歡迎各位有心的朋友多參與。

編者
2007年大暑之日

《思想》求稿啓事

1. 《思想》旨在透過論述與對話，呈現、梳理與檢討這個時代的思想狀況，針對廣義的文化創造、學術生產、社會動向以及其他各類精神活動，建立自我認識，開拓前瞻的視野。

2. 《思想》的園地開放，面對各地以中文閱讀與寫作的知識分子，並盼望在各個華人社群之間建立交往，因此議題和稿源並無地區的限制。

3. 《思想》歡迎各類主題與文體，專論、評論、報導、書評、回應或者隨筆均可，但請言之有物，並於行文時盡量便利讀者的閱讀與理解。

4. 《思想》的文章以明曉精簡為佳，以不超過1萬字為宜，以1萬5千字為極限。文章中請盡量減少外文、引註或其他妝點，但說明或討論性質的註釋不在此限。

5. 惠賜文章，由《思想》編委會決定是否刊登。一旦發表，敬致薄酬。

6. 來稿請寄：reflexion.linking@gmail.com，或郵遞110台北市忠孝東路4段561號4樓聯經出版公司《思想》編輯部收。

台灣哲學學會／《思想》季刊年度徵文啓事

2007年度主題：**真理**

　　任何知性的活動、任何學術工作，都以「眞理」爲追求的目標。但是哲學家所關心的並不是這樣那樣的眞理，而是「眞理」本身爲何物、是否「可能」被人類掌握？因此哲學家要追問認知主體和實在的關係：實在是怎樣的存在，是否是思想或者知識可以企及的？抑或所謂「認知」乃是徒勞？「眞理」其實並不涉及甚麼實在？在此，我們竭誠邀請大家從不同的傳統（無論東方西方、有神無神、現代後現代）、不同學科（哲學、自然或社會科學、歷史學、文化研究等）、不同的立場（女性主義、多元文化主義、後殖民研究等等）出發，來切入這個主題，提供您的分析與見解。

注意事項：

1.作者身分、專業、居住地不限。

2.來稿請用中文撰寫，體例上請盡量避免外文、引文、註釋。

3.台灣哲學學會與《思想》將委請學者匿名評選，入選篇數由評選委員斟酌決定；入選作品將刊登於《思想》，由《思想》提供獎金新台幣1萬元，不另發稿費。

4.來稿字數限在5千字至1萬字之間，請勿超過。

來稿請寄willroxin@ms85.url.com.tw或g945302@oz.nthu.edu.tw
截稿日期2007/08/31

第1期：思想的求索（2006年3月出版）

第2期：歷史與現實（2006年6月出版）

第3期：天下、東亞、台灣 (2006年10月出版)

魯迅與中國現代思想文化：去世70週年的回顧／錢理群
歷史與自然：劍橋紀／李淑珍
對民主與市場的反思／朱雲漢
台灣後殖民論綱：一個黨派性的觀點／吳叡人
19世紀中日韓的天下觀及甲午戰爭的爆發／劉青峰、金觀濤
日本關於「東亞」的思考／陳瑋芬
如何從台灣思考東亞／張崑將
「文化政治」的魅力與貧困／蕭高彥
馬華人文思想的焦灼與孤寂／潘永強

第4期：台灣的七十年代 (2007年1月出版)

被思想扭曲的小說靈魂：論果戈里／唐諾
公民不服從與自由民主：倒扁紅潮下的一些省思／陳宜中
台灣的文藝復興年代：七十年代初期的思想狀況／鄭鴻生
七十年代的《夏潮》雜誌／郭紀舟
七十年代的「現代」來路：幾張素描／詹曜齊
威權統治下的國族認同／蕭阿勤
漢娜・鄂蘭政治思想的遺產／蔡英文
歷史・知識論・社會責任：高木羅納訪談錄／單德興
知識分子診斷報告／南方朔

第5期：轉型正義與記憶政治(2007年4月出版)

思想6
鄉土、本土、在地

2007年8月初版　　　　　　　　　　　　　　定價：新臺幣360元
有著作權・翻印必究
Printed in Taiwan.

編　　　者　思想編委會
發 行 人　林　載　爵

出 版 者　聯經出版事業股份有限公司　　叢書主編　沙　淑　芬
台 北 市 忠 孝 東 路 四 段 5 5 5 號　　校　　對　李　國　維
編 輯 部 地 址：台北市忠孝東路四段561號4樓　　封面設計　陳　玉　嵐
叢 書 主 編 電 話：(02)27634300轉5226
台北發行所地址：台北縣汐止市大同路一段367號
　　　　　電話：(0 2) 2 6 4 1 8 6 6 1
台北忠孝門市地址：台北市忠孝東路四段561號1-2樓
　　　　　電話：(0 2) 2 7 6 8 3 7 0 8
台北新生門市地址：台北市新生南路二段94號
　　　　　電話：(0 2) 2 3 6 2 0 3 0 8
台中門市地址：台中市健行路321號
台中分公司電話：(0 4) 2 2 3 1 2 0 2 3
高雄門市地址：高雄市成功一路363號
　　　　　電話：(0 7) 2 4 1 2 8 0 2
郵 政 劃 撥 帳 戶 第 0 1 0 0 5 5 9 - 3 號
郵 撥 電 話：2 6 4 1 8 6 6 2
印 刷 者　世 和 印 製 企 業 有 限 公 司

行政院新聞局出版事業登記證局版臺業字第0130號

本書如有缺頁，破損，倒裝請寄回發行所更換。　　ISBN　978-957-08-3183-2（平裝）
聯經網址：www.linkingbooks.com.tw
電子信箱：linking@udngroup.com

國家圖書館出版品預行編目資料

鄉土、本土、在地/思想編委會編著．
初版．臺北市．聯經，2007 年（民 96）
336 面；14.8×21 公分．（思想：6）
ISBN　978-957-08-3183-2（平裝）

1.哲學　2.期刊

105　　　　　　　　　　　　96014308